THE ĀGAMA ENCYCLOPAEDIA

(Revised Edition of Āgama Koṣa)

Volume XII

Source Book

Sri Garib Dass Oriental Series No. 300

THE ĀGAMA ENCYCLOPAEDIA

(Revised Edition of Āgama Koṣa)

Volume XII

Source Book

Prof. S.K. Ramachandra Rao

Sri Satguru Publications
A Division of
Indian Books Centre
Delhi, India

Published by
Sri Satguru Publications,
Indological and Oriental Publishers
A Division of
Indian Books Centre
40/5, Shakti Nagar,
Delhi-110007
India

Email: ibcindia@vsnl.com.
Website: http://www.indianbookscentre.com

First Edition: Bangalore , 1989-1994
Second Revised & Enlarged Edition: Delhi, 2005

ISBN 81-7030-822-4 (Vol.XII)
ISBN 81-7030-823-2 (Set)

Printed at Chawla Offset Printers, Delhi 110 052

Introduction

The Āgama literature includes the Śilpa-Sastra, which is basic to iconography. Worship dealt with in the Āgama necessarily involves images which are worship-worthy. The rituals and sequences that are elaborated in the Āgama books find relevance only in the context of an icon which is contained in a shrine. And icons are meaningful only in the context of shrines and worship.

Āgama texts are not easily accessible to the people. A large number of them are still available only in manuscripts; some of them which have been printed are only in their Sanskrit originals. There is need, therefore, to present relevant excerpts from them at least, to make the volumes on iconography more meaningful.

Further, Indian temples are to be considered only in the general framework of temple culture, which include not only religious and philosophical aspects but social, aesthetic and economic aspects also.

The volumes named Āgama Encyclopaedia will deal with the temple-culture and Āgama framework, the sectarian division of the Āgama into Śaiva, Vaiṣnava and Śākta, and the topics selected from the Āgama texts will follow. Thus, the entirety of the Āgama, literature in so far as it is relevant to the temple-culture is brought within the scope of The Āgama Encyclopaedia.

The volume deals with the general problems relating to the idea of Āgama and the broad details of the tradition that is known after Āgama. In the historical perspective Āgamic tradition and the Vedic tradition were initially distinguished, but later the two fused. The circumstances that favoured the separation and integration have been explained. The role that Tantra played in crystallizing the Āgama tradition has been elaborately explained and illustrated. And more importantly the volumes deal almost exclusively with the essential details of temple-culture in India Without an adequate appreciation of this context, other aspects of Āgama cannot become meaningful. In one of the appendices, a fairly exhaustive account of Tantra has been given, for this has provided the major dimension to the Āgama, especially of the Śākta pursuation.

The volumes which were originally published in the period 1989-1994 by the Kalpatharu Research Academy, Bangalore are being reprinted now, and I am grateful to my friend Shri Sunil Gupta of the Indian Books Centre, Delhi for publishing a revised edition of the volumes.

Bangalore
June, 2004

S.K. Ramachandra Rao

I

The following excerpts relating to the scriptural foundations of the Āgama tradition are taken from ŚAIVĀGAMAPRATIBHĀṢĀMAṄJARĪ, compiled by Veda-jñāna-guru of Childambaram, (around 1560 A.D.). The entire text has been edited with translation in French by Bruno Dagens (Institute Francais d'lndologic, Pondichery 1979).

1. The Vedic Corpus

ऋग्यजुस्सामाथर्वाणो वेदाश्चत्वार ईरिताः।
मीमांसा न्यायशास्त्रं च पुराणं स्मृतिरित्यपि।
चत्वार्येतान्युपाङ्गानि बहिरङ्गानि तानि वै॥

आयुर्वेदोऽर्थवेदश्च धनुर्वेदस्तथैव च।
गन्धर्ववेदश्चेत्येवमुपवेदाश्चतुर्विधाः॥

मीमांसा सर्ववेदार्थप्रविचारपरायणा।
न्यायशास्त्रं प्रमाणादिसर्वलक्षणतत्परम्॥

पुराणमिष्टशाखर्थैर्वेदार्थस्योपबृंहणम्।
कथारूपेण महता पुरुषार्थप्रवर्तकम्॥

धर्माश्रमानुरूपेण धर्माधर्मविभागतः।
धर्मशास्त्रमनुष्ठेयं धर्माणां तु नियामकम्॥

हेतुलिङ्गौषधस्कन्धैरायुरारोग्यदर्शकः।
आयुर्वेदो ह्यनुष्ठानं सर्वेषां तेन वर्तनम्॥

अर्थवेदोऽन्नपानादि प्रधानमुत तत्परः।
दक्षिणाज्यपुरोडाशचरुसंपादनादिभिः॥

तत्पालनाच्चतुर्वक्त्रपुरुषार्थप्रदायकः।
धनुर्वेदो भवेद्यत्र परिपन्थिनिरासकः॥

सप्तस्वरप्रयोगं हि सामगन्धर्ववेदयोः।
उपाङ्गगान्युपवेदाश्च प्रत्येकं प्रवदन्ति हि॥

2. The Scriptural Divisions

बौद्धं चैवार्हतं चैव पाञ्चरात्रं च शैवकम्।
समयं चतुर्विधं स्यात्तु तत्तद्भेदमनेकधा॥

(Acintya-bhedāgama, 40, 5-6)

3. The Varieties to Traditions

शास्त्रं चतुर्विधं ज्ञेयं वामदक्षिणमिश्रकम्।
सिद्धान्तेन समायुक्तं चतुर्धैवं प्रकीर्तितम्॥

वामादिशास्त्रभेदेषु यो दीक्षां वर्तते क्रमात्।
वामी च दक्षिणी मिश्री सिद्धान्ती चेति कीर्तितः॥

वामं हि शाम्भवं शास्त्रं दक्षिणं भैरवात्मकम्।
मिश्रं यामलमित्युक्तं सप्तमातृप्रधानकम्॥

सिद्धान्तं सर्वसारं हि शुद्धशैवमिति स्मृतम्।
वामं च दक्षिणं चैव मिश्रकं च त्रयो ह्यमी॥

शैवब्राह्याः समाख्यातास्ते तु शैवेऽप्यपूजिताः।

(Suprabhedāgama, 1, 6,-11)

शैवं चतुर्विधं प्रोक्तं सिद्धान्तं द्विविधं भवेत्॥

कर्मान्तमेवं ज्ञानान्तं शैवमूर्ध्वं परं स्मृतम्।
चर्यायोगक्रिया चैव कर्मणां साधनं भवेत्॥

चर्याक्रियायोगयुक्तं ज्ञानिनश्च भवेत्तदा।
शैवं परात्परं ज्ञेयं सर्वतत्त्वैकनायकम्॥

सर्वतन्त्रमयं ज्ञेयं सर्वमन्त्रमयं भवेत्।
जन्मान्तरतपोभिश्च सन्मार्गज्ञानसंभवम्॥

(Acintya-bhedāgama, 40, 20-22)

4. The Four-fold Śaivas

देशिकोमन्त्रवृत्तिश्च पुत्रकः समयी च सः।
चत्वार एते शैवाः स्युर्यतिनो व्रतिनोऽपि वा॥

सर्वेषामेव वर्णानां शिवाश्रमनिषेविणाम्।
शिवधर्मः शिवेनोक्तो धर्मकामार्थमुक्तये॥

ब्राह्मणः क्षत्रियो वैश्यः स्त्री शूद्रो वा शिवाश्रमी।

(Mṛgendrāgama, caryā, 1, 2)

गृहस्थो भिक्षुकश्चैव ब्रह्मचारी तथैव च॥

वानप्रस्थश्च इत्येते आश्रमाश्च उदाहृताः।
चात्वारो गोचराः शम्भोः साक्षान्मूर्तिसमुद्भवाः॥

शिवगोत्रं शिखागोत्रं ज्योतिर्गोत्रं तृतीयकम्।
सावित्रीगोत्रमित्येतच्छैवगोत्रचतुष्टयम्॥

लोकानुग्रहकर्तारः शैवा ज्ञेया न चापरे।
शुद्धादिकारणोद्भूतास्ते च ज्ञानक्रियान्विताः॥

दधीचस्थापितं स्थानं गोविदारमिति श्रुतम्।
स्थानमामर्दकं नाम श्रीदुर्वासो निषेवितम्॥

तस्माद्विनिर्गतं स्थानं रणभद्रं च गोलकी।
तथा पुष्पगिरिश्चेति स्थानमेवं चतुर्विधम्॥

एतत्स्थानसमुद्भताः शैवास्ते च चतुर्विधाः।
ब्रह्मचारी गृहस्थश्च वानप्रस्थो यतिस्तथा॥

एतेषामपि संन्यासी योगिमुख्यो विधीयते।
संन्यासाश्रममत्यन्तमुत्तमं दीक्षितं भवेत्॥

तस्मात्तद्व्रतमुक्तिस्तु नास्ति कैवल्यकारणम्।
दीक्षाख्यज्ञानसंस्पर्शाल्लोके मुक्तिसुखं द्विज॥

(Acintya-bhedāgama, 40, 15 ff)

II

The extracts from the Śaiva text described as an upāgama and called SĀRDHATRIŚATIKĀLOTTARĀ-GAMA, given below related to fundamental categories of significante for Śaiva devotee

अल्पग्रन्थं महार्थं च पदार्थानीकसंकुलम्।
वक्तुमर्हसि देवैषां प्रमादार्थं मम प्रभो॥ (1,3)

(अनीकः समूहः षट्संख्यात्वम्)

The Vṛtti of Bhaṭṭa-Rāma-kaṇṭha on the above quotes the following authority:

पतिर्विद्या तथाविद्या पशुः पाराश्च कारणम्।
तन्निवृत्ताविति प्रोक्ताः पदार्थाः षट् समासतः॥''

(Pauṣkarāgama, Vidyāpāda, 1, 8)

The following verses are excerpts from the text (Paṭala 1, 4-14)

अथातः संप्रवक्ष्यामि शास्त्रं परमदुर्लभम्।
नाम्ना तु वातुलात्तन्त्राद्दध्नो घृतमिवोद्धृतम्॥

नादाख्यं यत्परं बीजं सर्वभूतेष्ववस्थितम्।
आकाशवायुप्रभवः शरीरात्समुच्चरन्वक्त्रमुपैति नादः।
स्थानान्तरेषु प्रविभज्यमानो वर्णत्वमागच्छति यः स शब्दः॥
मुक्तिदं परमं किं च दिव्यसिद्धिप्रदायकम्॥

कलातत्त्वोर्ध्वभुवने कैवल्यं संभवेत्पशोः
विज्ञानयोगसंन्यासैर्भोगाद्वा कर्मणः क्षयात्॥

तद्विदित्वा महासेन देशिकः पाशहा भवेत्।
आगोपालाङ्गना बाला म्लेच्छाः प्राकृतभाषिणः॥

अन्तर्जलगताः सत्त्वास्तेऽपि नित्यं ब्रुवन्ति तम्।
स्थूलं सूक्ष्मं परं ज्ञात्वा कर्म कुर्याद्यथेप्सितम्॥

स्थूलं शब्द इति प्रोक्तं सूक्ष्मं चिन्तामयं भवेत्।
चिन्तया रहितं युत तत्परं परिकीर्तितम्॥

सान्तं सर्वगतं शून्यं मात्राद्वादशके स्थितम्।
ब्रह्माणि ह्रस्वाः प्रोक्तानि दीर्घा ह्यङ्गानि षणमुख॥

अनुस्वारो भवेन्नेत्रं सर्वेषां चोपरि स्थितः।
सविसर्गं भवेदस्त्रमनुस्वारविवर्जितम्॥

षष्ठं त्रयोदशान्तं च पञ्चमे विनियोजयेत्।
शिवं तत्तु विजानीयान्मन्त्रमूर्तिं सदाशिवम्॥

षष्ठमस्य द्वितीयं तु चतुर्थाद्येन संयुतम्।
द्वितीयात्पञ्चामाच्चैव आदिमं योजयेत्पुनः॥

हन्ति विघ्नाञ्शिवास्त्रेण शिखया मुक्तिदं स्मृतम्।
एतत्पाशुपतं दिव्यं सर्वपाशनिकृन्तनम्॥

ब्रह्माणि च शिवं साङ्ग नेत्रं पाशुपतं च यत्।
समासात्कथितः सर्वो मन्त्रोद्धारस्त्वयं शुभः॥

III

The following excerpts from MṚGENDRĀGAMA, Charyā-pāda, patala 1, 34-46) relate to the main Āgama divisions called Srotas and Anusrotas, and enumerate the Śaivāgama-texts, twenty-eight in number.

1. The Main Streams

स्त्रोतो ब्रूयादनुस्त्रोतो भेदान् संख्यानमेव च।
प्रवृत्तये गुरुं स्वं च स्तेयी स्यात्तदकीर्तनात्॥

स्त्रोतांसि कामिकाद्यूर्ध्वमसिताङ्गादि दक्षिणम्।
संमोहाद्युत्तरं प्राच्यं त्रोतलादि सुविस्तरम्॥

आप्यं चण्डासिधारादि चण्डनाथपरिग्रहम्॥

2. The Secondary Streams

शैवं मान्त्रेश्वरं गाणं दिव्यमार्षं च गौह्यकम्॥

योगिनीसिद्धकौलं च स्त्रोतांस्यष्टौ विदुर्बुधाः।
प्रतिस्त्रोतोऽनुयायीनि तानि ब्रूयाद्विभागशः॥

3. The Śaiva Division

शैवं प्राक्तन्त्रनिर्माणमाज्ञासिद्धमसंशयम्।
तदीशानैर्गणैर्देवैर्मुनिभिश्च तदिच्छया॥

विज्ञाय संभृतं स्वोक्त्या तादाख्यं समुपागतम्।

4. The Guhyaka Division

गुह्यका भुजगाा यक्षा दानवाश्च शिवेरिताः।
यदूचरुपसंहृत्य तत्स्रोतो गौह्यकं समृतम्॥

5. The Yogiṅ-Kaulas

योगिन्यो लेभिरे ज्ञानं सद्यो योगावभासकम्।
येन तद्योगिनीकौलं नेत्तीर्णं ताभ्य एव तत्॥

6. The Siddha-Kaulas

तथान्यदपि संहारो यो मिश्रो मिश्र एव सः।
वादिभेदप्रभिन्नत्वात्तेषां संख्या न विद्यते॥
शैवा रौद्रा महाभेदा दशाष्टादश चोर्ध्वके।
रौद्रा रुद्रैः शिवाविष्टैरुद्गीर्णा न स्वबुद्धितः।

7. The Śaivāgama texts

शैवानां कामिकं पूर्वं योगोद्भवमचिन्त्यकम्।
कारणं ज्ञानमजितं दीप्ताख्यं सूक्ष्मकं परम्॥
साहस्रमंशुमत्संज्ञं सुप्रभिद्दशमं विदुः।
रौद्राणं विजयं पूर्वं निःश्वासं पारमेश्वरम्॥
स्वायंभुवं तथाग्नेयं वीरभद्रं च रौरवम्।
मकुटं विमलाख्यं च चन्द्रज्ञानाख्यमेव च॥
मुखबिम्बमुद्गीतं ललितं सिद्धसंज्ञकम्।
सन्तानं चैव शर्वोक्तं किरणं वातुलं परम्॥

IV

The following excerpts relate to the origin of the Vaiṣṇava Āgama tradition, the ideology justifying the Āgama and the spiritual practices prescribed in this Āgama tradition. The passages are extracted from the text known as ŚRĪ-PRAŚNA-SAMHITĀ of the Pancarātra school (chapter 1 to 3). The text has been edited by Seetha Padmanabhan and published by Kendriya Sanskrit Vidyapeetha, Tirupati (1969).

1. The Descent of the Āgama

नमो जगन्निवासाय वासुदेवाय साक्षिणे।
निर्गुणाय परव्योम्ने शङ्खचक्रगदाधृते ॥१॥

महर्षयः पुरा केचिद् ब्रह्म जिज्ञासवो महीम्।
पर्यटन्तो महर्षीणामग्निहोत्राणि जुह्वताम् ॥२॥

पुत्रदारैः समेतानामाश्रमा (मा) श्चैव सर्वशः।
गत्वा तत्र स्थितान् पूर्वं नमस्कृत्य यथाक्रमम् ॥३॥

पप्रच्छुः केन शास्त्रेण कर्तव्यं ब्रह्मज्ञानं भविष्यति।
आराधनं भगवतः कर्तुं शास्त्रेण केन वा ॥४॥

तत्कर्म केन शास्त्रेण कर्तव्यं भगवत्प्रियम्।
तत्सर्वं ब्रूत मनुयः संसारार्णवमज्जताम् ॥५॥

इति पृष्टेषु तेष्वेकः कहोलो नाम वै मुनिः।
वयं तु कर्मकाण्डोक्तकर्म ब्रह्मैव वेदिनः ॥६॥

मुनयः–

उपास्महे विष्णुमेव ह्यग्निहोत्रादिरूपिणम्।
को वा जानाति तद्विद्यां क्वास्ते स च महामुनिः ॥७॥

कहोलः–

तानुवाच महाभागान् प्रसन्नेनान्तरात्मना।
कहोलो वचनं श्रुत्वा मुनींस्तानिदमब्रवीत् ॥८॥
ब्रह्मविद्याप्राप्त्युपायं शृणुध्वं मुनिपुङ्गवाः।
मेरोरुत्तरतः पार्श्वे सिद्धागन्धर्वसेविते ॥९॥

सिद्धाश्रमे ब्रह्मसुतः एकतो नाम वै मुनिः।
स तु श्री शादवाप्तं तच्छास्त्रमित्यनुशुश्रुमः ॥१०॥

इति तस्य वचः श्रुत्वा नमस्कृत्य प्रतास्थिरे।
मेरोरुत्तरमासाद्य प्रणेमुस्तं महामुनिम् ॥११॥

आगतानेकतो दृष्ट्वा संपूज्य तदनन्तरम्।
[स्वागतादिपरिप्रश्नैः कन्दमूलफलदिभिः ॥१२॥

तृप्तांस्तानेकतो वाक्यमिदमाह तपस्विनः॥]
मदनुग्रहाय मुनय आगता नात्र संशयः ॥१३॥

अथापि ब्रूत वः कार्यं किमस्त्यत्र महर्षयः।
इति तस्य वचः श्रुत्वा मुनयो हृष्टमानसाः ॥१४॥

सर्वे प्राञ्जलयः स्थित्वा नमस्कृत्य यथाविधि।
भगवन् पृथिवीं सर्वामटामो ब्रह्मणः सुत ॥१५॥

वेदितुं ब्रह्मविद्यां वै ज्ञाता तस्य न विद्यते।
कहोलवचनात् मेरुमागता मुनिपुङ्गव ॥१६॥

त्वं ब्रह्मवित् ब्रह्मसुतः सर्वशास्त्रार्थसारवित्।
तपसा च परं ब्रह्म दृष्टवांश्च श्रियः पतिम् ॥१७॥

तस्माच्छास्त्रमधीतं यन्महर्षे तदुपादिश।
आर्तानां संसृते भींतिं प्राप्तानां नो भवान् गतिः॥१८॥

इति तेषां वचः श्रुत्वा प्रसन्नेनान्तरात्मना।
एकतः प्रीणयन् सर्वान् इदं मधुरमब्रवीत् ॥१९॥

स्वागतं वो महर्षयो विन्ध्यशैलनिवासिनः।
तत्त्वं वदामि शृणुतु पुरावृत्तं मुनीश्वराः ॥२०॥

[युष्माकं दर्शानाकाङ्क्षी मैरौ वासमकल्पयम्।
मद्भाग्याद्भगवानद्य वासुदेवः सनातनः ॥२१॥

युष्माकं मानसमनुप्रविश्य प्रेषयत्स्वयम्।
तदद्य सफलं जन्म भवतां ज्ञानदानतः ॥२२॥

श्रीनिकेतपदं लप्स्ये भक्तसूरिनिषेवितम्।
आदौ युगे यथा श्रीशाद् ब्रह्मज्ञानमवाप्तवान् ॥२३॥

तत्क्रमेणैव वक्ष्यामि शृणुध्वं मुनिपुङ्गवाः।]
वयं तु ब्रह्मणा सृष्टा एकतश्च द्वितस्त्रितः ॥२४॥

तेष्वहं प्रथमो नाम्ना एकतो मुनिपुङ्गवाः।
संसारासारतां ज्ञात्वा मेरोरुत्तरमागमम् ॥२५॥

श्रीपतिं हरिमुद्दिश्य तपाम्यहमहर्निशम्।
ततो वर्षसहस्रान्ते भगवान् भक्तवत्सलः ॥२६॥

दर्शयामास चात्मानं अपश्यं श्रीनिकेतनम्।
दृष्ट्वोत्फुल्लमना देवं देवीं च तदनु श्रियम् ॥२७॥

आनन्दसागरे मग्नस्ततोऽस्तौषं हरिं श्रियम्।
नमः पङ्कजनेत्राय नमस्ते पीतवाससे ॥२८॥

नमः पङ्कजनाभाय नमस्ते पङ्कजांघ्रये।
[अरूपाय सुरूपाय सच्चिदानन्दमूर्तये ॥२९॥

नमो हिरण्यगर्भादिस्त्रष्टे ब्रह्मस्वरूपिणे।
नमः पद्मासमेताय भक्तरक्षणमूर्तये ॥३०॥

अवतारविशेषाणां धारिणे वनमालिने।
क्षीरोदमथनोद्भूते जगद्रक्षणदीक्षिते ॥३१॥

नमः पङ्कजमालिन्यै नमस्तेऽमृतयोनये।
त्रैलोक्यमात्रे शरणं प्रपन्नोऽस्मि च वामहम् ॥३२॥

इति नत्वोत्थितं मां तु शरण्यो भक्तवत्सलः।
नारायणस्ततस्तुष्टः श्रिया सह जगत्पतिः ॥३३॥

प्रसन्नोऽस्मि विधेः पुत्र मत्तः किं वरमिच्छसि।
[मत्तो वृणीष्व वरदाद्वरमित्यब्रवीत्तदा ॥३४॥

हरेरित्थं वचः श्रुत्वा कृताञ्जलिपुटोऽब्रुवम्।
जन्मकोटिसहस्त्राणि मयावाप्तानि वै हरे ॥३५॥

अतः संसारजलधेरुत्तीर्य भगवन्नहम्।
श्रुतिस्मृतीतिहासाद्यैः प्रोक्तं विष्णोः परं पदम् ॥३६॥

यत्र स्थितानां भक्तानामावृत्तिर्न भवेत्। किल।
नय मां तत्पदं देव भीतं संसारसागरात् ॥३७॥

[एष मेऽस्तु वरःकामः नान्यं किंचिद् वृणे हरे॥
इति संप्रार्थ्यमानं मां भगवान् प्रत्यभाषत ॥३८॥

मुने ददामि ते लोकमपुनर्भवलक्षणम्।
अथापि किञ्चिद्वक्ष्यामि तत्कुरुष्व महामते ॥३९॥

इयं श्रीर्मन्मुखादेकं लोकस्य हितकाम्यया।
अधीतिनी शास्त्रमेकमुपदेष्टुं तवेच्छति ॥४०॥

तस्य पात्रं त्वमेवैकस्तदधीहि श्रियो मुखात्।
किं च त्वं कतिचित्कालादागच्छन्ति महर्षयः ॥४१॥

वासिष्ठादिषु गोत्रेषु ह्युत्पन्ना दीक्षिता मया।
गर्भ एव च तेषां त्वमिदं शास्त्रमुपादिश ॥४२॥

ततो मल्लोकमागत्य मोदन्तां नित्यसूरिवत्।
इत्युक्त्वा श्रियमालोक्य मुनये त्वमुपादिश ॥४३॥

नारायणमुखोद्गीतं श्रुत्वा श्रीर्मुनिपुङ्गवाः।
उपादिशत् पाञ्चरात्रं श्रीप्रश्नमितिसंज्ञितम् ॥४४॥

तयोः पूजामकरवं यथावन्मुनिपुङ्गवाः।
ततस्तु भगवानाह बद्धाञ्जलिपुटस्थितम् ॥४५॥

[पूजामपि च कृत्वा मां पुरः स्थितमथो हरिः।]
उपदिष्टमिदं शास्त्रं पावनं मोक्षसाधकम् ॥४६॥

नाभक्ताय सकामाय न च मद्द्वेषिणे स्त्रियै।
न तस्करायानृजवे नोपदेष्टुं त्वमर्हसि ॥४७॥

इत्युक्त्वान्तर्हितो देवः श्रिया सार्धं जगत्पतिः।
केषु गोत्रेषु चोत्पन्न ब्रूत यूयं महर्षयः ॥४८॥

वेदशिराः–

भरद्वाजो वसिष्ठश्च विश्वामित्रस्तथा परः।
कौण्डिन्यश्चापि मनुयो ह्यस्मद्गोत्रप्रवर्तकाः ॥४९॥

अहं वेदशिरा नाम कवषश्च तथारुणिः।
भरद्वाजश्च चत्वारो भगवत्प्रीतिभाजनाः ॥५०॥

गर्भे दीक्षामनुप्राप्तास्तस्मान्मोक्षार्थसाधकम्।
[शिष्यतां समनुप्राप्ताननुगृह्णातु नो भवान्] ॥५१॥

श्रीप्रश्नमिति यच्छास्त्रं श्रियो वक्त्रात् त्वया श्रुतम्।
मोक्षदं सर्वशास्त्रार्थसारमाराधनादिकम् ॥५२॥

श्रियो मुखात् त्वया प्राप्तं ब्रूहि ब्रह्मन् हिताय नः।
आराधनं भगवतः कृत्वा मोक्षमवाप्नुमः ॥५३॥

इति संप्रर्थितो विद्वानेकतः श्रीपतिं नमन्।
मनसा समनुध्यातवा वक्तुमेवोपचक्रमे ॥५४॥

***

2. The Two-fold purpose in creation: Karma and Jñāna

श्रीरुवाच–

जगत्कारण पद्माक्ष शङ्खचक्रगदाधर।
ब्रह्मरुद्रादिदेवेड्यः सृष्टिस्थित्यन्तकारक ॥१॥

अनादिमध्यनिधन भक्तवत्सल निर्गुण।
पृच्छामि संशयं किंचित् तन्मे व्याख्यातुमर्हसि ॥२॥

कर्माणि जन्तून् विश्वेश न त्यजन्ति कदाचन।
जन्तवोऽपि च कर्माणि पकृतिं प्राप्य नित्यशः ॥३॥

माया तु प्रकृतिर्नाम त्वया सृष्टा जगत्पते।
ब्रह्मादिप्राणिनः सर्वे विचित्रगतिमैश्वरीम् ॥४॥

मायां प्राप्य बहून् क्लेशान् सुखमित्यामनन्ति हि।
माययापहृतज्ञाना: सुखदु:विभेदनम् ॥५॥

न जानन्ति जगत्स्वामिंस्त्वन्माया हीदृशी किल।
विद्यया तपसा वापि वेदाध्ययनतोऽपि वा ॥६॥

धर्मशास्त्रादिपाठने पुराणपठनेन वा।
यज्ञादिकर्मभिर्वापि नित्यकर्मादिभिर्हरे ॥७॥

मायां त्वदीयां जित्वा यः कश्चिन्नो मोक्षमेष्यति।
परिवृत्तावनेकानां युगानामपि वल्लभ ॥८॥

कश्चित् प्राणी समायाति मायया मोहितेषु वै।
ज्ञातो भवद्भिस्तद्धेतुर्न जाने भगवन्नहम् ॥९॥

विना भवन्तं क्षणिकं न याम्यन्यत्र पुरुष।
तथापि न माया ज्ञातं मोक्षदं वेदशास्त्रकम् ॥१०॥

कार्यं वापि समुद्दिष्टं भवता न प्रकाशितम्।
न रहस्यं यदि भवेद् भक्ताया मम वत्सल ॥११॥

सर्वलोकहितार्थाय दयासिन्धो जगत्पते॥
उपदाशि जगत्स्वामिन् अमी मुक्तिमवाप्नुयुः ॥१२॥

भगवानुवाच–

पद्मे त्वत्तोऽपि मे गोप्यं त्रैलोक्ये नास्ति वल्लभे।
अवतारादिषु मया सह तिष्ठसि सुव्रते ॥१३॥

इत्थं स्थिते मया गोप्यं किं वास्ति जगदीश्वरी।
सर्वज्ञा ह्यासि मां देवि त्वमज्ञेव मम प्रिये ॥१४॥

लोकस्य हितमिच्छन्ती मां पृच्छसि वरानने।
लोकमातुरयं प्रश्नस्तवैवौपयिकं हि सः ॥१५॥

आदितो देवि वक्ष्यामि ब्रह्मादीनामहं पुरा।
नोपादिशं मुक्तिशास्त्रं जगतो वृद्धये रमे ॥१६॥

ब्रह्मकल्पे पुरा प्राप्ते सर्वं सलिलमावृतम्।
योगलक्ष्मीस्वरूपेण श्रीवत्सेन्तर्हिता ह्यासि ॥१७॥

तमसा सर्वलोकेषु व्याप्तेषु संचराचरम्।
लोकं मदुदरं प्राप्य स्थितं ब्रह्मसमन्वितम् ॥१८॥

तदा बालं समास्थाय रूपं जलनिधावपि।
वटपत्रे शयानोऽहं तं कालमनयं रमे ॥१९॥

ब्रह्मरात्र्यां व्यतीतायां मत्सङ्कल्पादयं प्रिये।
मन्नाभिकमलोद्भूतो ब्रह्मा लोकपितामहः ॥२०॥

कर्णिकायां क्वचित्कालं तिष्ठन्नन्तर्हितं जले।
अजानंश्चिन्तयन्नेव कञ्चित्कालमवस्थितः ॥२१॥

ततस्तस्य मतिर्जाता पङ्कजोपर्यहं स्थितः।
पङ्कजंस्य क्वचिद्वन्धमन्तरा (न) स्थितिर्भवेत् ॥२२॥

कस्मिन् बद्ध पङ्कजोऽयं ज्ञास्यमीति निश्चितः।
पद्मस्य नालरन्ध्रेण गन्तुमन्तरभित्वरन् ॥२३॥

मार्गमन्विष्यमाणस्य नादान्मार्गं तदा ह्यहम्।
चिन्तामास्थाय स विधिस्तप आतिष्ठदव्ययम् ॥२४॥

ततो वर्षसहस्त्रान्ते हंसरूपं समाश्रितः।
स्थित्वाकाशे त्रयीरूपं कर्मकाण्डमयं शुभम् ॥२५॥

जगत्सृष्टेरादिकन्दमुपादिक्षं विधेः पुरा।
ततः संतुष्टहृदयस्त्रयीं कर्मप्रवर्तिनीम् ॥२६॥

प्राप्य ब्रह्मा तदा मां तु मानसैरर्चयत्सुमैः।
अनुज्ञया मम विधिः सत्यलोकमुपेयिवान् ॥२७॥

मरीच्यादीन् पुरा सृष्ट्वा तेभ्यो वेदानुपादिशत्।
तेऽपि प्राप्य त्रयीं तद्वदसृजन् प्राणिनो बहून् ॥२८॥

स्थावराणि च सर्वाणि वृक्षगुल्मलता रमे।
इत्थं सृष्ट्वा कर्मकाण्डमधीयानाश्च नित्यशः ॥२९॥

कुर्वाणः कर्मणो भेदांस्तेषु तृप्ताश्च देवताः।
प्रावर्तयंश्च भूलोके कर्मकाण्डाननेकधा ॥३०॥

धर्मार्थकामरूपाणामर्थानामुपदेशतः।
मानवास्तेषु विश्वासमनुप्राप्ताः सुमध्यमे ॥३१॥

निवृत्तिशास्त्रमपरं वेदं वापि तदर्थकम्।
नापृच्छन्मां विधिमुखा नावोचंश्चाप्यहं रमे ॥३२॥

संवत्सरं तदर्धं वा गुरुशुश्रूषया ततः।
सच्छिष्यायोपादेष्टव्यमिति शास्त्रेषु वर्तते ॥३३॥

तद्विधिं समतिक्रम्य रहस्यं शास्त्रमुत्तमम्।
पद्ममालिनि नावोचं वेदं तद्बोधकं च तम् ॥३४॥

श्रीः–

नमामि पुण्डरीकाक्ष जगदादे दयानिधे।
तव शक्तिर्विचित्रा हि गुणमायाविमोहिता ॥३५॥

कथं ज्ञातुं प्रवर्तन्ते तच्छास्त्रं वा तदर्थकम्।
वेदं वापि महोदारसंसारपतिता इमे ॥३६॥

मयि प्रीतिस्तव यदि वेदं तच्छास्त्रमादितः।
उपादिश हरे सर्वं लोकानुग्रहकाम्यया ॥३७॥

भगवान्–

वेदमेकायनं नाम वेदानां शिरसि स्थितम्।
तदर्थकं पाञ्चरात्रं मोक्षमार्गः वेदे प्रोक्तः सनातनः। ॥३८॥

यस्मिन्नेको मोक्षमार्गः वेदे प्रोक्तः सनातनः।
मदाराधनरूपेण तस्मादेकायनं भवेत् ॥३९॥

रात्रिरज्ञानमित्युक्तं पञ्चेत्यज्ञाननाशकम्।
तच्छास्त्रं पञ्चरात्रं स्यादन्वर्थस्यानुरोधतः ॥४०॥

सार्धकोटिप्रमाणेनानुष्टुभा छन्दसा रमे।
वेदवन्नित्यमेतच्च मल्लोके नित्यसूरयः ॥४१॥

आमनन्ति सदा भक्त्या मनसा पूजयन्ति च।
अन्तरैतद्वेदशास्त्रज्ञानं मोक्षप्रदं न हि ॥४२॥

यस्मिन् ज्ञानेन सहितं योगश्चापि विशेषतः।
आलयानां च निर्माणं बिम्बनिर्माणमेव च ॥४३॥

एतेषां लक्षणं चापि सविशेषमुदाहृतम्।
प्रतिष्ठा चाग्निकार्यं च प्रायश्चित्तमशेषतः ॥४४॥

पूजकानां च दीक्षा च सिद्धान्ताः समुदीरिताः।
मद्यागा विविधाः प्रोक्ता उत्सवा बहुभेदवत् ॥४५॥

मन्त्रोद्धारादिकार्याणि बहून्यस्मिन् स्थितानि हि।

श्रीः–

कथं महति शास्त्रेऽस्मिन् संसारे पतिता जनाः ॥४६॥

प्रवर्तन्ते देवदेव ज्ञानं वापि कथं भवेत्।
श्रद्धा वापि कथं तेषां संसारेषु निमज्जताम् ॥४७॥

वासनाविवशाः केचिज्जगदाहुरनीश्वरम्
नित्यं शरीरं केचिच्च संसृतेर्नास्ति सौख्यदम् ॥४८॥

एवं बहुविधा भेदा जन्तूनां मतयोऽन्यथा।
भ्रमन्ति तन्निवृत्तिस्तु कथं स्याज्जगतीपते ॥४९॥

महान्तो ह्युपदेष्टारो न सन्ति जगतीतले।
उपदिष्टं न गृह्णन्ति जनाः कामविमोहिताः ॥५०॥

तथापि कृपया मेऽद्य शास्त्रं संगृह्य सारवत्।
आदाय सात्त्विकं भागं पञ्चरात्रमुपादिश ॥५१॥

भगवान्—

त्वयोक्तमुचितं देवि विधिप्रभृतिदेवताः।
भ्रमन्ते संसृतिं प्राप्य किं पुनर्मनुजा भुवि ॥५२॥

त्वयाहं प्रार्थितो देवि पीयूषमुदधेर्यथा।
सात्त्विकं भागमुद्धृत्य लोकस्य हितकाम्यया ॥५३॥

वदामि कमले तुभ्यं शृणु लोकहितंकरि।
मन्मूर्तयः पञ्चविधा वदन्त्युपनिषत्सु च ॥५४॥

परव्यूहो हार्द इति विभवोऽर्चेति भेदतः।
वैकुण्ठेऽस्मिन् परव्यूहो सदा पश्यन्ति सूरयः ॥५५॥

योगतत्त्वेन मुनयः सदा मां ध्यानगोचरम्।
पश्यन्ति देवि हृन्मध्ये तस्मान्मां हार्द उच्यते ॥५६॥

अवतारेषु तत्काले पश्यन्तोऽपि जना भुवि।
अवजानन्ति मुनयो जानन्ति ज्ञानिनो रमे ॥५७॥

***

3. The Principles of Yoga

श्रीः–

भगवन् योगतत्त्वाख्यं ज्ञानपूर्वं वदस्व मे।

भगवान्–

सर्वे देवा महर्षयो मनुष्याः पशवस्तथा ॥१॥

मन्मायया निबद्धास्ते तन्निकृन्तनमद्भुतम्।
योगसारं प्रवक्ष्यामि ज्ञानतत्त्वसमन्वितम ॥२॥

जन्ममृत्युजराव्याधिनाशनं मृत्यतारकम्।
नानामार्गैश्च दुष्प्रापं कैवल्यं परमं पदम् ॥३॥

अनिर्देश्यमगम्यं यत् सर्वगं सर्वसाक्षिमत्।
निष्कलं निर्मलं शान्तं सर्वातीतं निरञ्जनम् ॥४॥

परं ब्रह्मेति यत्प्रोक्तं तद्योगैरेव गम्यते।
जीवस्य गुणसङ्गेन कामक्रोधादयोऽरयः ॥५॥

बध्नन्ति नित्यदा मुक्तं पाशैः संसाररूपिभिः।
तस्मात्पाशाद्विनिर्मुक्तेरुपायं कथयामि ते ॥६॥

योगहीनं कथं ज्ञानं मोक्षदं स्याद्वरानने।
योगोऽपि ज्ञानहीनस्तु न क्षमः स्यात् प्रदर्शितुम् ॥७॥

तस्मान्मुमुक्षुर्ज्ञानेन धारयेद्योगमद्भुतम्।
अज्ञानादेव संसारो ज्ञानादेव हि मुच्यते ॥८॥

ज्ञानप्रयोजनं किं तत् ज्ञेयवस्तुप्रदर्शनम्।
सर्वाकारं निराकारं शुद्धस्फटिकसंनिभम् ॥९॥

चतुर्भुजं वासुदेवं शङ्खचक्रगदाधरम्।
आनन्दजलधिं शुद्धं निगुर्णं पीतवाससम् ॥१०॥

अङ्गुलिस्फोटनं कुर्यात् सा मात्रा परिकीर्तिता।
इडया वायुमापूर्य शनैः षोडशमात्रया ॥३३॥

कुम्भयेत् पूरितं पश्चाच्चतुः षष्ट्या तु मात्रया।
रेचयेत् पिङ्गलानाडया द्वात्रिंशन्मात्रया पुनः ॥३४॥

पुनः पिङ्गलयाऽऽपूर्य पूर्ववत्सुसमाहितः।
प्रातर्मध्यन्दिने सायमर्धरात्रे च कुम्भकान् ॥३५॥

शनैरशीतिपर्यन्तं चतुर्वारं समभ्यसेत्।
एवं मासत्रयाभ्यासान्नाडीशुद्धिर्भविष्यति ॥३६॥

यदा तु नाडीशुद्धिः स्यात् तदा चिह्नानि बाह्यतः।
जायन्ते योगिनो देहे तानि वक्ष्याम्यशेषतः ॥३७॥

शरीरलघुता दीप्तिर्जाठरानिग्विवर्धनम्।
कृशत्वं च शरीरस्य तदा जायेत निश्चलम् ॥३८॥

योगविघ्नकराहारं वर्जयेद्योगिसत्तमः।
लवणं सर्षपं चाम्लमुष्णं तीक्ष्णं च रूक्षकम् ॥३९॥

शाकजातं रामठादि वह्निस्त्रीपथसेवनम्।
प्रातःस्नानोपवासादिकायक्लेशांश्च वर्जयेत् ॥४०॥

अभ्यासकाले प्रथमं शस्तं क्षीराज्यभोजनम्।
गोधूममुद्ग शाल्यन्नं योगवृद्धिकरं विदुः ॥४१॥

ततः परं यथेष्टं तु शक्तः स्याद्वायुधारणे।
यथेष्टधारणाद्वायोः सिध्येत् केवलकुम्भकम् ॥४२॥

केवले कुम्भके सिद्धे रेचपूरविवर्जिते।
न तस्य दुर्लभं किंचित् त्रिषु लोकेषु विद्यते ॥४३॥

प्रस्वेदो जायते पूर्वं मर्दं तेन च कारयेत्।
ततोऽतिधारणाद्वायोः क्रमेणैव शनैः शनैः ॥४४॥

कफो भवति देहस्य आसनस्थस्य योगिनः।
ततोऽतिधकतराभ्यासाद् दारुणात्स्वेद उद्भवेत् ॥४५॥

तदा च दार्दुरो भाव उत्प्लुत्योत्प्लुत्य गच्छति।
पद्मासनस्थितो योगी तदा गच्छति भूतलम् ॥४६॥

ततोऽधिकतराभ्यासाद् भूमित्यागश्च जायते।
पद्मासनस्थ एवासौ भूमिमुत्सृज्य वर्तते ॥४७॥

अतिमानुषचेष्टादि तदा सामर्थ्यमुद्भवेत्।
न दर्शयेच्च सामर्थ्यं यदि कुर्यात्तपोव्ययः ॥४८॥

सुखं वा यदि वा दुःखं प्राप्तं न व्यथयेत्तदा।
अल्पमूत्रपुरीषश्च स्वल्पनिद्रा च जायते ॥४९॥

कीलवो दूषिका लाला स्वेददुर्गन्धतानने।
एतानि सर्वथा तस्य न जायन्ते ततः परम् ॥५०॥

ततोऽधिकतराभ्यासाद् बलमुत्पद्यते बहु।
येन भूचरसिद्धः स्याद् भूचराणां जले क्षमः ॥५१॥

व्याघ्रादि सिंहशरभान् बाहुभ्यां हन्ति योगवित्।
अभ्यसेत् प्लुतमोंकारं तेन पापो विनश्यति ॥५२॥

सर्वविघ्नहरो मन्त्रः प्रणवः सर्वदोषहा।
एवमभ्यासयोगेन घटावस्था समुद्भवेत् ॥५३॥

प्राणोऽपानो मनो बुद्धिर्जीवात्मपरमात्मनोः।
अन्योन्यस्याविरोधेन घटते ज्ञानमद्भुतम् ॥५४॥

घटावस्थेति सा प्रोक्ता तच्चिह्नानि वदामि ते।
पूर्वं यः कथितोऽभ्यासश्चतुर्थांशं परित्यजेत् ॥५५॥

दिवा वा यदि वा कुर्यात् सायं वा याममात्रकम्।

एकवारं प्रतिदिनं कुर्यात् केवलकुम्भकम् ॥५६॥

इन्द्रियाणीन्द्रियार्थेभ्यो यत् प्रत्याहरणं स्फुटम्।
योगी कुम्भकमास्थाय प्रत्याहारः स उच्यते ॥५७॥

यद्यत्पश्यति चक्षुर्भ्यां तत्तदात्मेति भावयेत्।
(यद्यच्छृणोति कर्णाभ्यां तत्तदात्मेति भावयेत्) ॥५८

लभते नासया यद्यत्तत्तदात्मेति भावयेत्।
जिह्वया यद्रसं ह्यत्ति तत्तदात्मेति भावयेत् ॥५१॥

त्वचा यद्यत् स्पृशेद्योगी तत्तदात्मेति भावयेत्।
एवं भावयतस्तस्य सामर्थ्यमतिमानुषम् ॥६०॥

दूरश्रुतिर्दूरदृष्टिः क्षणाद् दूरगतिस्तथा।
वाक्सिद्धिः कामरूपत्वमदृश्यत्वं ततो भवेत् ॥६१॥

मलमूत्रविलेपेन लोहादेः स्वर्णता भवेत्।
खे गतिस्तस्य जायते प श्वताभ्यासयोगतः ॥६२॥

तदा बुद्धिमता भाव्यं योगिनो योगसिद्धये।
एते विघ्ना महासिद्धेर्न रमेत्तेषु बुद्धिमान् ॥६३॥

न दर्शयेत् स्वसामर्थ्यं यस्य कस्यापि योगिराट्।
यथा मूढो यथा मूर्खो यथा बधिर एव च॥ ६४॥

तथा वर्तेत लोकस्य स्वसामर्थ्यस्य गुप्तये।
शिष्याश्च स्वस्वकार्येषु प्रार्थयन्ति न संशयः ॥६६॥

एवं भवेद् घटावस्था संतताभ्यासयोगतः।
अनभ्यासवतस्तस्य वृथा गोष्ठ्या न सिध्यति ॥६७॥

तस्मात् सर्वप्रयत्नेन योगमेव सदाभ्यसेत्।
ततः परिचयावस्था जायतेऽभ्यासयोगतः ॥६८॥

वायुः परिचितो यत्नाद्भावयित्वा तु कुण्डलीम्।
अग्निना च सुषुम्नायां प्रविशेदनिरोधतः ॥६९॥

वायुना सह चित्तं च प्रविशेच्च महापदम्।
यस्य चित्तं स्वपवनः सुषुम्नां प्रविशेदिह ॥७०॥

भूमिरापोऽनलो वायुराकाशं चेति पञ्चकम्।
एषु पञ्चसु देहानां धारणं पञ्चधोच्यते ॥७१॥

आ पादाज्जानुपर्यन्तं पृथिवीस्थानमुच्यते।
पृथिवी चतुरश्रं च पीतवर्णं लवर्णकम् ॥७२॥

पार्थिवे वायुमारोप्य लकारेण समन्वितम्।
ध्यायंश्चतुर्मुखाकारं चतुर्वक्त्रं हिरण्मयम् ॥७३॥

धारयेत् पञ्च घटिकाः पृथिवीजयमाप्नुयात्।
पृथिवीयोगतो मृत्युर्न भवेत्तस्य योगिनः ॥७४॥

आ जानोः पायुपर्यन्तमपां स्थानमुदाहृतम्।
(आपोऽर्धचन्द्रं शुक्लं च वं बीजं परिकीर्तितम्
॥७५॥)

वारुणे वायुमारोप्य वकारेण समन्वितम्।
स्मरन्नारायणं देवं चतुर्बाहुं किरीटिनम् ॥७६॥

नीलमेघनिभं शान्तं पीतवाससमच्युतम्।
धारयेत् पञ्च घटिकाः सर्वपापैः प्रमुच्यते ॥७७॥

ततो जलाद् भयं नास्ति जले मृत्युर्न विद्यते।
आ पायोर्हृदयान्तं च वह्निस्थानं प्रकीर्तितम् ॥७८॥

वह्निस्त्रिकोणं रक्तं च रेफाक्षरसमन्वितम्।
सङ्कर्षणं चतुर्बाहुं बलज्ञानगुणान्वितम् ॥७९॥

शङ्खचक्रगदापाणिं सुप्रसन्नमनुस्मरन्।
धारयेत् पञ्च घटिकाः वह्निनासौ न दह्यते ॥८०॥

तन्मण्डलं प्रविष्टस्य नाग्निर्दहति वै तनुम्।
हृदयादाभ्रुवोर्मध्यं वायुस्थानं प्रकीर्तितम् ॥८१॥

वायुः षट्कोणकं कृष्णं यकाराक्षर भासुरम्।
वायोः स्थाने ब्रह्मरूपमनिरुद्धं चतुर्भुजम् ॥८२॥

धारयेत् पञ्च घटिका वायुवद् व्योमगो भवेत्।
वायोर्भयं तथा मृत्युर्न भवेद्योगिनो रमे ॥८३॥

आ भ्रूमध्यात्तु मूर्धान्तमाकाशस्थानमुच्यते।
व्योमवृत्तं च धूम्रं च हकाराक्षरदीप्तिमत् ॥८४॥

आकाशे वायुमारोप्य वासुदेवं चतुर्भुजम्।
शुद्धस्फटिकसंकाशं शङ्खचक्रगदाधरम् ॥८५॥

रमापतिं चतुर्बाहुं षाड्गुण्यपरिकर्मित्।
आकाशे धारणात्तस्य खेचरत्वं भवेद् ध्रुवम् ॥८६॥

यत्र कुत्र स्थितो वापि सुखमत्यन्तमश्नुते।
एवं च धारणा पञ्च कुर्याद्योगी विचक्षणः ॥८७॥

ततो दृढशरीरः स्यान्मृत्युस्तस्य न विद्यते।
ब्रह्मणः प्रलये चापि न नश्यति स योगिराट् ॥८८॥

समभ्यसेद् तथा योग घटिकाः षष्टिमेव च।
वायुं निरुध्य चाकाशे देवतामिष्टदामिति ॥८९॥

एवं प्रतिदिनं कुर्वन् कामक्रोधविवर्जितः।
भगवन्तं वासुदेवं तोषयेद् योगिसत्तमः ॥९०॥

अभिकाङ्क्षति देवादिशरीरं सुखलिप्सया।
तच्छरीरमवाप्नोति तत्र तत्रापि मोदते ॥९१॥

अणिमादिगुणेच्छा चेत् स्मरणेनैव जायते।
एवं बहुविधा योगा योगिनचेष्टासाधनम् ॥९२॥

योगे प्रवर्तमानस्य शरीरक्लेशसंभवाः।
बुद्धिक्लेशश्च बहुधा जायते नात्र संशयः ॥९३॥

मोक्षं यदा प्रार्थयते तदा मां मनसा स्मरन्।
मूध्न्याधायात्मनः प्राणमास्थितो योगधारणाम् ॥९४॥

ब्रह्मरन्ध्रेण विसृजेत् तीर्त्वा च विरजां नदीम्।
मल्लोकं समनुप्राप्य मद्रूपं प्रतिपद्यते ॥९५॥

सूरिभिः सह मोदेत नित्यं मद्दर्शनाद् बुधः।

***

V

An encyclopedic source-book prepared by Pratāpa-simha-Sāhā, King of Nepal (Vikrama era 1832) was rightly described as an ocean, PURAŚCARYĀRṆAVA, (second edition published by Chowkhambhā Sanskrit Pratiṣṭhāna, Vārāṇasī in 1985). The extracts from this book given below relate to the fundamental aspects of the Āgama tradition.

(1)

आगमशब्दार्थः॥

युगभेदेन मार्गभेदप्राधान्यमाह–

कृते श्रुत्युक्तमार्गः स्यात् त्रेतायां स्मृतिभाषितः।
द्वापरे वै पुराणोक्तः कलावागमसंभवः॥

(Rudra-yāmala)

प्रधान इति शेषः।

आगमस्य विदाऽङ्गत्वमाह–

न वेदः प्रणवं त्यक्त्वा मन्त्रो वेदसमन्वितः।
तस्माद्वेदपरो मन्त्रो वेदाङ्गश्चाऽऽगमः स्मृतः॥

(Meru-tantra)

आगमशब्दार्थो,

आगतः शिववक्त्रेभ्यो गतश्च गिरिजामुखे।
मग्नस्तस्या हृदम्भोजे तस्मादागम उच्यते॥

(Rudra-yāmala)

आगमस्य वेदाङ्गत्वेऽपि वैदिकलौकिककयोर्विरोधमाह–

कौलिकं कुर्वतः कर्म वैदिकं नाऽभिधीयते।
विरोधादुभयं नष्टं तस्मादेकपथा चरेत्॥

(Rudra-yāmala)

वामदक्षिणमार्गयोरपि विरोधमाह–

वाममार्गी यदा दक्षं प्रविशेत्तत्सुरैः स तु।
विघ्न्यते पीड्यते चापि न सिद्धिमधिगच्छति॥

दक्षमार्गी यदा वामं प्रविशेत्तत्सुरास्तथा।
लोकद्वयाद्द्रापयन्ति तं ग्रसन्ति च वामिनम्॥
तस्मात् स्वकुलमार्गं तु ज्ञात्वा कुर्यादुपासनाम्।

(Meru-tantra)

2
उपासनाभेदाः

महाकालेन यत् प्रोक्तं यन्महामायया श्रुतम्।
रहस्याऽतिरहस्यं तत् सर्वमन्त्रेषु गोपितम्॥

आम्नायानां रहस्यं तदह्निकं प्रोच्यतेऽधुना।
शृण्वन्तु सर्वे भो देवाः साधकानां प्रसिद्धिदम्॥

तत्र नित्यं त्रिधा प्रोक्तं गुणत्रयविभेदतः।
अधिकारिविभेदेन तदपि त्रिविधं भवेत्॥

शुद्धं मिश्रं च गलितं तत्तथैव फलप्रदम्।
शुद्धं सम्पूर्णफलदं मिश्रं किंचित्फलप्रदम्॥

अकृते प्रत्यवायो न गलिते सत्फलं न च।
अहङ्कारविहीनं यन्मानसं ज्ञानपूर्वकम्॥

स्वस्थचित्तेन यतिना कृतं तच्छुद्धमुच्यते।
तादृशं चेद् गृहस्थेन निर्द्रव्येणाऽथ वा कृतम्॥

रुग्णेन पथिकेनापि कारागृहगतेन वा।
भक्तितो वाऽपि तन्मिश्रं बाह्यपूजाऽधिकारतः॥

शीतादिभीत्यादाविष्टसंक्षयादल्पकार्य्यतः।
स्त्र्यादेर्नियोगाद् गलितो गृहीतो मानसं मतम्॥

बाह्यपूजादिकं यच्च एकान्ते नियमेन च।
भक्त्या कृतं गृहस्थेन तच्छुद्धं राजसं मतम्॥

पूजार्थं यद्याचयित्वा श्रद्धाभक्ती विहाय वा।
लोकभीत्या देवभीत्या यत् तद्राजसमिश्रितम्॥

प्रतारणार्थं लोकानां याचितं देवनामतः।
द्रव्यं कृतं तद्वेषेण गलितं तत्तु राजसम्॥

वाममार्गं समाश्रित्य कौलं धर्मं विचार्य च।
अन्यधर्मस्य चाऽद्वेषात् कृतं शुद्धं तु तामसम्॥

कृतं यत् कामतः कर्म वैदिकं पारलौकिकम्।
वाममार्गं समाश्रितत्यं तत्तु तामसम्॥

जिह्वालोभेन यत् गलितं तत्तु तामसम्॥

शुद्धसत्त्वेन मोक्षः स्यात स्वर्गः स्यान्मिश्रसत्त्वतः।
सिद्धिर्गलितसत्त्वात् स्यौदैहिकी च मनुष्यता॥

स्वर्गः स्याद्राजसाच्छुद्धात् कामः स्यान्मिश्रराजसात्।
गलिताद्राजसात् तिर्यग्योनावपि सुखं भवेत्॥

सात्त्विकात्तासाद्देवयोनित्वं प्राप्नुयान्नरः।
मिश्रितामसतो दुःखी नारकी चाऽतामसात्॥

कर्म पञ्चविधं प्रोक्तं पञ्चधा मुक्तिदायकम्।
प्रसर्पणमुपादानमिज्याऽध्यायस्तथा भुवि॥

संमार्जनोपलेपादिसंस्कारा देवमन्दिरे।
भक्त्याऽर्चनं सर्प्पणं स्याद्देवसालोक्यकारकम्॥

पूजासाधनसामग्र्या मेलनं भक्तसेवनम्।
तत् प्रीतिः स्यादुपादानं देवतारूपदायकम्॥

पीठपूजनपूर्वं यत् षोडशाद्युपचारकैः।
मूर्त्तेर्यन्त्रेऽथ वा पूजा सेज्या सामीप्यकारिका॥

तच्छास्त्राऽध्ययनं सम्यक् कृत्वा मन्त्रऽर्थभावनम्।
कृत्वा जपः स्यात् स्वाध्यायो देवसायुज्यकारकः॥

गुरुदेवात्मकालानां सम्यगैक्यविभावनम्।
संयोगो देहलिङ्गस्य नाशकः कालयोगकृत्॥

(Meru-tantra)

उपासना त्रिधा प्रोक्ता श्रेष्ठा तत्र तु सात्त्विकी।
तस्यां च मानसौ पूजाजपौ मुख्यतमौ स्मृतौ॥

राजसो दक्षिणो मार्गः प्रतिमायां प्रपूजनम्।
बाह्योपचारैः पुष्पाद्यैस्तदाद्यानां विशिष्यते॥

तामसोपासनं प्रोक्तं पीठादौ बलिदानतः।
वाममार्गेण तच्चाद्यं वर्णं हित्वा प्रशस्यते॥

एषा व्यवस्था संप्रोक्ता वामदक्षिणयोः परा।
उपासना द्विधा प्रोक्ता सकामाऽकामविश्रुता॥

मोक्षबीजं तु निष्कामा सकामा भवबीजकम्।
उपासनायां च गुरूपदेशं विनाऽनधिकारित्वमाह–

द्विजानामनुपनीतां स्वकर्माऽध्ययनादिषु।
तथा चाऽदीक्षितानां च मन्त्रदेवाऽर्चनादिषु॥

नाधिकारोऽस्त्यतः कुर्य्यादात्मानं मन्त्रसंस्कृतम्।

(Meru-tantra)

जपो देवार्चनविधिः कार्य्यो दीक्षाऽन्वितैनरैः।
यदृच्छया श्रुतं मन्त्रं छद्मनाऽथ बलेन च।
पत्रे स्थितं तु गाथावत् प्रजप्तमपि निष्फलम्॥

(Mantra-muktāvalī)

अदीक्षिता ये कुर्वन्ति जपपूजादिकाः क्रियाः।
न भवेत्तु फलं तेषां शिलायामुप्तबीजवत्॥

(Yoginī-tantra)

न शास्त्रमालोक्य वदेन्नाऽऽचरेन्न जपेदपि।
न पश्येन्नोपदिश्याच्च न कुर्य्यान्नैव साधयेत्॥

गुरूपदेशतो लब्धे जपान्यासाऽर्चनादिके।
पश्चात्तत्साधयेत्सर्वं सदा सद्भवभावितः॥

(Mahākāla-samhitā)

(3)

दीक्षाविचारः

यस्य दीक्षा शिवे नास्ति जीवनान्तं च जन्मिनः।
स जातु नोत्तरेद्देवि निरयाऽम्बुनिधेः क्वचित्॥

दीक्षाहीनस्य देवेशि पशोः कुत्सितजन्मनः।
पापौघोऽन्तिकमायाति पुण्यं दूरं पलायते॥

तस्माद्यत्नेन दीक्षैषा ग्राह्यो कृतिभिरुत्तमा।

(Rudra-yāmala)

अथ दीक्षाविहीनो यो वर्त्तते भुवि पापभुक्।
मोहाऽन्धकारे नरके गर्ते पतति दुःखितः॥

अनीश्वरस्य मर्त्यस्य नास्ति त्राता यथा भुवि।
तथा दीक्षाविहीनस्य नेह स्वामी परत्र च।

(Dattātraya-yāmala)

उपचारसहस्त्रैस्तु योजितां भक्तिसंयुताम्।
अदीक्षिताऽर्चनां देवा न गृह्णन्ति कदाचन॥
कर्माऽखिलं वृथा यस्मात् तस्मात् पशुरदीक्षितः॥

(Āhama-Kalpa-druma)

अदीक्षितानां मर्त्यानां शृणु देवि महेश्वरि।
अन्नं विष्ठासमं तस्य जलं मूत्रसमं स्मृतम्॥

तत्कृतं तस्या वा श्राद्धं सर्वं संयात्यधोगतिम्।

(Matsya-sūkta)

दीक्षामाहात्म्यमाह–

उपपातकलक्षाणि महापातककोटिकाः।
क्षणाद्दहति देवेशि दीक्षा हि विधिना कृता॥

(Kulārṇava-tantra)

दीक्षितो ब्राह्मणोयति ब्राह्मलोकं सुधामयम्।
ऐन्द्रं लोकं क्षत्रियोऽपि प्राजापत्यं विशस्तथा॥

याति गन्धर्वनगरं शूद्रो दीक्षाप्रसादतः।
दीक्षां विना न मोक्षः स्यात् प्राणिनां शिवशासनात्॥

सा च न स्याद्विनाऽऽचार्यमित्याचार्य्यपरम्परा।

(Rudra-yāmala)

सर्वसिद्धिकरी दीक्षा सर्वसंपत्प्रदायिनी।

प्रतिमास्वरवर्णानि कान्तिपुष्टिधनानि च॥
मोहनस्तम्भाऽऽकृष्टिमारणोच्चाटनानि च॥
वशीकारं च कवितां बुद्धि वै धारणायुताम्॥

तारणं च समुद्रस्य वह्नेः शैत्यं रणे जयम्।
विपिने चाऽभयं चैव शोकदुःखाऽपहं तथा॥
धर्माऽर्थकाममोक्षांश्च ददात्येषा न संशयः।

(Vaiśampāyana-samhitā)

दीक्षाशब्दार्थ उक्तो–

दिव्यज्ञानं यतो दद्यात् कुर्य्यात् पापस्य संक्षयम्।
तेन दीक्षेति लोकेऽस्मिन् कीर्तिता मन्त्रपारगैः॥

(Ṛudra-yāmala)

दीयते ज्ञानविज्ञानं क्षीयन्ते पापराशयः।
तेन दीक्षेति हि प्रोक्ता प्राप्ता चेत् सद्गुर्मुखात्॥

असद्गुरुः स्वयं नष्टः कथं तारयते परम्।

(Meru-tantra)

गुरोर्मुखान्महाविद्यां गृह्णीयात् पापनाशिनीम्।
तस्माद्यत्नाद गुरुं कृत्वा मन्त्रसाधनमाचरेत्॥

(Āgama-sāra)

4
भूपरीक्षा

ततो भूमिं परीक्षेत वास्तुज्ञानविशारदः।
शल्यादिशोधनं कुर्यात् तुषाङ्गरादि दूरयेत्॥

एतस्याकरणे मन्त्री न किंचित् फलमाप्नुयात्।

(Gautamīya-tantra)

खन्यमाने जलं यावत् शल्यदोषो विनश्यति।
दूरनीचस्थितं वारि खनितुं नैव शक्यते॥
पञ्चहस्तं प्रखातव्यं शल्यदोषोपशान्तये।
शल्योद्धारं ततः कृत्वा पूरयेत् सुसमं यथा॥
वास्तुयागं ततः कुर्यात् सर्वविघ्नोपशान्तये।

(Mahā-Kāpiñjala-saṃhitā)

(5)

वास्तुयागः

गृहादिकरणे यत्र नार्चितो वास्तुदेवतः।
तत्र शून्यं भवेत् सर्वं रक्षोविघ्नादिभिर्हतम्॥
तस्माद्वास्त्वर्चनं सम्यक् कार्यं सम्पदभीप्सुभिः।
भूमेः परिग्रहे पूर्वं शिलानां स्थापने तथा।
जलाधारगृहार्थं च यतेद्वास्तुं विशेषतः॥
अपरेष्वपि कार्येषु यागहोमादिकेषु च।
वास्तुमण्डलकं कुर्यात् सूत्रयित्वा समं गुरुः॥

(Pāñca-rātra-saṃhitā)

वास्तुनामा पुरा कश्चिदसुरोऽभून्महाबलः।
त्रैलोक्यं निर्जितं तेन त्रिपञ्चाशच्च देवताः॥
ये रणे संमुखे यातास्तेन ते विनिपीडिताः।
पुनःपुनर्जिता युद्धे स एवासीत् प्रजापतिः॥
दिव्यवर्षसहस्रान्ते देवाः शरणमागताः।
विष्णोर्मम च पार्वत्या दैत्येन्द्रेणापि तच्छ्रुतम्॥

योद्धुकामः सोऽभ्याधावन्नारदेन प्रचोदितः।
कृतं युद्धं तेन सार्धमस्माभिर्वर्षपञ्चकम्॥

ततो दैत्यो मदोत्सिक्तो विष्णुमायाविमोहितः।
उवाच वचनं तुष्टो व्रियतां व्रियतामिति॥

नेन्द्रेण न कुबेरेण मम तोषकरं कृतम्।
ससैन्येनापि तद्युद्धं त्वया तु जटिलेन हि॥

कृतं विष्णुसहायेन पार्वत्यर्धाङ्गधारिणा।
तेनाहं तुष्टिमापन्नस्त्रैलोक्यपरमेश्वरः॥

अदेयं नास्ति में किंचिद्याचयन्तु त्रयोऽपि च।
इत्याकर्ण्य वचस्तस्य शिवयोर्भ्रूप्रचोदितः॥

हरिः प्राह महाधन्य दैत्येन्द्र त्वत्स्मोऽस्ति कः।
सत्यं त्रिवारं कुरुषे तदा याच्यो मया वरः॥

शिवेनापि च पार्वत्या एक एवापरो न हि।
त्रिरुवाच ततो दैत्यस्तदा विष्णुर्व्यजिज्ञपत्॥

यथा ते त्वरितं मृत्युः स उपायः प्रदृश्यताम्।
विष्णोश्छलमिति ज्ञात्वा दैत्येन्द्रः समभाषत।
अवश्यमेव गन्तव्यं सर्वैः कालमुखे हरे।
तथा च स्वप्रतिज्ञार्थं यो गच्छति स जीवति॥

परं त्वेकं न मे वंशे यैश्च मत्सेवनं कृतम्।
तस्य मार्गं दर्शयित्वा देहोऽयं विनिपात्यताम्॥

काले तस्मिश्च भो देवा वागुवाचाशरीरिणी।
दैत्येन्द्र कुरु मा शोकं भूमेर्जन्म तवाभवत्॥

तत्रैव त्वं लयं याहि त्वत्तोषार्थं वरं श्रृणु।
ये वर्णाः स्वस्य भोगार्थं करष्यिन्ति नवं गृहम्॥

तत्र त्वदुत्सवमृते नानादुःखैरुपद्रुताः।
कालवर्ण्यादिका दास्यो विनायकमुखाश्च ते॥
सेवकाः पीडयिष्यन्ति इत्याज्ञा पारमेश्वरी।
इत्याकर्ण्य वचः सोऽपि गर्तं गत्वा महाविलम्॥
प्रविवेश ततो देवैर्मृत्पाषाणैः प्रपूरितम्।
तेन ये निर्जिता देवाः पुनरुद्भ्रमशङ्कया॥
तस्यार्थं च त्रिपञ्चाशन्निवासं चक्रुरुद्यताः।
तस्मादवश्यं ते पूज्या गृहवाससुखेच्छया॥

(Meru-tantra)

शृण्वन्तु तद्विधि देवा वामदक्षिणमार्गतः।
पाषाणे प्रतिमायां वा वास्तोष्पते प्रतिज्ञाति॥
इति वैदिकमन्त्रेण तस्यावाहनपूजनम्।
नाममत्रेण चान्येषां पूजां कृत्वा प्रपूरयेत्॥
नेऋत्यकोणे गेहस्य चतुरस्त्राकृतिं शुभाम्।
कृत्वा समतला भूमिं वितस्त्युच्चां च वेदिकाम्॥
विस्तारायामतो हस्तमात्रां तत्र लिखेद्बुधः।

(Meru-tantra)

गृहप्रासादकूपानां मण्डपस्य जलस्य च।
वास्तुमण्डलकं कार्यमष्टहस्तं तु नापरम्॥
भद्रभूमिं प्रशोध्येत दशदण्ड समालिखेत्।
अधोऽधस्तिर्यगादौ च तेनैकाशीतिकोष्ठकम्॥

(Mahā-Kāpiñjala-samhitā)

एकाशीतिपदं चक्रं वैदिकास्तत्र दैवताः।
मध्यकोष्ठेषु नवसु त्वादौ ब्रह्माणमर्च्चयेत्॥

आपवत्सं तदीशाने प्रागर्यम्णं त्रिकोष्ठके।
आग्नये सवितारं च विवस्वन्तमवाक् त्रिषु॥

इन्द्रं नैऋतदिग्भागे मित्रं पश्चिमगं त्रिषु।
वायव्ये राजयक्ष्माणं सुमेरुं चोत्तरत्रये॥

वेदकोष्ठेषु चैशान्यामीशकोणाच्च देवताः।
शिखी पर्जन्य आपश्च दितिः प्राक्कोष्ठयोर्द्वयोः॥

क्रमादेते पञ्च देवा ज्ञातव्याः सव्यमार्गतः।
जयन्तेऽन्द्रौ सूर्यसत्यौ भृश आग्नेयकोणके॥

अन्तरिक्षं तथा वातः पूषा सावित्र एव च।
चतुष्क ईशतो देवास्ततो दक्षिणपञ्चके॥

युग्मक्रमाच्च वितथो बृहत्क्षेत्रयमौ तथा।
ततः पश्चाद् द्विके पञ्च सुग्रीवः पुष्पदन्तकः॥

वरुणासुरशोषाश्च वायव्ये ईशतस्त्वहिः।
रुद्रश्च पापयक्ष्मा च रोगश्चोत्तरपञ्चसु॥

मुख्यो भल्लाटसोमौ च भुज्ञगश्चादितिस्तथा।
देवा एते पञ्चचत्वारिंशंदर्च्यास्तु भक्तितः।
इदमेकाशीतिपदं वैदिकं वास्तुमण्डलम्।

(Meru-tantra)

अथ तान्त्रिकमार्गे तु चतुःषष्टिपदे तथा।
कोणयोः सूत्रयुगलं मध्ये ब्रह्माणमर्चयेत्॥

विप्राशिषा वेदघोषैर्मङ्गलाचारपूर्वकैः।
वास्तोर्मण्डलकं कुर्याद्यथाशोभं यथाविधि॥

एकाशीतिपदं वास्तुचक्रम्।

शिखी	पर्जन्यः	जयन्तः	इन्द्र	सूर्यः	सत्यः	भृशः	अन्त रिक्षः	वातः
दितिः	आपः	जयन्तः	इन्द्रः	सूर्यः	सत्यः	भृशः	सावित्रः	पूषा
अदितिः	अदितिः	आप वत्सः	अर्यमा	अर्यमा	अर्यमा	सविता	वितथः	वितथः
भुजगः	भुजगः	सुमेरुः	ब्रह्मा	ब्रह्मा	ब्रह्मा	विव-स्वान्	बृह-त्क्षेत्रः	बृह-त्क्षेत्रः
सोमः	सोमः	सुमेरुः	ब्रह्मा	ब्रह्मा	ब्रह्मा	विव-स्वान्	यमः	यमः
भल्लाटः	भल्लाटः	सुमेरुः	ब्रह्मा	ब्रह्मा	ब्रह्मा	विव-स्वान्	गन्धर्वः	गन्धर्वः
मुख्यः	मुख्यः	राज-यक्ष्मा	मित्रः	मित्रः	मित्रः	इन्द्रः	भृङ्ग-राजः	भृङ्ग-राजः
अहिः	रुद्रः	शोषः	असुरः	वरुणः	पुष्प-दन्तः	सुग्रीवः	जयः	मृगः
रोगः	पाप यक्ष्मा	शोषः	असुरः	वरुणः	पुष्प-दन्तः	सुग्रीवः	दौवा-रिकः	पिता

पूर्वापरायतं सूत्रं विन्यसेद्धस्तमानतः।
तन्मध्यं किंचिदालम्ब्य मत्स्यौ द्वौ परितो लिखेत्॥

तयोर्मध्ये स्थितं सूत्रं विन्यसेद्दक्षिणोत्तरम्।
द्वाभ्यां द्वाभ्यां तथाऽग्राभ्यां कोणेषु मकराँल्लिखेत्॥

मत्स्यमध्ये स्थिताग्राणि तत्र सूत्राणि पातयेत्।
चतुस्त्रं भवेत् तत्र चतुष्कोष्ठसमन्वितम॥

तत् पुनर्विभजेन्मत्री चतुःषष्टिपदं यथा।

ईशानाद्राक्षसं यावद्यावदग्नेः प्रभञ्जनम्॥

एवं सूत्रद्वयं दद्यात् कर्णसूत्रं समाहितः।
ब्रह्माणं पूजयेदादौ मध्यकोष्ठचतुष्टये॥

दिक्चतुष्के तु पूर्वादि यजेदार्यमनन्तरम्।
विवस्वन्तं ततो मित्रं महीधरमनन्तरम्॥

कोणार्धकोष्ठद्वन्द्वेषु वह्न्यादि परितः पुनः।
सावित्रं सवितारं च शक्रमिन्द्रजयं पुनः।
रुद्रं रुद्रजयं विद्वानापं चाऽथापवत्सकम्॥

तत्कर्णसूत्रोभयतः कोष्ठद्वन्द्वेषु दैशिकः।
शर्वं गुहं चार्यमाणं जृम्भकं पिलपिच्छिकाम्॥

चरकीं च विदारीं च पूतनामर्चयेत् क्रमात्।
पूजयेद्दिक्षु पूर्वादिसार्द्धाद्यन्तपदेष्विमान्॥

अष्टावष्टविभागेन दैवतान् दैशिकोत्तमः।
क्रमादीशानपर्जन्यजयन्ताः शक्रभास्करौ॥

सत्यो वृषान्तरिक्षौ च दिशि प्राच्यां व्यवस्थिताः।
अग्निः पूषा च वितथो यमश्च गृहरक्षकः॥

गन्धर्वो भृङ्गराजश्च मृगो दक्षिणदिग्गताः।
निर्ऋतिर्दौवारिकश्च सुग्रीव वरुणौ ततः॥

पुष्पदन्ताऽसुरौ शोष रोगौ प्रत्यग्दिशि स्थिताः।
वायुर्नागश्च मुखयश्च सोमो भल्लाट एव च॥

अर्गलाख्यो दित्यदिती कुवेरस्य दिशि स्थिताः।
देवा एते त्रिपञ्चाशत् पूजनीयाः प्रयत्नतः।

(Śāradā-tantra)

एकाशीतिपदं वास्तु गृहकर्मणि शस्यते।
चतुःषष्ठिपदं वास्तु प्रासादेषु प्रशस्यते॥

(Hayaśīrṣa-samhitā)

चतुःषष्ठिपदं वास्तुचक्रम्।

शर्वः । पिलपिच्छिका ।　　　　गुहः । चरकी

ईशानः अदितिः	पर्जन्यः	जयन्तः	शक्रः	भास्करः	सत्यः	वृषः	अन्तरिक्षः अग्निः
अदितिः	पर्जन्यः दितिः	जयन्तः	शक्रः	भास्करः	सत्यः	वृषः पूषा	पूषा
अर्गलः	अर्गलः	आपवत्सः आपः	आर्यमा	आर्यमा	सविता सावित्रः	वितथः	वितथः
भल्लाटः	भल्लाटः	महीधरः	ब्रह्मा	ब्रह्मा	विव-स्वान्	यमः	यमः
सोमः	सोमः	महीधरः	ब्रह्मा	ब्रह्मा	विव-स्वान्	गृह-रक्षकः	गृह-रक्षकः
मुख्यः	मुख्यः	रुद्रः रुद्रजयः	मित्रः	मित्रः	शक्रः इन्द्रजयः	गन्धर्वः	गन्धर्वः
नागः	नागः शोषः	असुरः	पुष्पदन्तः	वरुणः	सुग्रीवः	भृङ्गराजः दौवारिकः	भृङ्गराजः
वायुः रोगः	शोषः	असुरः	पुष्पदन्तः	वरुणः	सुग्रीवः	दौवारिकः	मृगः निर्ऋतिः

अर्यमा विदाई ।　　　　जृम्भकः । पूतना ।

ब्रह्मस्थानं रक्तवर्णैर्दिशः पीतैर्विदिक्, सितैः।
ततो दिशस्तु हरितैर्विदिशः कृष्णवर्णकैः।

अरुणः परिधिः कार्यः सुन्दरं मण्डलं भवेत्।
मध्ये पदानां नवकं मार्जयित्वा प्रपूरयेत्॥

सितेन रजसा भूयस्तद्दिक्षु चतसृष्वपि।
षट्कं संमार्ज्य रजसा रक्तेन परिपूरयेत्॥

तयोर्मध्ये चतुर्दिक्षु कोष्ठं द्वादशसंख्यकम्।

मार्जयित्वा हरिद्वर्णैर्यर्थाशोभं प्रपूरयेत्।
कोणे कोणेऽष्टयुग्मं पीतवर्णेन पूरयेत्॥
शिष्टानि च पदान्यत्र यथाशोभं प्रकल्पयेत्।
विचित्राणि ततो मध्ये ब्रह्माणं संप्रपूजयेत्॥

(Meru-tantra)

उक्तानां सर्वदेवानां स्वरूपं च निगद्यते।
अक्षमालां श्रुवं दक्षे वामे दण्डकमण्डलुम्॥

दधानमष्टनयनं यजेन्मध्येऽम्बुजासनम्।
सर्वे चतुर्भुजा देवा वास्तुदेहे व्यवस्थिताः॥

कृताञ्जलिपुटा ऊर्द्ध्वं खड्गखेटकपाणयः।
ब्रह्माणं संन्निरीक्षन्ते तद्वक्त्राभिमुखाश्च ते॥

स्वस्वस्थानस्थिताश्चैव साधारणमुदाहृतम्।
मरीचिः श्वेतवर्णः स्याद्विवस्वानभ्रवर्णकः॥

शातकुम्भनिभो मित्रः कृष्णावक्त्रस्तु भूधरः।
सविता नीलवर्णाभः सावित्रो धूम्रविग्रहः॥

इन्दुश्चारुणवर्णाभः शुक्लश्चेन्द्रजयस्तथा।
रुद्रः प्रवालसदृशः पीतो रुद्रजयस्तथा॥

आपो गोक्षीरधवल आपवत्सो जपाद्युतिः।
ईशानः क्षीरधवलः पर्जन्योऽनसंनिभः॥

जयन्तोऽञ्जनसंकाशो महेन्द्रः श्यामलद्युतिः।
आदित्यो रक्तवर्णः स्यात् सत्यकश्चित्रवर्णकः॥

वृषो बन्धूकपुष्पाभः कुन्दाभश्चान्तरिक्षकः।
उद्यद्दिनकराभोऽग्निः पूषा रत्नाभसन्निभः॥

वितथश्चेन्द्रचापाभो विद्युद्वर्णो गृहरक्षकः।
निर्ऋतिः पावकाभश्च पीतो दौवारिकः स्मृतः॥

सुग्रीवो नीलकण्ठाभश्चान्द्राभः पुष्पदन्तकः।
वरुणः स्फटिकाभाङ्गो भृङ्गाभश्चासुरो मतः॥

यमश्चाञ्जनसङ्काशो गन्धर्वः पद्मरागवत्।
भृङ्गराजश्च भृङ्गभो मृगो जीमूतसंनिभः॥

शोषश्चोत्पलसंकाशो रोगश्चैवन्द्रनीलवत्।
वायुः कृष्णाभवर्णः स्यान्नागः शेषेन्दुसंनिभः॥

मुख्यो मौक्तिकसंकाशो भल्लाटः श्वेतपद्मवत्।
सोमः स्फटिकसंकाशोऽर्गलो रक्तोत्पलद्युतिः॥

दितिः कुन्देन्दुधवला कपिला चादितिः स्मृता।
चरकी शङ्खसदृशी विदारी पावकद्युतिः॥

पूतना हिमसंकाशा मेघाभा पिलपिच्छिका।
खड्गं च पानपात्रं च छुरिकां कर्त्तरीं तथा॥

दधाना भीमरूपास्ता राक्षस्यः परिकीर्त्तिताः।
सितो रक्तश्च पीतश्च कृष्णाः स्कन्दादिका ग्रहाः॥

वज्रं शक्तिं च खड्गं च पाशं च विकृताननाः।
दधाना भीषणाः प्रोक्ता ग्रहाः स्कन्दादिकाश्च ते।

बलिमन्त्राः द्रव्यभेदाः

पायसौदनलाजैश्च युक्तं धूपप्रसूनकैः।
अन्नादिभिश्च संयुक्तं माषभक्तादिमण्डितम्॥

गृहाणेमं वलिं ब्रह्मन् वास्तुदोषं प्रणाशय।
गन्धादिशर्करारूपं पायसोपरिसंयुतम्॥

आर्यकाख्य गृहाणेमं सर्वदोषं प्रणाशय।
चन्दनाद्यर्चितं नाथ कर्पूरागुरुमण्डितम्॥

विवस्वन् वै गृहाणेमं सर्वदोषं प्रणाशय।
सगुडं पांयसं नाथ पुष्पादिसुसमन्वितम्॥

गृहणेमं विलिं हृद्यं मित्र शान्तिं प्रयच्छ मे।
माषौदनं समांसं च गन्धादिक्षीरसंयुतम्॥

गृहणेमं महीभृत् त्वं सर्वदोषं प्रणाशय।
एवं मध्ये तु संपूज्य ईशानादि वलिं हरेत्॥

(Kāpila-pāñca-rātra)

(6)

मण्डपनिर्माणविधिः

यान्तु देवगणाः सर्वे पूजामादाय पार्थिवीम्।
इष्टकामसमृद्ध्यर्थं पुनरागमनाय च॥

इति देवान् विसृज्य कुद्दालु पूजयेत्।

भद्रं मुहूर्त्तमाश्रित्य खन्यतां वास्तुकोष्ठकम्।
स्वर्णकुद्दालरूप त्वं भूमेः खननकर्मणि।
विश्वकर्मायुधो नित्यं नमस्ते चास्त्रमूर्त्तये॥

इति स्वर्णकुद्दालं प्रपूज्य खनितृपुरुषं विश्वकर्मधिया पूजयेत्।

द्विभुजः पीतदेहस्तु जटाधारी कजासनः।
विश्वकर्मा संदा गौरो ज्ञानमुद्राक्षसूत्रभृत्॥

विश्वकर्मन् जगद्व्यापिन् संसारसृष्टिकारक।
अत्र कुद्दालहस्तस्त्वं विश्वकर्मन्नमोऽस्तु ते॥

एकाशीतिकोष्ठभेदे वास्तौ विश्वात्मकर्मक।
कुद्दालं गृह्यातामत्र खननं कुरु साम्प्रतम्॥

इति तद्धस्ते कुद्दालं दक्षिणां च दद्यात्। ततः पृथिवीं प्रार्थयेत्।

कुद्दालदारितैरत्र कीटकोटिशतैरपि॥
क्षम्यतां पृथिवीदेवि विष्णुस्थापनहेतवे।

इति पृथ्वीं संप्रार्थ्य विश्वकर्मात्मकखनितृपुरुषो वास्तुपुरुषस्य कक्षान्तरे खननं कुर्यात्।

शुभाशुभानि वास्तूनां क्रमेणैव वदाम्यहम्।
कक्षान्तरे च नित्यं च सर्वत्र भद्रमादिशेत्॥

शीर्षे चैव भवेन्मृत्युः कण्ठे वै दुःखभागिता।
हस्ते चौरभयं विद्यादुरसा पशुनाशनम्॥

जानौ विदेशगमनं पादाभ्यां च निरर्थकम्।
वामदक्षिणमित्येवं वास्तुक्षेत्रमुदीरितम्॥

निपुणः कारयेन्मत्री कल्याणं पूर्णताकृतम्।
समाहितमना भूत्वा खनयेद्वास्तुकक्षके॥

(Obscure source)

कृत्वा भूमिं समां तत्र वृत्तं हस्तमितं समम्।
द्वादशाङ्गुलमानोच्चं शङ्कु खादिरनिर्मितम्॥

अलाभे यज्ञवार्क्षं वा तत्र संस्थापयेत् सुधीः।
तच्छाया संस्पृशेद्यत्र तन्मध्ये मध्यमं स्मृतम्॥

तिर्यक् प्रसारयेत् सूत्रं मध्ये याम्योत्तरे स्मृते।
कोणाः स्युरन्ये चत्वारश्चतुःसूत्रप्रसारणात्॥

एवं मानपरिज्ञानं समाख्यातं यथा स्फुटम्।

ज्ञात्वैवं मण्डपादीनि कुर्यात् सम्यग् विचक्षणः॥

(Kriyā-sāra)

विषुवे तु गते सूर्ये शङ्कुमानं समाचरेत्।
खादिरं विन्यसेच्छङ्कु द्वादशाङ्गुलविस्तृतम्॥

निश्चलीकृत्य हन्तव्यं गृहीत्वा लोहमुद्गरम।
अष्टधा च स्वयं हन्यात् प्रशस्तं क्रमतो लघु॥

हन्यमाने यदा शङ्कौ हस्तात् पतति मुद्गरः।
तदा ताडयितुः शोको जायते दुस्तरो महान्॥

मौञ्जं कार्पासकौशेयं प्राणिवालजमेव च।
चतुर्यवपरीणाहं सूत्रं शङ्कौ तु वेष्टयेत्॥

वेष्ट्यमानं यदा सूत्रं शङ्कु मुञ्चति तत्क्षणम्।
पुत्रस्य मरणं विद्याच्छिन्ने वै स्वविनाशनम्॥

तत्रापि नारसिंहेन होमेनाशुभनाशनम्—इति।

(Kapilā-pāñcarātra)

नक्षत्रराशिवाराणामनुकूले शुभेऽहनि।
ततो भूमितले शुद्धे तुषाङ्गरादिवर्जिते॥

पुण्याहं वाचयत्विा तु मण्डपं रचयेच्छुभम्।
पञ्चभिः सप्तभिर्हस्तैर्नवभिर्वामिनां वरम्॥

(Śāradā-tantra)

स्वल्पो द्वादशहस्तोऽयं द्विद्विवृद्ध्या ततः क्रमात्।

(Pratiṣṭhā-sāra-sangraha)

राज्ञां होमाभिषेकादिप्रयोगार्थं तु मण्डपम्।
विदध्यान्नवहस्तेन विस्तारायामसंयुतम्॥

(Tantra-rāja)

स्थूलादर्काङ्गुलोच्छ्रायं मण्डपस्थलमीरितम्।

(Sidhānta-śekhara)

उच्छ्रायो हस्तमानं स्यात् सुसमं च सुशोभनम्॥

(Kāpila-pāñcarātra)

षोडशस्तम्भसंयुक्तं चत्वारस्तेषु मध्यगाः।
अष्ट हस्ताः समुच्छ्रायाः संस्थाप्या द्वादशाभितः॥

पञ्चहस्तप्रामाणास्ते निश्छिद्रा ऋजवः शुभाः।
तत्पञ्चमांशं निखनेन्मेदिन्यां तन्त्रवित्तमः॥

(Śāradā-tantra)

पञ्चमांशं न्यसेद्भूमौ सर्वसाधारणो विधिः।

(Vāstu-śāstra)

मध्ये स्तम्भचतुष्कं स्यात् तन्मध्ये वेदिका मता।
वेदीकोणेषु विन्यस्य स्तम्भान् वेदस्वरूपकान्॥

(Diddhānta-śekhara)

सारदारुभवान् स्तमभान् दृढान् कुर्यादृजून् समान्।

याज्ञीयवृक्षो वेणुर्वा क्रमुकः स्तम्भकर्मणि।
अन्ये विशुद्धवृक्षा वा भवेयुर्नापभूरुहः॥

गृहशल्यः स्वयं शुष्कः कुटिलश्च पुरातनः।
असौम्यभूमिजनितः संत्याज्यः स्तम्भकर्मणि॥

(Kriyā-sāra)

दिक्षु द्वाराणि चत्वारि विदध्यात् पञ्मांशतः।
कनीयसि स्याद् द्विकरं चतुरङ्गुलवृद्धितः।
मध्यमोत्तमयोर्द्वारमिति पश्येन्मनोहरम्॥

(Mantra-muktāvalī)

प्लक्षोदुम्बरिकाश्वत्थवटजास्तोरणाः क्रमात्।

पूर्वंदितो विधातव्या यद्वाऽऽद्यन्तविपर्ययः॥
अलाभादेकमेवैषां सर्वाशासु निवेशयेत्।

(Soma-śambhu-padhati)

एकमेषालाभे स्यात् तदभावे शमीद्रुमः।
जम्बूः खदिरसारश्च तालो वा तोरणे स्मृताः॥

(Siddhānta-śekhara)

देवास्तोरणरूपेण संस्थिता यज्ञमण्डपे।
विघ्नविध्वंसनार्थं च रक्षार्थं त्वध्वरस्य च॥

न्यसेन्न्यग्रोधमैन्द्रयां तु याम्यां चोदुम्बरं तथा।
वारुण्यां पिप्पलं चैव कौबेर्यां प्लक्षकं न्यसेत्॥

सुशोभनं तु पूर्वस्यामृग्वेदादिसुमन्त्रितम्।
इषे त्वेति च मन्त्रेण सुभद्राख्यं तु दक्षिणे॥

सुकर्माख्यं तु वारुण्यां सामवेदादिकेन तु।
शन्नो देवीत मन्त्रेण सुहोत्रं तूत्तरे न्यसेत्॥

(Kāpila-pāñcarātra)

द्वारेण तोरणानि स्युः क्रमात् क्षीरमहीरुहाम्।
स्तम्भोच्छ्रायः स्मृतस्तेषां सप्तहस्तैः पृथक् पृथक्॥

दशाङ्गुलप्रमाणेन तत्परीणाह ईरितः।
तिर्यक्फलकमानं स्यात् सतम्भमानार्धमानतः॥

शूलानि कल्पयेन्मध्ये तोरणे हस्तमानतः।

(Śāradā-tantra)

पञ्चहस्तप्रामाणास्ते विस्तारेण द्विहस्तकाः।
षडङ्गुलादिवृद्ध्या तु सप्तहस्तास्तथोत्तमे॥

(Vāstu-śāstra)

वैष्णवे द्वादशांशेन शङ्खचक्रगदाम्बुजान्।
प्रागादिक्रमयोगेन न्यसेत् सौरोऽपि वैष्णवः॥

(Meru-tantra)

दिक्षु ध्वजान्निबध्नीयाल्लोकपालसमप्रभाम्।
वितानदर्भमालाद्यैरलंकुर्वीत मण्डपम॥

पीतरक्तादिवर्णाश्च पञ्चहस्ता ध्वजा स्मृताः।
द्विपञ्चहस्तैर्दण्डैस्ते वंशजैः संयुता समाः॥

(Pratiṣṭhā-sāra)

पञ्चहस्ता ध्वजाः कार्या वैकल्पते तु द्विहस्तकाः।
दण्डश्च दशहस्तश्च दशदिक्षु च तान् न्यसेत्॥

दर्पणैश्चामरैर्घण्टैस्तम्भान् वस्त्रैर्विभूषयेत्।
कलशैर्घण्टिकाभिश्च साधारैः कर्करैस्तथा॥

तत्र प्रतितोरणमेकैकः कलशः स्थाप्यः। प्रतिद्वारपार्श्वं द्वौ द्वौ प्रतिकोणं चैकैकः।

(Hayaśirṣa-saṁhitā)

गन्धपुष्पाम्बरोपेतान् कुम्भाँतेषु विनिःक्षिपेत्।
ध्रुवं धरां वाक्पतिं च विघ्नेशं तेषु पूजयेत्॥

मण्डपस्य तु कोणस्थकलशेषु क्रमादमी।
अमृतो दुर्जयश्चैव सिद्धार्थो मङ्लस्तथा।
पूजाद्वारस्थकुम्भेषु शक्राद्यास्तन्मनूत्तमैः॥

मण्डपे कलशौ द्वौ द्वौ द्वारे द्वारे निवेशयेत्।
गलितोदकसंपूर्णावाम्रपल्लवशोभितौ॥

तत्त्रिभागमिते क्षेत्रेऽरत्निमात्रसमुच्छ्रिताम्।
चतुरस्त्रां ततो वेदीं मण्डलाय प्रकल्पयेत्॥

(Śāradā®-tantra)

चतुर्द्वारयुक्तं ततस्तस्य मध्ये बुधस्तत्त्रिभागैकभागेन वेदीम्।
अरत्निप्रमाणोन्नतां दर्पणान्तर्निभायां मनोहारिणीं चापि कुर्यात्॥

(Tripurā-sāra-samuchaya)

तैश्चतुर्भिर्भवेन्मुष्टिर्वितस्तिस्तैस्त्रिभिर्गुणैः।
अरत्निस्तद्द्वयेन स्याद्धस्तस्तद्द्वदतः शिवे॥
त्रिभागं मण्डपं कृत्वा मध्यभागे तु वेदिका।
हस्तमानं तदुत्सेधश्चतुरस्त्रं समं यथा॥

(Kriyā-sāra)

त्रिधारं वामदीक्षायां शङ्खाभं वैष्णवे मखे।
चतुरस्त्रा चतुष्कोणा वेदी सर्वफलप्रदा॥
मण्डपोपरि बध्नीयादतिश्वेतं वितानकम्।
अलंकुर्यात् पुष्पमालादिभिरेनं तु वेष्टयेत्॥
आम्राश्वत्थदलोत्पन्नयुक्ताया दीर्घमालया।
स्तन्भान् दुकूलैः संवेष्ट्य मध्ये कुर्याच्च वेदिकाम्॥
इष्टिकाभिरपक्वाभिर्हस्तविस्तृतपिण्डिकाम्।
मण्डपायामरुद्रांशनवसप्तेषुरामकैः॥
अंशैः समुन्नतां वाऽपि तारतम्यं विलोक्य च।
सामग्यादेः सामावेशो यथा स्यादिति मण्डपः॥

(Meru-tantra)

प्राक्प्रोक्ते मण्डपे विद्वान् वेदिकाया बहिस्त्रिधा।
क्षेत्रं विभज्य मध्यांशे पूर्वादि परिकल्पयेत्॥
अष्टास्वाशासु कुण्डानि रम्याकारण्यनुक्रमात्।
चतुरस्त्रं योनिमर्धचन्द्रं च वर्त्तुलम्॥

षडस्त्रं पङ्कजाकारमष्टास्त्रं तानि नामतः।
आचार्यकुण्डं मध्ये स्याद्गौरीपतिमहेन्द्रयोः॥

(Śāradā-tantra)

वेदास्त्रं योनिमर्धोडुपनिभमनलास्त्रं सुवृत्तं षडस्त्रं
पद्माकारं गजास्त्रं हरिहरहरिदारभ्य तस्यां विदध्यात्।
मध्ये वृत्तं च गौरीपतिसुरपादिशोः पण्डिताः केचिदूचु-
र्वायव्ये पञ्चकोणं दिशि मदनरिपोः सप्तकोणं च
कुण्डम्॥

(Tripurā-sāra)

प्राक् सूत्रं प्रथमं निधाय विदधीतार्धेन तस्याङ्कितं
मध्ये मत्स्ययुगं दिशोरमलधीः कीनाशवित्तेशयोः।
ताभ्यां सूत्रमपि प्रसार्य चतुरः कोणांस्ततो लाञ्छयेत्
क्षेत्रं स्याच्चतुरस्त्रमत्र रचयेदन्यानि कुण्डान्यपि॥

क्षेत्रे क्षित्वा बहिरिह च पुरो भूतभागांशमेकं
कोणार्धार्धं सुनिशितंमतिर्भ्रामयेत् संप्रगृह्य।
यावत्कोणं परमपि तथा सूत्रयुग्मस्या पातं
मध्ये कुर्याद्भवति तदिदं मन्मथावासकुण्डम्॥

परित्यज्य भागद्वयं पङ्क्तिभागी-
कृतेऽत्रोपरिष्टादधस्ताच्च विद्वान्।
परिभ्रामयेत् तेन मानेन सम्यग्-
भवेदर्धचन्द्राह्वयं कुण्डमेतत्॥

शर्वरीशार्धभागीकृतक्षेत्रतः
पार्श्वयोर्न्यस्य भागद्वयं पण्डितः।
तेन मानेन सूत्रद्वयं विन्यसेत्
कुण्डमेतद्भवेदुद्रनेत्रास्त्रकम्॥

दिग्गजाभ्यधिकपङ्क्तिभागतः क्षेत्रतो निशितधीर्बहिर्न्यसेत्।
भागमेकमनेन सर्वतो भ्रामयेद्भवति वृत्तमुत्तमम्॥

भूयांसेंशद्वयमिह बहिः पार्श्वयोर्न्यस्य मध्यात्
क्षेत्राभ्यासे तु विमलमतिस्तेन मानेन कृत्वा।
पार्श्वद्वन्द्वे झषयुगयुगं सूत्रषट्कस्य पातं
कुर्यात् कुण्डं भवति तदिदं तर्ककोणं मनोज्ञम्॥

दशांशेऽत्र विन्यस्य बाह्येंशमेकं
परिभ्राम्य तेनैव वृत्तं दलानाम्।
बहिर्मध्यमे कर्णिकां चापि कुर्याद्-
भवेदष्टपत्रं बुधः पद्मकुण्डम्॥

क्षेत्रे क्षिप्तवाऽत्र बाह्ये दिशि दिशि मिहिरद्वन्द्वकांशेंशमेकं
कृत्वा नेत्राब्धिकोणं पुनरपि मतिमान् कोणतोऽर्धं गृहीत्वा।
तत्केणाभ्यां विदध्यादिह खलु परितस्तेन मानेन
चिह्ना-न्यष्टास्त्रं स्यात् समन्तादपि च
वितनुयादष्टसूत्रप्रयोगम्॥

हयांशेऽत्र भागे बहिर्न्यस्य वृत्तं
परिभ्राम्य भूयो युगांशीकृतांशैः।
त्रिभिः पट्टदीर्घं भवेत् पञ्चसूत्रं
प्रयोगादिदं तेन पञ्चास्त्रकुण्डम्॥

क्षेत्रव्यासैर्दशांशैर्बहिरिह विनिधायैकमंशं सुवृत्तं
मानेनानेन कृत्वा पुनरपि च चतुःषष्टिभागीकृतेऽत्र।
पट्टायामप्रमाणं दृढमतिरमुना सत्रिकैस्त्रिशदंशैः
कुर्यात् सप्तास्त्रकुण्डं भवति हि तदिदं
सप्तसूत्रप्रयोगात्॥

अत्र चतुर्विंशत्यङ्गुलानि हस्तमात्रकुण्जस्य व्यासः।

तदुक्तम् (शारदायाम्)

चतुर्विंशत्यङ्गुलाघं हस्तं यन्त्रविदो विदुः।
कर्त्तुर्दक्षिणहस्तस्य मध्यमाङ्गुलिपर्वणः॥
मध्यस्य दैर्घ्यमानेन मानाङ्गुलमुदाहृतम्।

(Tripurā-sāra)

जालान्तरगते भानौ यत् सूक्ष्मं दृश्यते रजः।
प्रथमं तत्प्रमाणज्ञास्त्रसरेणुं प्रचक्षते॥

त्रसरेणवस्ते त्वष्टौ बालाग्रं तत् स्मृतं बुधैः।
बालाग्राण्यष्ट लिक्षा तु यूका लिक्षाष्टकं स्मृतम्॥

अष्टौ यूका यवं प्राहुरङ्गुलं तु यवाष्टकम्।
हस्तश्चतुर्विंशतिभिरङ्गुलैः समुदाहृतम्॥

(Gautamīya-tantra)

कर्णसूत्रप्रमाणेन द्विहस्तं कुण्डमुद्धरेत्।
सर्वकुण्डेषु सर्वत्र वर्धयेद्विधिनाऽमुना॥

पूर्वपूर्वस्य कुण्डस्य कोणसूत्रं तु यद्भवेत्।
उत्तरोत्तरकुण्डानां मानं तद्वदुदीरितम्॥

(Gautamīya-tanrta)

यावन्मानं कुण्डविस्तार उक्तं
तावत् खातस्यापि मानं प्रदिष्टम्।
कुण्डाकारं पण्डितो यादृशं तत्
तादृग्रूपं मेखलायां विदध्यात्॥

(Tripurā-sāra)

नव पञ्चाथ चैकं वा कर्त्तव्यं लक्षणान्वितम्।

(Āmnāya-rahasya)

अष्टाशक्तौ तु चत्वारि दिक्षु कुण्डानि तान्त्रिके।

तदशक्तावेकमेव चतुरस्त्रं प्रकल्पयेत्॥

(Meru-tantra)

दिक्षु वेदास्त्रवृत्तानि पञ्चमं त्वीशगोचरम्।

(Jñāna-ratnāvali)

(7)

कुण्डमेककरं वृत्तं मेखलाकण्ठनाभिमत्।
नित्ये कर्मणि दीक्षायां शान्तौ पुष्टौ मतं शुभम्॥

(Pingalā-mata)

चतुरस्त्रं विप्राणां राज्ञामिह वर्त्तुलं कुण्डम्।
वाणिजामर्धशशाङ्ककारं त्र्यस्त्रं तु शूद्राणाम्॥

चतुरस्त्रं सर्वेषां प्रशस्तमिति केचिदाहुराचार्याः।
वाञ्छितफलदं यत् तत् कुण्डं भुवि भुक्तिमुक्तिकरम्॥

षट्कोणमर्धचन्द्राकारं चापि प्रजाकरं कुण्डम्।
मुक्तिकरं पञ्चास्त्रं वसुकोणं राज्यदा योनिः॥

नित्ये नैमित्तिके च प्रविरलमतयः प्राहुरेकेब्धिकोणं
कुण्डं हस्तप्रमाणं स्मरगृहसदृशं चाथ वृद्धं प्रशस्तम्।
षट्कोणं चार्धदोषाकरसदृशयुतं स्थण्डिलं रत्निमात्रा-
यामं स्वाङ्गुष्ठपूर्वोन्नतमपि सुसमं निर्मितं बालुकाभिः॥

अनेकदोषं वै कुण्डं मानं न्यूनाधिकं यदि।
तस्मात् सम्यक् परीक्ष्येदं कर्त्तव्यं शुभमिच्छता॥

खाताधिके भवेद्रोगी हीने धेनुधनक्षयः।
वक्रकुण्डे तु सन्तापो मरणं च्छिन्नमेखले॥

मेखलरहिते शोकोऽभ्यधिके वित्तसंशयः।
भार्याविनाशकं कुण्डं प्रोक्तं योन्या विना कृतम्॥

अपत्यध्वंसनं प्रोक्तं कुण्डं यत् कण्ठवर्जितम्।
शृङ्गाररहितं यच्च कुण्डं जर्जरमेखलम्॥

यजमानविनाशाय प्रोच्चाटः स्फुटितो भवेत्।
सूत्राधिके सुहृद् द्वेषः सूत्रहीने दरिद्रता॥

अनाले जठरे रोगश्छिन्नकुण्डे त्ववाच्यता।

(Meru-tantra)

(8)

अङ्कुरार्पणम्।

प्रागेव दीक्षादिवसात् सप्तभिर्विधिवद्दिनैः।
सर्वमङ्गलसंपत्त्यै विदध्यादङ्करार्पणाम्॥

(Śāradā-tantra)

प्रतिष्ठायां च दीक्षायां स्रापने चोत्सवे तथा।
संप्रोक्षणे च शान्त्यर्थं विवाहे मौञ्जिबन्धने॥

सर्वमङ्गलकार्येषु विदध्यादङ्कुरार्पणम्।

(Siddhānta-śekhara)

सप्तभिर्नवभिर्वाऽपि दिनैर्दीक्षादिनात् पुरा।
बीजारोपणकर्मेदं कर्त्तव्यं सर्वकामदम्॥

मण्डपोत्तरदिग्भागे सुसंवृत्तपरं परे।
भवने मण्डलं कुर्याद्दाक्ष्यां प्राग्वरुणायते॥

याम्योदीच्यायते वामदीक्षायां स्रप्रशस्यते।

(Meru-tantra)

गोमयेनोपलिप्तायां भूमौ दक्षेऽथ वामके।
सतैलतण्डुलेनैव सतैलविजयाद्रवैः॥

तत्र रेखाः पञ्चकरदीर्घाकारास्तु पञ्च च।
वितस्त्यन्तरतो रुद्ररेखाः कार्यास्तथाऽऽयताः॥

चत्वारिंशत्कोष्ठकाः स्युश्चुतुर्विंशतिकोष्ठकैः।
बाह्यगैस्तत्र वीथी स्यात् पूरयेद्रक्तचूर्णकैः॥

पश्चात् कोष्ठचतुष्कं यद्ब्रह्मस्थानं तदीरितम्।
आग्नेयकोष्ठमारभ्य ईशानान्तं प्रपूरयेत्॥

पीतरक्तश्वेतकृष्णरजोभिः श्रेष्ठमार्गतः।
कोष्ठद्वयं ततो वीथी रक्तेनैव प्रपूरयेत्॥

विष्णुस्थानं तदग्र तु ज्ञेयं कोष्ठचतुष्टयम्।
प्राग्वद्रजोभिरापूर्य तदग्रेऽपि च वीथिका॥

प्राक्स्थं कोष्ठचतुष्कं च रुद्रस्थानं तदीरितम्।
तत्पूर्वं पूर्ववद्रक्तैराच्क्तैः सर्वरेखिकाः॥

विस्तारोन्नतिदैर्घ्येण हस्तमात्रास्तु पालिकाः।
कार्या डमरुकाकाराश्चतस्रो विष्णुदेवताः॥

दूर्वाम्रपल्लवाश्वत्थदलोपेताश्च वेष्टिताः।
सूत्रेण विष्णुस्थानस्य चतुष्कोष्ठे निवेशयेत्॥

वैरिञ्च्यः पञ्चमुख्यस्ताः कोष्ठजाः षोडशाङ्गुलैः।
आयामोच्छ्रायदैर्घाद्यैर्युक्ताः पश्चान्निवेशयेत्॥

ब्रह्मस्थाने पल्लवादिसूत्रैः प्राग्वच्च योजिताः।
शैवाः शरावाश्चत्वारो भान्वङ्गुलसमुच्छ्रयाः॥

शैवाः शरावाश्चत्वारो भान्वङ्गुलसमुच्छ्रयाः॥

प्रक्षाल्य सूत्रैः संवेष्ट्य प्राग्वदग्नयादिषु न्यसेत्।
शालिपुञ्जेषु गन्धादिदर्भकूर्चयुगेषु च॥

दिक्षु चत्वारि वक्त्राणि मुखमेकं तदूर्ध्वगम्—इति।
पूरयेत् तानि पात्राणि वालुकामुत् करीषकैः।

(Meru-tantra)

मृत्तिकाहरणम्

गन्धादिभिश्च कुद्दालं पूजयित्वा दिनान्तरे।
गीतनृत्यसमायुक्तं गजवाजिसमन्वितम्॥

गुर्वादयो रथारूढा गजारूढास्तथाऽपरे।
गत्वा तीरं तडागस्य नद्याः पुष्पवनस्य वा॥

तत्र शुद्धं भुवो भागं दर्भैः संमृज्य चास्त्रतः।
अभ्युक्ष्य चार्घतोयेन तत्तन्मन्त्रमनुस्मरेत्॥

हृदा भूमिं समावाह्य गन्धपुष्पैः समर्चयेत्।
कुद्दालीमस्त्रमन्त्रेण खात्वा भूमिमथो मृदम्॥

गृहीत्वा वामदेवेन पूरयेत् कांस्यपात्रके।
हृदा मृदं च संपूज्य वस्त्रेणाच्छाद्य धारयेत्॥

पुरं वा निलयं वापि सर्वमङ्गलनिःस्वनैः।
गुरुप्रदक्षिणं कृत्वा मण्डपं त्वानयेत् ततः॥

एतत् कर्म दिवाकाले कुर्यादात्रौ न बुद्धिमान्।

(Siddhānta-Śekhara)

रात्रौ बीजारोपणम्

कुजानामाधिपः सोमस्तस्माद्रात्रौ तु निर्वपेत्।
शङ्खस्वनेन नादैश्च पञ्चभिर्ब्राह्मणाशिषा।
ततः स्वर्णादिके पात्रे दश बीजानि वापयेत्॥

वं बीजं प्रजपेन्मन्त्री दुग्धेन क्षालयेत् ततः॥

मूलमन्त्राभिजप्तानि......................

तानि प्रियङ्गुश्यामाकतिलसर्षपशालयः।
मुद्गाऽऽढकी सुनिष्पावा खल्वा माषाः प्रकीर्तिताः॥

ब्रह्मपात्रे तु विकिरेत् प्रथमं वैष्णवे ततः।
ततः शैवे पञ्चवाद्यब्रह्मघोषपुरस्सरम्॥

हरिद्रोदैश्च संसिच्य वस्त्रैराच्छादयेत् ततः।
संध्ययोरुभयोरर्धरात्रौ चापि बलिं हरेत्॥

गुरूपदिष्टमार्गेण सम्यक् पात्रत्रयाग्रतः।
नवाहं तु वलिं दद्यात् तत्तदुद्दिश्य दैवतम्॥

शाल्योदनं तिला लाजाः सक्तवः प्रथमे दिने।
हरिद्राचूर्णं संयुक्तो भूतेभ्योऽयं वलिर्मतः॥

एवं द्वितीयदिवसे पितृभ्यस्तिलतण्डुलैः।
तृतीये सक्तवो लाजा यज्ञेभ्यो दधिसंयुताः॥

नागेभ्यः सक्तवस्तुर्ये नारिकेलजलप्लुताः।
दद्यात् पद्माक्षतवलिं पञ्चमें ब्रह्मणे मुदा॥

षष्ठे शिवाय वाऽपूपयुक्तं भक्तं प्रशस्यते।
गुडोदकं सप्तमेह्नि विष्णवे विनिवेदयेत्॥

विष्णोरेवाष्टमदिने दुग्धोनवलिः स्मृतः।
कृसरान्नं तु नवमें विष्णोरेव प्रशस्यते॥

सोमं संपूजयेन्नित्यमधिवासदिनावधि।
अधिवासदिने प्राप्ते सोममुद्वासयेद्गुरुः॥

(Siddhānta-śekhara)

प्ररूढाण्यङ्कुराण्यन्यो न वीक्षेत कदाचन।
आचार्य एव प्रविशेत् तच्छिष्यो वा तदाज्ञया॥

(Sārasvata-mata)

एवं गतेषु नवसु दिवसेषु विलोकयेत्।
सम्यक् कस्योद्गमो जातः किं नष्टं मध्यमं च किम्॥

सम्यगभ्युद्गते सिद्धिः कुण्ठिते विघ्नमाप्नुयात्।
कीटभुक्तेऽत्यल्पफलं शटिते सर्वनाशनम्॥

सिद्धिः प्रियङ्गुभिर्ज्ञेया श्यामाकैः स्त्रीसुखं भवेत्।
तिलैः पूज्यजनोल्लासः सर्षपैर्नाभिचारकः॥

शालिभिः सर्वमान्यत्वं मुद्गैर्दैवकृपा भवेत्।
चतुष्पादास्तथाऽऽढक्या निष्पावात् क्षेत्रमन्दिरे॥

खल्वैः सत्कर्मसिद्धिश्च माषैः शान्तिररेर्भवेत्।
सर्वैः समुद्गतैर्वामे सिद्धिः पातस्ततोऽन्यथा॥

(Meru-tantra)

अङ्कुरेऽनुद्गते नष्टे शान्तिहोमं समाचरेत्।
मूलमन्त्रेण जुहुयादघोरास्त्रेण वा शतम्॥

(9)

द्वारपूजा

द्वारमर्घाम्बुना प्रोक्ष्य तन्मध्ये विघ्नपं यजेत्।
तद्दक्षिणो महालक्ष्मीं वामे चापि सरस्वतीम्॥

द्वारे श्रियं च तन्मध्ये शाखयोर्दक्षिणान्ययोः।
ऊर्ध्वभागात् तलं यावत् पञ्चपञ्चविभागके॥

नाम्नश्चाद्यक्षरं बिन्दुयुक्तं नाम च ङेऽन्तकम्।
समुच्चार्य हृदन्तं च देवानेतान् प्रपूजयेत्॥

गणपतिं क्षेत्रपालं ततश्च वसुधारया॥
युक्तं शङ्खनिधिं दक्षे वामे वसुमतीयुतम्॥
पूजयित्वा पद्मनिधिं तदधो दक्षवामतः।

मायाशक्तिं च चिच्छक्तिं गङ्गां च यमुनां तथा॥

धातारं च विधातारं देहल्यै नमस्त्वधः।
आदौ तु पश्चिमद्वारे पूजा चेयं प्रकाशिता॥

नदी चापि महाकाले द्वारयोर्दक्षवामयोः।
पूज्यावेवमुदग्द्वारं प्राग्याम्यं च प्रपूजयेत्॥

द्वारपालौ क्रमात् तेषु गणेशवृषभावपि।
भृङ्गिरीटस्तथा स्कन्द उमाचण्डेश्वरौ तथा॥

विष्णोर्नन्दः सुनन्दश्च चण्डश्चापि प्रचण्डकः।
बलश्च प्रबलश्चैव भद्रश्चापि सुभद्रकः॥

वक्रतुण्डैकदंष्ट्रौ च महोदरगजाननौ।
लम्बोदरश्च विकटो गणोशद्वारपालकाः॥

विघ्नराजो धूम्रवर्णः क्रमात् पशिमद्वारतः।
देव्याः सूर्यस्य योगिन्योऽष्टावेता द्वारपालकाः॥

ब्राह्मी माहेश्वरी चैव कौमारी वैष्णवी तथा।
वाराही च तथेन्द्राणी चामुण्डा च श्रिया सह॥

ततश्च देशिको विघ्नान् दिव्यानालोकनेन च।
अन्तरिक्षगतानस्त्रोदकैरुत्सादयेत् क्रमात्॥

पार्थिवान् पार्ष्णिघातैश्च त्रिभिरुत्सार्य यत्नतः।
अङ्ग संकोच्य किंचित् तु शाखां वामगतां स्पृशन्॥

उत्सारितानां विघ्नानां ददद्वर्म तु दक्षिणे।
पादेन दक्षिणेनाथ प्रविशेद्यागमण्डपम्॥

वाममार्गेऽथ वा शाक्ते वामपादपुरस्सरम्।
ब्राह्मणां वास्त्वधीशं च नैर्ऋत्यां दिशि पूजयेत्॥

(10)

पञ्चशुद्धिप्रकारः

पञ्चशुद्धिं विना पूजा अभिचाराय कल्पते।
आत्मशुद्धिः स्थानशुद्धिर्मन्त्रस्य शोधनं तथा॥

द्रव्यशुद्धिर्देवशुद्धिः शुद्धिः पञ्चविधेरिता।
सस्नानभूतसंशुद्धिप्राणयामादिभिः प्रिये॥

षडङ्गाद्याखिलन्यासैरात्मशुद्धिरितीरिता।

पञ्चगव्यार्घतोयाभ्यां प्रोक्ष्येन्मण्डपान्तरम्।
संमार्जनोपलेपाद्यैर्दर्पणोदरवत्कृतम्॥

विमलैर्धूपदीपादिपुष्पदामादिशोभितम्।
पञ्चवर्णमयं चित्रं स्थानशुद्धिरियं मत॥

गृहीत्वा मातृकावर्णान मूलमन्त्राक्षराणि च।
क्रमात् क्रमाद् द्विरावृत्तिर्मन्त्रशुद्धिरियं मत॥

पूजाद्रव्यादि संप्रोक्ष्य मूलास्त्राभ्यां विधानतः।
दर्शयेद्धेनुमुद्रां च द्रव्यशुद्धिरियं मत॥

पीठे देवीं प्रतिष्ठाप्य सकलीकृत्य मन्त्रवित्।
मूलमन्त्रेण दीप्तात्मा अभिभाव्योदकेन च॥

त्रिवारं प्रोक्षयेद्विद्वान् देवशुद्धिरितीरिता।
पञ्चशुद्धिं विधायेत्थं पश्चाद्यजनमाचरेत्॥

पञ्चशुद्धिविहीनेन यत्कृतं न च तत्कृतम्।

(Meru-tantra)

(11)

विघ्नोत्सारणम्

मण्डलरचना

आदौ विघ्नं समुत्सार्य पश्चादासनकल्पनम्।
अथ वा चासने स्थित्वा विघ्नानुत्सारयेत सुधीः॥

लाजाचन्दनसिद्धार्थभस्मदूर्वाकुशाक्षताः।
विकिरा इति निर्दिष्टाः सर्वविघ्नौघनाशकाः॥

नाराचमुद्रया सम्यगस्त्रमन्त्रेण देशिकः।
अपक्रामन्तु भूतानि पिशाचाः प्रेतगुह्यकाः॥

ये चात्र निवसन्त्यन्ये देवता भुवि संस्थिताः।
अपसर्पन्तु ते भूता ये भूता भुवि संस्थिताः॥

ये भूता विघ्नकर्त्तारस्ते नश्यन्तु शिवाज्ञया।
श्लोकयोरन्ततश्चास्त्रं पठन् नाराचमुद्रया॥

क्षिप्तवा तान्मण्डपस्य...इति।

(Meru-tantra)

मार्जयेदस्त्रमन्त्रेण तान् मन्त्री दर्भमुष्टिना।
आसनाय तु वर्द्धन्या ईशाने स्थापयेच्च ताम्॥
पुण्याहं वाचयित्वा च विप्रान् संतोष्य यत्ततः।
वेदिकायां लिखेत् पश्चात् सर्वतोभद्रमण्डलम्॥

(Śāradā-tantra)

(12)

करशुद्धिः

सुगन्धिपुष्पाण्यादाय चन्दनाक्तानि मन्त्रवित्।
हूसौं मन्त्रेण करयोरस्त्रमन्त्रेण मर्दयेत्॥

तत्पुष्पं वामहस्तेन समादाय च मस्तकम्।
भ्रामयेत् परितस्तारं जपन्नाघ्राय तत् पुनः॥

हौ ॐ पूर्वं पठेच्छ्लोकमिमं स च निगद्यते।
ते सर्वे विलयं यान्तु ये मां हिंसन्ति हिंसकाः॥

मृत्युरोगभयक्लेशः पतन्तु रिपुमस्तके।
अस्त्रमन्त्रेण नाराचमुद्रयेशदिशि त्यजेत्॥

करशुद्धौ ततोस्त्रेण कुर्यात् तालत्रयं ततः।
ऊर्ध्वोर्ध्वमस्त्रमन्त्रेण दिग्बन्धमपि देशिकः॥

तेन संजनितं तेजो वह्निप्राकारमुद्रया।
रक्षेदात्मनि मूलेन प्राणायामत्रयं चरेत्॥

(Meru-tantra)

(13)

प्राणो वायुः शरीरस्य आयामस्तस्य निग्रहः।
प्राणायाम इति प्रोक्तो द्विविधः कथ्यते हि सः॥

सगर्भो मन्त्रजापेन निगर्भो मात्रया भवेत्।

(Sāra-samucchaya)

पुनरुत्पातयेद्देहं पवित्रं परमात्मनः
परब्रह्मात्मिका विद्या प्रकृतिर्मातृका परा॥

अजायत जगन्मातुराकाशं नभसोऽनिलः।
समीरणादभूद्वह्निर्वह्नेरापस्ततो मही॥

स्वीयमेभ्योऽपि भूतेभ्यस्तेजोरूपं कलेवरम्।
देवताराधने योग्यमुत्पन्नमिति भावयेत्॥

भूतशुद्धिरियं प्रोक्ता महापापौघनाशिनी।

अथ वा कुण्डलीं देवीं पञ्चभूतादिना सह।
परमात्मनि संयोज्य तयोरैक्यं विभाव्य च॥

ध्यानयोगेन मनसा सोऽहंसोऽहं विभावयेत्।
भूतशुद्धिं विधायैवं प्राणस्थापनमाचरेत्।

(Meru-tantra)

प्राणप्रतिष्ठया पश्चाज्जीवं देहे नियोजयेत्।
मुखवृत्तं समुच्चार्य हंसस्तु विपरीततः॥

उद्धरेत् परमेशानि विद्येयं त्रयक्षरी भवेत्।
प्राणप्रतिष्ठामन्त्रोऽयं सर्वकर्मणि साधयेत्॥

(Jñānārṇava)

प्राणायामत्रयं कृत्वा मातृकान्यासमाचरेत्।

मन्त्रा मूकत्वमायान्ति विन्यासेन विना लिपेः।
सर्वमन्त्रप्रसिद्ध्यर्थं तस्मादादौ लिपिं न्यसेत्॥

(Phetkāriṇi-tantra)

******

VI

Vaikhānasāgama is a division of the Vaiṣṇavaāgama. It is affiliated to the Vedic tradition in its entirety. The following extracts dealing with consecration of the shrine and the icons are taken from Bhṛgu's *Khilādhikāra* (also known as *Bhṛgu-samhitā*) (ed.. by Pārthasārathi Bhattācārya, TTD Publication, Tirupati, 1961).

(1)
Consecration

प्रतिष्ठाविधिः- आचार्यलक्षणम्

अतः परं प्रवक्ष्यामि स्थापनक्रममुत्तमम्।
स्थापनारम्भकाले तु यजमानोऽथ भक्तिमान् ॥१॥

वैखानसविदो विप्रान् नमस्कृत्य स्वदैववत्।
तेषु ज्ञानोत्कटं ज्ञात्वा नमस्कृत्य स्वदैववत् ॥२॥

वैखानसेन सूत्रेण निषेकादिक्रियान्वितम्।
विप्रं स्वाध्यायसंयुक्तं गृहस्थं लक्षणान्वितम् ॥३॥

शौचाचारविधिं तद्वत्सन्ध्यौपासनमेव च।
औपासनं वैश्वदेवं जपहोमव्रतानि च ॥४॥

वैखानसेन विधिना कुर्वाणं शान्तमानसम्।
श्रद्धाभक्तिसमायुक्तं सर्वकर्मसु निश्चलम् ॥५॥

आहुतीनां पदार्थज्ञमग्निकार्यपरायणम्।
भूम्याद्येकादशविधिक्रमज्ञं भगवत्परम् ॥६॥

पुष्टगात्रं सुसम्पन्नं जितेन्द्रियमकल्मषम्।
युवानं स्थविरं वाऽथ ज्ञानिनं कर्मकारिणम् ॥७॥

सर्वलक्षणसम्पन्नं वृणुयात्कारको गुरुम्।
यजमानो गुरुश्चैव देवदवं प्रणम्य च ॥८॥

यजमानस्तूक्तकाले गुरवे दक्षिणां ददेत्।
स्वदेववन्नमस्कृत्य कार्यारम्भमुपक्रमेत् ॥९॥

उक्तलक्षणसम्पन्नानृत्विजो वृणुयात्सतः।

मुहूर्तकालः

अयने चोत्तरे कुर्यात्कार्यारम्भं हरेः क्रतोः ॥१०॥

मासानां फाल्गुनः श्रेष्ठश्चैत्रौ वैशाख एव वा।
तौ मार्गशीर्षमाघौ द्वौ निन्दितौ ब्रह्मणा पुरा ॥११॥

शेषेष्वपि च कर्तव्यं त्वरितेनति मे मतिः।
पूर्वपक्षे प्रकुर्वीत कृष्णपक्षे त्रिथाऽद्यके ॥१२॥

त्रिषूत्तरेषु रोहिण्यां हस्ते स्वात्यां पुनर्वसौ।
श्रवणे वारुणे चैव मैत्रे वा वसुदैवते ॥१३॥

अन्यस्मिन् पुण्यनक्षत्रे प्रशस्ते श्रुतिचोदिते।
युग्माश्च तिथयस्सर्वाः प्रशस्ता विष्टिवर्जिताः ॥१४॥

गुरुभार्गवसौम्यानां वारा ग्राह्याः शुभाश्च ते।
चरराशिं विवर्ज्यैव स्थिरराशिं प्रगृह्य च।
ग्रामस्य यजमानस्य चानुकूले दिने चरेत् ॥१५॥

अङ्कुरार्पणम्

अतः परं प्रवक्ष्यामि विधिना चाङ्कुरार्पणम्।

भूपरीक्षादिकं कर्म यस्मिन्नहनि कारयेत्। ॥१६॥

तस्मात्तु दिवसात्पूर्व नवमे वाऽथ सप्तमे।
पञ्चमेऽहनि वा कुर्याद्विधिना चाङ्‌्रार्पणम्। ॥१७॥

अङ्कुरार्पणकार्यार्थं पालिकादीन् समाहरेत्।
पालिकाः कुम्भकांश्चापि शरावः नापि सङ्ग्रहेत्
॥१८॥

पालिकादीनां लक्षणम्

बिम्बेन कौतुकेन समोच्चाः पालिका मताः।
तदर्धमाना वा कुर्यात्तालमात्रमिताश्च वा ॥१९॥

ध्रुवबेरमुखायामं पालिकायामविस्तरम्।
तदर्धं मूलविस्तारं क्रमशो ह्रासयद्बुधः। ॥२०॥

तच्च्तुर्थैहीनस्तु छिद्रकुम्भः प्रमाणतः।
त्रिभागादेकभागस्तु कुम्भद्वारस्य चोच्छ्रयः ॥२१॥

आयामात्त्रिगुणो नाहः द्वारे भाग उदाहृतः।
पञ्चद्वारसमायुक्तान् छिद्रकुम्भान्विशेषतः ॥२२॥

षडङ्गुलसमुत्सेधान् शरावानापि सम्भरेत्।
विस्तारादि शरावाणां पालिकासममुच्यते ॥२३॥

एवमाहृत्य यत्नेन सम्यग्दग्धं मनोहरम्।
ब्राह्मणो यजमानश्चेत् गृह्णीयात्तानि षोडश ॥२४॥

क्षत्रियो द्वादशाष्टौ तु वैश्यस्तानि सुसम्भरेत्।
चत्वारि शूद्रो गृह्णीयात्पालिकादीनि वै पृथक्।२५॥

एवमाहृत्य यत्नेन पश्चाद्बीजानि चाहरेत्।
कङ्कमुद्ग यवांश्चैव निष्पावान् सर्षपानपि ॥२६॥

आतपेनाथ संशोष्य सारभूतानि सम्भरेत्।
जले तु निक्षिपेत्तानि यावदङ्कुरदर्शनम् ॥२७॥

रात्रावङ्कुरार्पणम्

न प्रीतये भगवते कृतमह्न्यङ्कुरार्पणम्।
यस्मात्सर्वप्रयत्नेन कुर्यान्निश्यङ्कुरार्पणम् ॥२८॥
प्रदोषे वाऽर्पणं कुर्यादङ्कुराणां विशेषतः।

अङ्कुरवेदिः

आलयात्पुरतो वापि उत्तरे वा मनोरमे ॥२९॥
मण्डपेऽष्टस्तम्भयुते चतुरश्रे सुविस्तृते।
ऊर्ध्वेऽलङ्कारसहितवितानेन स्वलङ्कतम् ॥३०॥
मण्डलान्युपलिप्याऽलङ्कुर्याद्वर्णैस्तु पञ्चभिः।
व्रीहिभिस्तण्डुलैर्वाऽत्र पीठं सम्यक्प्रकल्पयेत् ॥३१॥
मध्से ब्रह्माणमुद्दिश्य षोडशाङ्गुलमायतम्।
त्रिवेदिसहितां पीठं कुर्यात्कर्माङ्गुलोच्छ्रयम् ॥३२॥
प्राच्यां शेषं समभ्यर्च्य वक्रतुण्डञ्च दक्षिणे।
पङ्क्तीशं पश्चिमेऽभ्यर्च्य सोमञ्चैव तथोत्तरे ॥३३॥
विष्वक्सेनञ्च तत्रैव पूजयेच्च यथाविधि।
इन्द्रादीशानपर्यन्तं जयादीरपि चार्चयेत् ॥३४॥
भागोन्नतं द्वादशाङ्गुलायतं तिसृभिस्तथा।
वेदिभिस्सहितं कुर्यात्पीठान्येषां पृथक् पृथक् ॥३५॥

देवतापदानि

मध्ये ब्रह्माणमावाह्य ब्रह्माणञ्च समर्चयेत्।
देवानन्यांश्चार्चयेत्तु तत्तत्पूजाक्रमेण ह ॥३६॥

उत्तमाधमविवेकः

निवेदनसमायुक्तं सर्वेषामुत्तमं भवेत्।
षण्णां ब्रह्मादिदेवानामर्चनं मध्यमं भवेत् ॥३७॥

ब्रह्मणे विनिवेद्यान्यदेवानां बलिंदापनम्।
अधमो मार्ग उद्दिष्ट इति प्रोवाच पूर्वजः ॥३८॥

पालकादिस्थापनम्

एवं कृत्वा तु यत्नेन पालिकादीन् प्रगृह्य च।
मृद्भिर्वा सिकताभिर्वा पालिकादीन् प्रपूरयेत् ॥३९॥

करीषैर्वा पूरयित्वा बीजान्याहृत्य वै ततः।
पङ्क्तैरुत्तरतः स्थाप्य पालिकादींश्च पूजयेत् ॥४०॥

ब्राह्मणः परितः स्थाप्य पालिकादीन् विचक्षणः।
पालिकासु च सर्वासु मेदीनीमर्चयेत्क्रमात् ॥४१॥

छिद्रकुम्भेषु राकाञ्च शरावेषु पृथुष्टुकाम्।
आवाह्याभ्यर्च्य चार्घ्यान्तं बीजानि च समर्पयेत् ॥४२॥

बीजावापनम्।

नववस्त्रपरीधानस्सोत्तरीयाङ्गुलीयकः।
गुरुर्वा गुरुपत्नी वा यजमानोऽथवा पुनः ॥४३॥

यजमानस्य पत्नी वा वापयेदङ्कुरान् पृथक्।
शूद्रश्चेद्यजमानस्तु गुरुरेव समर्पयेत् ॥४४॥

'सोमं राजान' मित्युक्त्वा वापनं समुदाहृतम्।
तत्काले तूर्य्रघोषैश्च जयशब्दैस्समन्वितम् ॥४५॥

'वारीश्चतस्त्र' इत्युक्त्वा तोयं तत्र समर्पयेत्।

ततो वस्त्रैस्समाच्छाद्य तानि गुप्ते विनिक्षिपेत् ॥४६॥

पुण्याहं वाचयेत्तत्र विधिनैव यथाक्रमम।
यजमानो मुदा युक्तौ गुरवे दक्षिणां ददेत् ॥४७॥

सम्भाराहरणम्-यज्ञपात्राणि

अत ऊर्ध्वं प्रवक्ष्यामि द्रव्याणामत्र सङ्ग्रहम्।
अश्वत्थञ्च शमीजातं सर्वयत्नेन सम्भरेत् ॥४८॥

त्वगादींत्संव्यपोह्यैव काष्ठं सम्यक् प्रगृह्य च।

अग्निमन्थनसाधनानि

पट्टिकामधरां कुर्याच्चतुर्विंशद्भिरङ्गुलैः ॥४९॥

उत्सेधो भाग उद्दिष्टः विस्तारस्तु षडङ्गुलः।
ऊर्ध्वपट्टीञ्च तन्मानामवक्रां सम्प्रगृह्य च ॥५०॥

दण्डं चतुर्विंशायामं द्वादशाङ्गुलनाहकम्।
अधरारणिं तु हरिणीमूर्ध्वञ्चैव हुताशनम् ॥५१॥

दण्डञ्च विष्णुरूपञ्च कल्पयित्वा विचक्षणः।
एवं संसाध्य यत्नेन गुप्त ेतानि विनिक्षिपेत् ॥५२॥

यज्ञपात्रदारूणि

पलाशबिल्वखदिरद्रुमैः पात्रान्तराणि च।
कल्पयेच्च स्रुवादीनि यज्ञोपकरणानि वै ॥५३॥

स्रुवः

द्विप्रादेशं स्रुवं कुर्यात्प्रादेशपरिमण्डलम्।
प्रादेशपरिणाहन्तु स्रुवमूलतले विदुः ॥५४॥

आनुपूर्व्येण सङ्क्षिप्तं मूलाद्ग्रीवान्तमाचरेत्।
तदर्धाग्रपरीणाहः बिलादर्वाग्विधीयते ॥५५॥

गोलकं बिलविस्तारः माषाच्छादनगर्तकः।
एवं स्रुवं प्रकुर्वीत त्रिभागं परिकल्प्य च ॥५६॥

जुहूः

द्वितालमात्रामायामः तदर्धं नाह उच्यते।
एवं मूलं प्रकुर्वीत पद्मस्य मुकुलोपमम् ॥५७॥

भागं पद्म समुद्दिष्टं मूले चाग्रमुदाहृतम्।
मूलादर्धपरीणाहं दण्डाग्रे तु विचक्षणः ॥५८॥

अग्रे चाष्टाङ्गुलायामं तलं सम्यक्समाचरेत्।
उभौ पार्श्वौ च तन्मानं त्रिकोणञ्चाग्रसंयुतम् ॥५९॥

भित्तिपार्श्वं प्रकुर्वीत एकाङ्गुलमुदाहृतम्।
निम्नं विस्तारमुद्दिष्टं क्रमेणागं क्षयं चरेत् ॥६०॥

शेषं तलं प्रकुर्वीत सर्वं युक्त्या समाचरेत्।
एवं जुहूं प्रकुर्वीत दर्वीं पश्चात्समाचरेत् ॥६१॥

दर्वी

द्वितालमात्रमायामं घनमेकाङ्गुलं भवेत्।
अग्रे षडङ्गुलायामं विस्तारां भाग उच्यते ॥६२॥

मूलं पञ्चाङ्गुलायामं तदर्धं विस्तृतं भवेत्।
अग्रान्मूलान्तरञ्चैव मध्ये गोलकमुच्यते ॥६३॥

अग्रान्मध्यात् क्षयं कुर्यान्मूलान्मध्यात् क्षयञ्चरेत्।
शेषं युक्त्या प्रकुर्वीत दर्वीञ्चैव विचक्षणः ॥६४॥

उपजुहूः

द्वितालमात्रमायामं तदर्धं नाह उच्यते।
एवं मूले प्रकुर्वीत अग्रञ्चैव तदर्धकम् ॥६५॥

ऊर्ध्वं प्रादेशमात्रन्तु चतुश्रं समन्ततः।
भित्तिरेकाङ्गुलं प्रोक्तमुन्नतं तु तदर्धकम् ॥६६॥

मध्ये प्रादेशमात्रन्तु नाहं वै वर्तुलाकृतिम्।
निम्नं चतुर्यवं प्रोक्तं क्रमान्निम्नं विचक्षणः ॥६७॥

ऊर्ध्वं षडङ्गुलायामं त्रियश्रं मुकुलोपमम्।
घृतधारां प्रकुर्वीत वर्तुलां मुकुलाकृतिम् ॥६८॥
यवद्वयसुविस्तारं तदर्धं निम्नमुच्यते।
उपजुह्वास्मुद्दिष्टमिति प्रोवाच पूर्वजः ॥६९॥

समिधः-आज्यम्

वटबिल्वपलाशानां न्यग्रोथाश्वत्थयोरपि।
अपमार्गौदुम्बरयोः शम्याश्च समिधः पृथक् ॥७०॥
अष्टाधिकशतं कुर्यात्प्रतिहोममयं क्रमः।
सहस्रमाज्यसंयुक्ताः सभ्यस्य समिधः स्मृताः ॥७१॥
यत्नेन चाहरेदाज्यं कापिलं गव्यमेव च।

तोरणानि

तोरणानि च कुर्वीत चतुर्दिक्षु यथाक्रमम् ॥७२॥

अश्वत्थं पूर्वतः कुर्यात्पैतृकं दक्षिणे तथा।
पश्चिमे क्षीरवृक्षञ्च वटवृक्षमथोत्तरे ॥७३॥

पञ्चहस्तसमुत्सेधं द्विहस्तयुतविस्तृतम्।
मध्ये त्रिशूलं कुर्यात्तु एकारत्निप्रमाणतः ॥७४॥

अथवा कारयेद्विद्वान् पादायामं विचक्षणः।
पादयोरन्तरं तस्य विस्तारः समुदाहृतः ॥७५॥

एवं यज्ञालये प्रोक्तस्तोरणानां विधौ विधिः।
गोपुरेषु विमानेषु तोरणानि समाचरेत् ॥७६॥

अश्वत्थेनैव कुर्याद्वा तत्तद्द्वारप्रमाणतः।
एषामलाभे चाश्वत्थं गृह्णीयाद्विधिकोविदः ॥७७॥

दर्भमाला

दर्भमाला च कर्तव्या दर्भैः छिन्नैः समाऽयतैः।
द्वितालमात्रं तं दर्भं लम्बनार्थं विहाय च ॥७८॥

प्रक्षिप्य दर्भौ द्वौ द्वौ तु मध्ये पर्वणि पर्वणि।
दर्भैं शिष्टाङ्गभागैस्तु रज्जुं कुर्यात्प्रदक्षिणम् ॥७९॥

एवं संवर्तिताग्रैस्तु दर्भमालाऽनुपालिता।
'ग्रहताराागणास्सर्वे रज्जवग्रे तु समर्चिताः ॥८०॥

परिरक्षन्तु देवा हि दर्भमालागणे स्थिताः।
पिशाचदैत्यक्षांसि विधूय परितस्त्विह ॥८१॥

सन्ध्याकाले तानि देवाः कालचक्रे स्थितानि वै'।
इत्युक्त्वा नित्यकार्येषु दर्भस्थानमपेक्ष्य च ॥८२॥

दैविकं कर्म कुर्वीत रक्षार्थं दर्भमालया।

यागशालाविधिः

अतः परं प्रवक्ष्यामि यज्ञशालाविधिं परम्॥८३॥

प्रमुखे दक्षिणे वापि यज्ञशालां प्रकल्पयेत्।
षोडशस्तम्भसंयुक्तां मध्ये पादविवर्जिताम् ॥८४॥

पादैर्द्वादशभिर्युक्तां कूटं वा परिकल्पयेत्।
पादान्तरं चतुर्हस्तं चतुर्दिक्षु यथाक्रमम् ॥८५॥

एकहस्ततलोत्सेधं तलं कृत्वाऽतिसुन्दरम्।
तोरणैः पूर्णकुम्भैश्च अलङ्कुर्यान्मनोहरम् ॥८६॥

तन्मध्ये स्थण्डिलं कृत्वा चतुर्हस्तप्रमाणतः।
एकहस्ततलौत्सेधं चतुरश्रं विधानतः ॥८७॥

तदर्धमथवा कुर्याद्बिम्बाध्यर्धमथापि वा।
अथवा कारयेद्विद्वान् प्रपां लक्षणसंयुताम् ॥८८॥

देवालयस्य परितः प्रपां कृत्वा विशेषतः।
वितानेन समाच्छाद्य स्थूणाश्चाऽवेष्ट्य यत्नतः ॥८९॥

मुक्तादामपताकादिसर्वालङ्कारसंयुतम्।
दर्भमालापरिक्षिप्तं तोरणैश्चाप्यलङ्कतम् ॥९०॥

कृत्वैव यज्ञवाटन्तु पश्चाद्बिम्बन्तु शोधयेत्।

बिम्बशुद्धिक्रमः

नवबिम्बप्रतिष्ठा चेत् बिम्बशोधनमुच्यते ॥९१॥

आलयस्योत्तरे पार्श्वे कुर्यात्कूटं प्रपान्तु वा।
चतुर्हस्तायतां दिक्षु प्रत्येकं चतुरश्रकाम् ॥९२॥

चतुर्हस्तसमायुक्तां चतुर्हस्तोच्छ्रयां तथा।
तालोत्सधं तलं तत्र वास्तुहोमार्थमिष्यते ॥९३॥

मण्डपं वा प्रपां वाऽथ विमानाभिमुखे तथा।
कारयेदधिवासार्थक्ष्युन्मेषाय कर्मणे ॥९४॥

सर्वेषां मण्डपानाञ्च प्राकारस्यालयस्य च।
स्तम्भवेष्टनवस्त्रैश्च नानावर्णपरिष्कृतैः ॥९५॥

अलङ्कारक्रियां कुर्याद्वाद्यघोषपुरस्सरम्।

कौतुकस्य पीठसङ्घत्तः

कृत्वाऽङ्कुरार्पणं रात्रौ प्रभातेऽर्चां नवां यदि ॥९६॥

कौतुं बेरमादाय पीठं कृत्वा सलक्षणम्।
पश्चात् शिल्पिनमाहूय सम्पूज्याभरणाम्बरैः ॥९७॥

तदर्चायास्तु पीठे तु मध्ये च परितस्तथा।
पञ्च स्थानानि निम्नानि शिल्पिना परिकल्पयेत् ॥९८॥

तेषां मध्ये पदे रत्नं 'ब्रह्मा देवा' दिना न्यसेत्।
एन्द्रे वज्रं सुसन्यस्य याम्ये वेदूर्यमेव च ॥९९॥

वारुणे स्फटिकं न्यस्य सौम्यै मौक्तिकमेव च।
तत्तन्मन्त्रं समुच्चार्य तत्तद्दिक्षु सुसन्यसेत् ॥१००॥

एवं रत्नानि विन्यस्य पञ्चस्थानेषु मन्त्रवित्।
ताम्रेण शिल्पिना नाति समाच्छाद्य दृढं पुनः ॥१०१॥

तस्मिन् पीठे क्रमेणैव शिल्पिनाऽर्चां सुयोजयेत्।
दृढं संयोज्य तं पीठे निश्छिलद्रमचलं चरेत् ॥१०२॥

अधिवासविधिः

नदीतटाकवापीषु देवागारसमीपतः।
जलेऽधिवासनं कृत्वा रक्षां सर्वत्र कारयेत् ॥१०३॥

दर्भमालासमायुक्तं परित्राणसमन्वितम्।
जलं क्षीरोदधिं स्मृत्वा वैष्णवं मन्त्रमुच्चरन् ॥१०४॥

वस्त्रयुग्मं समास्तीर्य देव्योर्देवस्य वै पृथक्।
प्राक्शिरः शाययेद्देवं विष्णुसूक्तं समुच्चरन् ॥१०५॥

देव्यौ च शाययेत्पश्चात् तत्तन्मन्त्रमुदीरयन्।
पञ्चाहं त्रियहं वापि एकाहमथवा तथा ॥१०६॥

पञ्चगव्याधिवासादिः

पश्चाद्देवेशमादाय पञ्चगव्येऽधिवासयेत्।
जलद्रोणीं पूरयेच्च पञ्चगव्यप्रयोगतः ॥१०७॥

जलद्रोण्या अलाभे तु अवटं वापि खानयेत्।
आलयाद्दक्षिणे पार्श्वे उत्तरे वा मनोरमे ॥१०८॥

बिम्बाध्यर्धप्रमाणेन आयतं चतुरश्रकम्।
विस्तारं तु तदर्धं स्यात् बिम्बदघ्नञ्च निम्नकम् ॥१०९॥

पञ्चगव्यैस्तु सम्पूर्य पुष्पाक्षतसमन्वितम्।
कुशदर्भैसमायुक्तं गन्धधूपसमन्वितम् ॥११०॥

एवं संसाध्य यत्नेन विष्णुसूक्तं समुच्चरन्।
शाययद्देवदेवेशं प्राक्शिरः प्रयतात्मवान् ॥१११॥

द्व्यहं तथैवमेकाहं पञ्चगव्येऽधिवासयेत्।
पश्चाद्देहेशमादाय कुशोदे शाययेत्तथा ॥११२॥

चलेषु नवबिम्बेषु कृत्वा चैवाक्षिमोचनम्।
पश्चाज्जलाधिवासादि कुर्यादित्येव शासनम् ॥११३॥

अक्ष्युन्मोचनम्-(अमन्त्रकम्)

प्रतिष्ठोक्तदिनात्पूर्वं त्रियहे वै ध्रुवे नवे।
शिल्पशास्त्रोक्ताविधिना शिल्पिना चाक्षिमोचनम् ॥१०४॥

कारयित्वा गुरुः धीमान् दृष्टिमण्डलमार्गतः।
दृष्टिमण्डलमध्ये तु यूकामात्रं व्यापोहयेत् ॥११५॥

अमन्त्रकञ्च यत्सर्वं शिल्पिना कारयेत्क्रमात्।
वस्त्रैराभरणैस्सर्वैः पूजयित्वा तु शिल्पिनम् ॥११६॥

पीठमानम्

तस्मिन् काले ततः कुर्याज्जीवस्थाने विधानतः।
गर्भालये ब्रह्मभागे प्राणपीठमुदाहृतम् ॥११७॥

अर्चापीठप्रमाणं स्यात्प्रतिदिक् चतुरङ्गुलम्।
ऊर्ध्ववेद्यास्तु विस्तारो द्वादशाङ्गुलमुन्नतिः ॥११८॥

भागावनतमेकैकं भागविस्तारसंयुतम्।
एवं त्रिवेदिसहितमर्चनापीठमाचरेत् ॥११९॥

श्रीभूमी तु समुद्दिश्य दक्षिणोत्तरयोः क्रमात्।
एवमेव प्रकुर्वीत सहैव प्रथगेव वा ॥१२०॥

बहुबेरप्रतिष्ठा चेत्तत्तत्स्थाने विशेषतः।
तत्तत्पीठप्रमाणेन चैवं पीठानि कल्पयेत्- ॥१२१॥

विमानशुद्धिः

अथ शुद्धिक्रियामार्गं वक्ष्ये देवविमानयोः।
विमानशुद्धि वक्ष्यामि प्रथमं विधिना बुधाः ॥१२२॥

श्वेतश्लक्ष्णसुधाक्षोदैः स्थूलं स्थाने तु पूर्वतः।
आलेपनं प्रकुर्वीत बालस्थाने मृदा तथा ॥१२३॥

शिल्पिकर्मसमाप्तिञ्च शिल्पशास्त्रक्रमेण तु।
कृत्वा च शिल्पिनं पूज्य विमानञ्चाङ्कणं
तथा ॥१२४॥

संशोधयेत्पुनस्तत्र गोभिः शुद्धिञ्च कारयेत्।
विमानाङ्कणमाक्षिप्य दूर्वाग्रान् सतृणानपि ॥१२५॥

पलालञ्चापि निक्षिप्य पात्राणि सजलानि च।
पञ्चरात्रं त्रिरात्रं एकरात्रमथापि वा ॥१२६॥

समतीते दशाहे धेनूनारं निकरैर्गवाम्।
देवालयाङ्कणे चैव शुद्ध्यर्थं शोधयेत्तदा ॥१२७॥

रात्रौ देवालयस्थानां गवां दुग्धं न चाहरेत्।
दुग्धपानादिसन्तृप्तैः वत्सकैः कृतवल्गितैः ॥१२८॥

वत्सपीतस्तनाग्रेभ्यः संसृतक्षीरबिन्दुभिः।
गोरोमभिः सफेनैश्च गोशकृन्मूसत्रञ्चितैः ॥१२९॥

शुद्धं भवति तत् स्थानं गावः शुद्धाश्शुभा मताः।
गोभिः शुद्धिञ्च कृत्वा तु कुर्याद्ब्राह्मणभोजनम् ॥१३०॥

गर्भगेहे बहिर्वापि ब्राह्मणान् भोजयेत्तदा।
चतुर्विंशति पञ्चाशच्छतं वाप्यधिकं ततः ॥१३१॥

पवित्रमिति सम्प्रोक्तं तत्स्थाने भोजयेत्ततः।
भोजनान्तरं तेषामुच्छिष्टं परिशोधयेत् ॥१३२॥

बिम्बशुद्धि

बिम्बशुद्धिं प्रवक्ष्यामि ध्रुवकौतुकयोस्ततः।
वर्णयुक्ते ध्रुवे तत्र चित्राभासे विशेषतः ॥१३३॥

तदालयकृतेनापि वास्तुहोमेन वै तथा।
अङ्गहोमेन चेष्टेन पुण्याहं प्रोक्षरणं चरेत् ॥१३४॥

द्विजोभ्यो रुक्मदानेन यथाशक्ति कृतेन तु।
भोजनेन च विप्राणां बेरशुद्धिर्विधीयते ॥१३५॥

शिल्पिनन्तु विसृज्यैव पश्चात्कार्यं समाचरेत्।
परेऽह्णि कार्यं मन्त्रेण गुरुणा चाक्षिमोचनम् ॥१३६॥

अक्षिमोचनमुद्दिष्टं बेरशुद्ध्यर्थमादितः।

श्रामणकाग्निकुण्डकल्पनम्

पूर्वन्तु वास्तुहोमार्थमालयस्य तथोत्तरे ॥१३७॥

स्थण्डिलञ्चोपालिप्यैव अलङ्कुर्यात्तु वर्णकैः।
सागरङ्गमनद्यादावाहृत्य सिकताः शुभाः ॥१३८॥

द्वादशाङ्गुलमुत्सेधं तावद्घनमनिन्दितम्।
द्वात्रिंशदङ्गुलायामं चतुरश्रं समन्ततः ॥१३९॥

ततो मध्येऽवकाशः स्याच्चतुर्विंशतिकाङ्गुलम्।
अवगाढन्तु तस्यैव द्वादशाङ्गुलमिष्यते ॥१४०॥

ततः कुर्याद्बहिर्वेदिं द्विचत्वारिंशदङ्गुलैः।
उत्सेधो भाग उद्दिष्टः ऊर्ध्ववेद्या विधानतः ॥१४१॥

मध्यवेद्यास्तु विस्तारः पञ्चाङ्गुल इति स्मृतः।
उत्सेधो भाग उद्दिष्टः मध्यवेद्याः प्रकीर्तितः ॥१४२॥

ततः कुर्यादधोवेदिं पञ्चाशद्भिरथाङ्गुलैः।
उत्सेधो भाग उद्दिष्टः विस्तारस्तु द्विगोलकः ॥१४३॥

दक्षिणे ब्रह्मणः पीठं षोडशङ्गुलमायतम्।
चतुरश्रं समं कुर्यात् भागोन्नतिसमन्वितम् ॥१४४॥

तस्य पश्चिमभागे तु पितृस्थानं प्रकल्पयेत्।
षोडशाङ्गुलमायामः उन्नतं गोलकं भवेत् ॥१४५॥

शूर्पाकारञ्च कृत्वा तु दक्षिणाग्रं प्रकल्पयेत्।
दत्तरे सोममुद्दिश्य षोडशाङ्गुलमायतम् ॥१४६॥

भागोन्नतं प्रकुर्वीत समवृत्तं तु पीठकम्।
वेदिप्रमाणं कर्तव्यं सीवनीक्षतचन्द्रवत् ॥१४७॥

एवं श्रामणकं कुण्डं कृत्वाऽथाग्निञ्च साधयेत्।

अग्निमन्थनम्

आलयात्पुरतो वाऽपि उत्तरे वा मनोरमे ॥१४८॥
स्थण्डिलञ्चोपालिप्यैव वर्णालङ्कारमाचरेत्।
धान्यराशिञ्च संस्तीर्य दर्भानुपरि संस्तरेत् ॥१४९॥
अरणी द्वे सुसन्न्यस्य पूजयेत्तु यथाविधि।
अर्चयेदधरारण्यां हरिणीं विष्णुवल्लभाम् ॥१५०॥
विष्णुमभ्यर्चयेद्दण्डे ऊर्ध्वारण्यां हुताशनम्।
आचार्यः प्राङ्मुखः स्थित्वा योजयित्वाऽथ मन्त्रवित्
॥१५१॥
रज्जुं मौञ्जीमयीं कृत्वा त्रिवृतां शेषमर्चयेत्।
'जातवेद' इति प्रोच्य मन्थनं सम्यगाचरेत् ॥१५२॥
जपन् वैश्वानरं सूक्तमरण्यां मन्थनं चरेत्।
यावदग्निसमुत्पत्ति तावद्वै मन्थनं भवेत् ॥१५३॥
उत्पन्नमग्निमादाय 'अयन्त' इति चोच्चरन्।
परितस्तु करीषाद्यैः योजयित्वाऽथ युक्तितः ॥१५४॥
इन्धनानि सुनिक्षिप्य जातमग्निं सुरक्षयेत्।

ऋत्विग्वरणम्

त्रियहं द्वियहं वाऽपि एकाहं वा विधानतः ॥१५५॥
उपवासञ्च कृत्वा तु ऋत्विजः प्रयतास्तथा।
स्नात्वा स्नानाविधानेन जप्त्वा सूक्तानि वै क्रमात्
॥१५६॥
प्राणायामसहस्रं तु कुर्युः सर्वे जितेन्द्रियाः।
शतञ्चाष्टसमायुक्तं कुर्युर्वाऽत्र समाहिताः ॥१५७॥

ब्रह्मयज्ञञ्च कृत्वा तु स्वकीयाग्नीनुपास्य च।
ध्यात्वा नारायणं देवं समासीरन् यतव्रताः ॥१५८॥

तत्काले यजमानस्तु सर्वास्तान् सम्प्रणाम्य च।
'अथावनीद' मन्त्रेण मण्डलान्युपलिप्य च ॥१५९॥

'अस्त्वासन' मिति प्रोच्य आसनान्युपलिप्य च।
प्राङ्मुखानासयित्वा तु कृच्छ्रान्नं भोजयेत्ततः ॥१६०॥

पवित्रं वज्रसंयुक्त' मग्निमीले'ति मन्त्रतः।
ऋत्विजः प्राशयित्वा तु पायसेन घृतेन च ॥१६१॥

'शन्नो 'दे' वीति मन्त्रेण पश्चादाचमनं ददेत्।
यजमानश्च तत्काले स्वयं भोजनमाचरेत् ॥१६२॥

तान् पश्चाद्यजमानस्तु तत्तत्कार्ये नियोजयेत्।
पूर्वोक्तगुणसम्पन्नाश्चत्वारो मूर्तिधारकाः ॥१६३॥

होमेषु षोडश प्रोक्ताः सर्वकर्मसु निश्चलाः।
एको हौत्रे समुद्दिष्टः एको वै स्नापने तथा ॥१६४॥

अक्षिमोचनकायार्थं द्वावत्र वृणुयात्तथा।
सर्वदेवार्चनार्थन्तु चत्वारस्सम्प्रकीर्तिताः ॥१६५॥

एवमाहृत्य यत्नेन पूजयित्वा पृथक् पृथक्।
कृत्वा शास्त्रोक्तविधिना भगवन्तमनुस्मरन् ॥१६६॥

ध्यायन्नासीत तद्रात्रौ यजमानस्सदा हरिम्।
प्रभाते च स धर्मात्मा सूत्रोक्तेन विधानतः ॥१६७॥

स्नात्वा स्नानविधानेन आचार्यः स्थापकैस्सह।
देवालयं शनैर्गत्वा प्रदक्षिणमथाचरेत् ॥१६८॥

मृष्टसिक्तौ पलोपाद्यैः संस्कुर्याद्देवतागृहम्।
अक्ष्युन्मोचनमुद्दिश्य वास्तुहोमं समाचरेत् ॥१६९॥

समन्त्रकाक्ष्युन्मेषप्रयोगः

अक्ष्युन्मेषमथो वक्ष्ये कौतुकस्य ध्रुवस्य च।
कृत्वाऽङ्कुरार्पणं रात्रौ प्रभाते मध्यमेऽहनि ॥१७०॥

प्रासादस्योत्तरे पार्श्वे कृते श्रामणकेऽनले।
आधारं विधिवत्कृत्वा मथितेनैव वह्निना ॥१७१॥

सूत्रोक्तेन विधानेन भूमियज्ञं यजेत्क्रमात्।
पर्यग्निञ्चैव कृत्वा तु बिम्बपार्श्वे विशेषतः ॥१७२॥

पञ्चगव्यैः समभ्युक्ष्य गायत्र्या प्रणवाद्यया।
स्थानशुद्धिं ततः कृत्वा पुण्याहं वाचयेत्क्रमात् ॥१७३॥

औपासनाग्निकुण्डकल्पनम्।

देवालयस्य परितः कुण्डमौपासनं चरेत्।
स्थाण्डिढलञ्चोपलिप्यैव वालुकाभिः प्रपूरयेत् ॥१७४॥

द्वात्रिंशदङ्गुलायामं चतुरश्रं समन्ततः।
षडङ्गुलसमुत्सेधं स्थलं सम्यकं प्रकल्प्य च ॥१७५॥

तत्र मध्येऽवकाशः स्याच्चतुर्विंशतिकाङ्गुलम्।
अवगाढन्तु तस्यैव भागमात्रमुदाहृतम् ॥१७६॥

तद्बाह्ये बाह्यवेदिस्स्याच्चत्वारिंशद्भिरङ्गुलैः।
उत्सेधो विस्तरश्चैव भागमात्रं प्रवक्ष्यते ॥१७७॥

ब्रह्मसोमपितृस्थानकल्पनं विधिना चरेत्।
द्वादशाङ्गुलमायामं चतुरश्रं समन्ततः ॥१७८॥

उत्सेधो भाग उद्दिष्टः ब्रह्मस्थानस्य कारयेत्।
तस्य पश्चिमभागे तु पितृस्थानं प्रकल्पयेत् ॥१७९॥

द्वादशाङ्गुलमायाममुन्नतं गोलकं भवेत्।
शूर्पाकारं तु कृत्वा तु दक्षिणाग्रं प्रकल्पयेत् ॥१८०॥

उत्तरे सोममुद्दिश्य स्थानं वृत्तं समाचरेत्।
द्वादशाङ्गुलमायाममुन्नतं गोलकं भवेत्१८१॥

वेदिप्रमाणं कर्तव्यं सीवनीक्षतचन्द्रवत्।
अक्षिमोचनमुद्दिश्य चैवमौपासनं चरेत् ॥१८२॥

अक्ष्युन्मेषहोमः

आंघारं विधिवत्कृत्वा मथितेनैव वह्निना।
अङ्गहोमञ्च हुत्वा कापिलेन घृतेन वै ॥१८३॥

तदलाभेऽन्यगव्येन माहिषाजाविकं विना।
मूर्धादि पादपर्यन्तमङ्ग प्रत्येकमुच्चरन् ॥१८४॥

स्वाहान्तं योजयित्वा तु देवेशं मनसा स्मरन्।
विष्णुसूक्तञ्च जुहुयाद्व्याहृत्यन्तमतः परम् ॥१८५॥

सुपुष्टाङ्गा सवत्साञ्च गामेकां स्थापयेत्पुरः।
तिलराशिं तथा धान्यराशिं सम्भृत्य भक्तितः ॥१८६॥

देवस्याभिमुखे कृत्वा पश्चाद्वर्णं प्रगृह्य च।
सुवर्णेन कृतेनैव पात्रे तूलिकयाऽन्विते ॥१८७॥

देवस्य दक्षिणे पार्श्वे उत्तराभिमुखः स्थितः।
पटप्रच्छादनं कृत्वा ध्यायन् षणमण्डलाधिपान् ॥१८८॥

पक्ष्म वर्म तथा रक्तशुक्लकृष्णानि चिन्तयन्।
तथा ज्योतिर्मण्डलञ्च यानि षणमण्डलानि वै ॥१८९॥

पृथिव्यापस्तथा तेजो वायुराकाश इत्यपि।
परमात्मेति च ज्ञेया ये ते षणमण्डलाधिपाः ॥१९०॥

विष्णुसूक्तं गुरुर्जप्त्वा अक्ष्युन्मोचनमारभेत्।
वैष्णवं सूक्तमुच्चार्य ज्योतिर्मण्डलमाचरेत् ॥१९१॥

'श्रिये जाते'ति मन्त्रेग श्रीदेव्याश्चक्षिमोचनम्।
मेदिनी मन्त्रमुच्चार्य मेदिन्याश्चाक्षिमोचनम् ॥१९२॥

तत्तन्मन्त्रं समुच्चार्य परिवाराक्षिमोचनम्।
प्रतिष्ठोक्तदिनात्पूर्वं द्वितीये वा समाहितः ॥१९३॥

आचार्यो मन्त्रसंयुक्तमाचरेदक्षिमोचनम्।
पश्चादग्निं विसृज्यैव आदित्यं प्रणमेद्बुधः ॥१९४॥

दर्शनद्रव्यदर्शनम्

प्रच्छन्नपटमाबद्ध्य देवस्याग्रे विशेषतः।
सौवर्णादिषु पात्रेषु घृतं मधु तथा दधि ॥१९५॥

क्षीरञ्च पृथगाहृत्य प्रत्येकं प्रस्थसम्मितम्।
द्रव्याणि दर्शनीयानि देवस्याग्रे विनिक्षिपेत् ॥१९६॥

अष्टौ धान्यानि च पृथक् राशीः कृत्वाऽग्रतः पृथक्।
पटमुत्सार्य काले तु जयशब्दसमन्वितम् ॥१९७॥

वाद्यघोषसमायुक्तं देवेशं सम्प्रणम्य च।
दर्शयेद्देवदेवस्य द्रव्यं द्रव्यं समाहितः ॥१९८॥

जप्त्वा गोदानसूक्तन्तु सवत्सां कांस्यदोहनाम्।
स्वर्णशृङ्गा रौप्यखुरां सवस्त्रां गां प्रदर्शयेत् ॥१९९॥

आचार्यं पूजयित्वा तु वस्त्राभरणकुण्डलैः।
शिष्यांश्च पूजयेत्तद्वद्वस्त्रयुग्माङ्गुमाङ्गुलीयकैः ॥२००॥

हिरण्यपशुभूम्यादि गुरवे दक्षिणां ददेत्।
ब्रह्मणान् भोजयित्वा तु तर्पयेद्दक्षिणादिभिः ॥२०१॥

वास्तुहोमः-(वास्तुपुरुषलक्षणम्)

प्रतिष्ठोक्तदिनात्पूर्वं द्वितीये वा तृतीयके।
आलयस्योत्तरे पार्श्वे वास्तुहोम उदीरितः ॥२०२॥

(वास्तुहोमप्रसङ्गे तु वास्तुपुरुष उच्यते)।
कल्पयेद्वास्तुपुरुषं दशतालेन मानतः ॥२०३॥

आलये गोपुरे चैव मण्डपे चाङ्कणेऽपि वा।
यावान् विस्तार उद्दिष्टः तावांस्तस्याङ्गमुच्यते ॥२०४॥

दौ वास्तुपुरुषौ ज्ञेयौ चलाचलविभेदतः।
प्राक्च्छिरोऽधोमुखो मुख्यः भूमिस्थस्स तु सर्वदा
॥२०५॥

स स्थाणू रुद्रदेहात्मा शर्व इत्यभिधीयते।
तस्योपरि च यश्शेते चलस्सर्वप्रभुर्वरः ॥२०६॥

मध्याह्ने प्राक्च्छिराश्शेते स सायं दक्षिणाशिराः।
निश्यर्धे पश्चिमशिराः प्रातरुत्तरदिक्च्छिराः ॥२०७॥

सदाऽम्बरमुखो भूत्वा सङ्क्रमेत्सङ्क्रमक्रमात्।
एवं विज्ञाय मनसा वास्तुहोमं समाचरेत् ॥२०८॥

आलयस्योत्तरे कुर्याद्वास्तुकुण्डं विचक्षणः।
मण्डपे मध्यमें कुर्याद्गोपुरे च तथैव च ॥२०९॥

प्रासादस्योत्तरे कुर्यात् स्थण्डिलं चतुरश्रकम्।
गोमयेनोपलिप्यैव वर्णालङ्करणं चरेत् ॥२१०॥

वास्तुपुरुषरूपन्तु कल्पयित्वा विचक्षणः।
कुण्डं श्रामणकं तस्य पूर्वोक्तेन विधानतः ॥२११॥

कुक्षिप्रदेशे कुर्वीत धनधान्यविवृद्धये।
बाहुप्रदेशे कुर्वीत पुत्रपौत्राभिवृद्धये ॥२१२॥

नाभेरधः प्रदेशे तु वास्तुकुण्डं न कारयेत्।
कुण्डमेवं कल्पयित्वा साधितेनैव चाग्निना ॥२१३॥

आघारं विधिवत्कृत्वा अदितेन्वादिभिः क्रमात्।
परिस्तीर्य तु मन्त्रज्ञः पश्चादग्निं प्रणम्य च।२१४॥

समिद्भिर्मूलमध्याग्रघृताक्ताभिर्यजेत्ततः।
'भूमियज्ञाय स्वाहे'ति यज्ञदेवे'ति च क्रमात् ॥२१५॥

'मेदिनी-देवी' 'समुद्रेति-शृङ्गे-वायुपरी'ति च।
व्याहृत्यन्तञ्च हुत्वा तु उल्कया चाग्निमाहरेत् ॥२१६॥

'अहमग्नेऽग्निमि'त्युक्त्वा मूलबिम्बस्य पार्श्वतः।
गर्भालये च सर्वत्र तथा चैवार्धमण्डपे ॥२१७॥

स्नपनालये च कुर्वीत गोपुरे च तथैव च।
प्राकारादिषु सर्वत्र प्रादक्षिण्यक्रमेण वै ॥२१८॥

दर्शयित्वा विधानज्ञः पश्चादग्निं विसर्जयेत्।
पञ्चगव्यं समादाय मृत्पात्रे तु विशेषतः ॥२१९॥

प्रोक्षयेत्कुशकूर्चेन 'अणोरणीया' निति मन्त्रतः।
मूलबिम्बस्य परितः दर्शयित्वा च सर्वशः ॥२२०॥

पुनः कृत्वा तु पुण्याहं तत्र प्रोक्षणमाचरेत्।
पश्चादग्निं समासाद्य परिस्तीर्य च पावकम् ॥२२१॥

'ये ते शत-मुदुत्तम-मयाश्चाग्ने'ति च क्रमात्।
'आपस्सृजन्तु'ति चत्वारो हूयन्ते वारुणाः स्मृताः
॥२२२॥

'विश्वेदेवस्य' इत्युक्त्वा 'विश्वे अद्य' ततः परम्।
वैश्वदेवञ्च हुत्वा तु वैष्णवञ्च सुहूयताम् ॥२२३॥

'अतो देवा-इदं विष्णुः-त्रीणि पदा विचक्रमे।
विष्णोः कर्माणि-तद्विष्णोः-तद्वि प्रास' इति ब्रुवन्
॥२२४॥

'रुद्रमन्यञ्च' हुत्वा तु 'त्र्यम्बक' ञ्च ततः परम्।
'ब्रह्मजज्ञान' मित्युक्त्वा 'हिरण्यगर्भ' इति ब्रुवन्
॥२२५॥

'मिश्रवासस' इत्युक्त्वा 'युवमेतानि' हूयताम्।
'अग्नीषोमविम' प्रोच्य 'आन्यं दिव' इतीरयन् ॥२२६॥

हुत्वा 'बृहस्पति' रिति 'बृहस्पतिस्सोम' मित्यपि।
'बृहस्पते अतियदि'ति 'उपायमे'तिहूयताम् ॥२२७॥

'त्रातारादीं'स्ततो हुत्वा ऐन्द्रमन्त्रांस्त्रयोदश।
'यमो दाधार-नमस्ते'ति यममन्त्रौ हुनेत्तथा ॥२२८॥

'मित्रस्य चर्षणी'ति 'मित्रो जना'निति ब्रुवन्।
'प्रसमित्रे'ति हुत्वा तु व्याहृत्यन्तं पृथक् पृथक् ॥२२९॥

एवं हुत्वा विधानेन अन्ततः परिषेचयेत्।

विमानाङ्गहोमः

विमानञ्चेन्नवं तत्र विमानाङ्गाहुतीर्चजेत्। ॥२३०॥

उपानाय जगत्यै च कुमुदायेति हूयताम्।
वल्लिकायै च हुत्वा तु खण्डायेति ततः परम्
॥२३१॥

पाट्टिकायै ततो हुत्वा ताटिकायै ततः परम्।
कर्कर्यै चैव हुत्वा तु कुम्भायेति ततः परम् ॥२३२॥

फलकायै च हुत्वा तु कपोताय ततः परम्।
ग्रीवाया इति हुत्वा तु स्कन्धग्रीवाय इत्यापि ॥२३३॥

स्थूपिकायै च हुत्वा तु व्याहृत्यन्तं पृथक् पृथक्।
जयादीनपि हुत्वा तु विष्णुसूक्तं हुनेत्ततः ॥२३४॥

वास्त्वग्नौ वास्तुहोमञ्च जुहुयात्तत्र तत्र तु।
अन्तहोमं ततो हुत्वा आदित्यं प्रणमेत्क्रमात् ॥२३५॥

अग्न्यायतनम्-कुण्डलक्षणम्

अत ऊर्ध्वं प्रवक्ष्यामि अग्न्यायतनलक्षणम्।
शय्यास्थानस्य पूर्वे तु कुण्डं श्रामणकं चरेत् ॥२३६॥

पूर्वोक्तेन विधानेन ऐन्द्रे चौपासनं चरेत्।
धनुराकृतिकं कुर्याद्याम्ये बेदिद्वयान्वितम् ॥२३७॥

त्रिंशदङ्गुलसम्भ्रान्त्या कृते वृत्तेऽर्धभाजिते।
अवाचीनेन चार्धेन कल्पितो धनुराकृतिः ॥१३८॥

अन्वाहार्याग्निरुदितः क्षेत्रमौपासनाग्निवत्।
उत्सेधं विस्तृतिञ्चैव भागं वेद्याः समाचरेत् ॥१३९॥

ब्रह्मसोमपितृस्थानान्याहरेदुक्तमार्गतः।
द्वादशाङ्गुलमायामः उन्नतं भाग उच्यते ॥२४०॥

अन्तरं भाग उद्दिष्टः पैतृकं गोलकं चरेत्।
पश्चिमे वृत्तकुण्डः स्याद्वेदिद्वयसमन्वितः ॥२४१॥

अथाष्टादशभिः सार्धैरङ्गुलैश्च भ्रमीकृते।
वृत्ते तदूर्ध्ववेदिस्स्यात् वृत्तकुण्डस्य मानतः ॥२४२॥

उत्सेधो विस्तृतिश्चैव वेद्योर्भागं प्रचक्षते।
ब्रह्मसोमपितृस्थानान्युक्तमार्गेण कारयेत् ॥२४३॥

त्रिकोणञ्चोत्तरे कुर्यान्मेखलाद्वयसंयुतम्।
सपादत्रियवैर्युक्ताष्टचत्वारिंशदङ्गुलैः ॥२४४॥

भुजमानयुतः कुण्डस्त्रिभुजस्त्वावसत्थ्यकः।
विस्तार उन्नतञ्चैव वेद्योर्भागं प्रचक्षते ॥२४५॥

शेषञ्च पूर्ववत्कुर्यादग्निकुण्डं विशेषतः।
सभ्यस्य दक्षिणे कुर्यात्पौण्डरीकं क्रमाद्बुधः ॥२४६॥

द्वादशाङ्गुलमुत्सेधं समवृत्तं प्रकल्पयेत्।
अथाष्टादशभिस्साधैरङ्गुलैश्च भ्रमीकृते ॥२४७॥

वृत्तं तदूर्ध्ववेदिस्स्यात्पौण्डरीकानलस्य वै।
उत्सेधो विस्तृतिश्चैव ऊर्ध्ववेद्या द्विगोलकम् ॥२४८॥

निम्नामष्टाङ्गुलं कुर्याच्छिष्टं मुद्भिश्च पूरयेत्।
मध्यवेद्यास्समुत्सेधं भागमात्रं प्रचक्षते ॥२४९॥

विस्तारो भाग उद्दिष्टो मध्यवेद्यास्तथैव च।
अधोवेद्यास्समुत्सेधश्चतुरङ्गुलमेव च ॥२५०॥

रसाङ्गुलन्तु विस्तारः दलैष्षोडशभिर्युतः।
ब्रह्मसोमपितृस्थानान्याचरेत्पूर्ववद्बुधः ॥२५१॥

कुर्यादौपासनाग्निञ्च प्रमुखे वीशशेषयोः।
इन्द्रादिलोकपालानामालयास्सन्ति यत्र वै ॥२५२॥

अग्निमौपासनं कुर्यात्तत्तदालयसम्मुखे।
भूतस्थाने प्रकुर्वीत भूतपीठस्य पूर्वतः ॥२५३॥

एवं कुण्डानि निर्माय पश्चादग्निं सुसाधयेत्।

स्नानश्वभ्रम्

देवालयस्य पुरतः स्नापनार्थं विचक्षणः ॥२५४॥

मण्डपं वा प्रपां वापि शाल्वां वा कूटमेव वा।
कारयित्वा विधानेन मध्ये श्वभ्रञ्च कारयेत् ॥२५५॥

अर्चापीठप्रमाणाद्धि प्रतिदिक् चतुरङ्गुलम्।
हित्वाऽवकाशमौपासनाग्निवत् श्वभ्रमाचरेत् ॥२५६॥

शालालङ्कारः

श्वभ्रस्य परितः कुर्यात्पङ्क्तिं किष्कुप्रमाणतः।
पञ्चकिष्कुप्रमाणं वा यथालाभमथापि वा ॥२५७॥

द्वितालविस्तृताञ्चैव सङ्गतां गोलकोन्नताम्।
तण्डुलैर्व्रीहिभिर्वापि पङ्क्तिं सम्प्रतिकारयेत् ॥२५८॥

चतुर्द्वारसमायुक्तां द्वितालं तालमानतः।
दर्भमालञ्च परितः पादाग्रेष्वलम्बयेत् ॥२५९॥

विताने समाच्छाद्य स्थूणानां वेष्टनं चरेत्।
मुक्तादामपताकाद्यैरलङ्कुर्याद्विशेषतः ॥२६०॥

द्वारतोरणसंयुक्तं पूर्णकुम्भसमन्वितम्।
क्रमुकैः कदलीभिश्च इक्षुकाण्डैरलङ्कतम् ॥२६१॥

एवं सुसाध्य यत्नेन गृहीत्वा कलशानि च।
संशोध्याऽम्लादिना शुद्धतोयेनाऽवेष्ट्य तन्तुना ॥२६२॥

पूरयित्वा ततो द्रव्यैः शरावैश्च पिधाय वै।
संसाध्यैवमलङ्कारैः पश्चात्संस्थापयेद्बुधः ॥२६३॥

सप्तकलशस्नपनप्रयोगः-कलशन्यासप्रकारः

द्रव्यपूर्णानि कलशान्यादाय विनयानतः।
उभाभ्यामपि हस्ताभ्यामुक्तस्थानेषु सन्न्यसेत् ॥२६४॥

ऐशान्ये पञ्चगव्यन्तु ईशानेन्द्रान्तरे घृतम्।
इन्द्राग्न्योरन्तरे चैव न्यसेन्मधु यथाविधि ॥२६५॥

दधि न्यसेदथाग्नेय्यां यमाग्न्योरन्तरे पयः।
यमनीलान्तरे गन्धं नैरृत्यामक्षतोदकम् ॥२६६॥

नीलवारुणयोर्मध्ये स्थापयेत्तु कुशोदकम्।
वरुणोदानयोर्मध्ये सन्नसेच्च फलोदकम् ॥२६७॥

रत्नोदकञ्च वायव्ये जप्योदं वायुसोमयोः।
ईशानसोमयोर्मध्ये न्यसेत्सर्वौषधीजलम् ॥२६८॥

उपस्नानानि सर्वेषां तत्तद्वामें सुसन्यसेत्।
एवं विन्यस्य कलशान्यधिदेवांत्समर्चयेत् ॥२६९॥

वस्त्रैरावेष्ट्य कलशान्यूर्ध्वं पुष्पाणि निक्षिपेत्।
यागस्थानं समासाद्य कुण्डेष्वैन्द्रादिषु क्रमात् ॥२७०॥

आघारं विधिवत्कृत्वा मथितेनैव वह्निना।
परिवाराग्निषु तथा सर्वेष्वाधारमाचरेत् ॥२७१॥

एवं कृत्वा विधानेन पश्चात्कार्यं समाचरेत्।
अधिवासगतं देवमासाद्यैवानुमान्य च ॥२७२॥

पूर्वालङ्कतवस्त्रादीन् समुद्धार्याप्रमादतः।
तत उद्धृत्य देवेशमाम्लेन परिशोधयेत् ॥२७३॥

वस्त्रैराभरणैस्त्रग्भिरलङ्कत्यार्चयेत्क्रमात्।

कुम्भवेदिः

आलयाभिमुखे चैव मण्डलञ्चोपलिप्य च ॥२७४॥

पञ्चवर्णैरलङ्कत्य धान्यराशिं प्रकल्पयेत्।
तण्डुलानुपरि न्यस्येत्पुष्पाणि च तथाऽक्षतान् ॥२७५॥

तत्र देवञ्च संस्थाप्य पाद्याद्यर्घ्यान्तमर्चयेत्।

नववस्त्रपरीधानः सोत्तरीयस्स्वलङ्कतः।
तस्मिन् काले गुरुर्धीमान् कुम्भपूजां समाचरेत् ॥२७६॥

(Chapter 16)

***

(2)
Installation of the Five Icons

पञ्चमूर्तिप्रतिष्ठाविधिः

ऋषय उचुः–

ब्रह्मपुत्र मुनिश्रेष्ठ नमस्ते वदतां वर।
त्वमेव सर्ववेत्ताऽसि त्वमेव ब्रह्मणः प्रियः ॥१॥

श्रोतुमिच्छामहे त्वत्तः यथाऽऽचार्यत्त्वया श्रुतम्।
त्वत्प्रसादाद्वयं विष्णोः पञ्चमूर्तिविधिक्रमम् ॥२॥

विमानानां विधिं तेषां प्रतिष्ठामर्चनादिकम्।
दययाऽधीहि भो ब्रह्मन्! कृपालुः विस्तरेण नः ॥३॥

भृगुरुवाच–

युष्माभिश्चोदितं सर्वं प्रवक्ष्याम्यानुपूर्व्यशः।
शृणुध्वमृषयस्सर्वे मनसाऽवहितेन वै ॥४॥

पञ्चमूर्ति विधिः–आलयकल्पनम्

सहस्रानवरैर्वेदविद्भिः विप्रैरधिष्ठिते।
देशे पूर्वोक्तमार्गेण स्थानं सम्यक् प्रकल्पयेत् ॥५॥

तत्र सङ्कल्पिते स्थाने विमानारम्भमाचरेत्।
नलीनकं तथाऽष्टाङ्ग सर्वतोभद्रमेव वा ॥६॥

नन्दीविशालकं वाऽपि बृहद्वृत्तमथापि वा।
एतेष तु विमानेषु यजमानेच्छया गुरुः ॥७॥

किञ्चिद्विमानं निश्चित्य पञ्चमूर्तिं प्रकल्पयेत्।
शिल्पशास्त्रविधानेन विमानं कारयेद्बुधः ॥८॥

आदिभूमिन्तु सर्वत्र वालुकाभिः प्रपूरयेत्।

आद्यतले

तस्यान्तु परितः कार्यं मूर्तीनां स्थानमुच्यते। ॥९॥

ऐन्दे पुरुषमूर्तेस्तु स्थानं सम्यत् प्रकल्पयेत्।
विमानरूपमाज्ञय युक्त्या तत् परिकल्पयेत् ॥१०॥

दक्षिणे सत्यमूर्तेस्तु स्थानं सम्यक् प्रकल्पयेत्।
कल्पयेत्पश्चिमे तु विमानञ्चात्युतस्य वै ॥११॥

उत्तरे चानिरुद्धस्य विमानं कल्पयेद्बुधः।
पुरुषाद्यास्तु यत्रोक्तास्तत्रैवं परिकल्पयेत् ॥१२॥

द्वितीयतले

द्वितीये तु तले चैव स्थानमेवं प्रकल्पयेत्।
आदिमूर्तिं समुद्दिश्य गर्भागारं प्रकल्पयेत् ॥१३॥

तृतीये च तले चोर्ध्वे शयनं संप्रकल्पयेत्।
आद्ये मध्ये विष्णुमूर्तिं स्थानकं परिकल्पयेत् ॥१४॥

द्वितीये नारसिंहञ्च श्री भूमिसहितं तथा।
आसीनं कल्पयेद्देवं दिव्ये सिंहासने प्रभुम् ॥१५॥

सिंहासनस्य चाधस्ताद्देवस्याग्नेयपार्श्वतः।
किञ्चिद्देवं प्रेक्षमाणं विस्मयोत्फुल्ललोचनम् ॥१६॥

ब्रह्माणं कारयेच्चैव पूर्वोक्तेन विधानतः।
तथा देवस्य चैशान्ये कल्पयेदीश्वरं शिवम् ॥१७॥

तिष्ठन्तं कल्पयेदेनं दशतालेन मानतः।
कुड्यकौतुकयोर्मध्ये मुनी सम्यक् प्रकल्पयेत् ॥१८॥

एकजानुक्रमगतौ पुष्पाञ्जलिसमन्वितौ।
नारसिंहं तथा कुर्याद्दशतालेन मानतः ॥१९॥

आयामं सर्वतः कुर्यादुपन्यासोक्तमार्गतः।
परिणाहे तु सर्वत्र मानं ज्ञात्वा तु बुद्धिमान् ॥२०॥

अध्यर्धं योजयित्वा तु कारयेत्तु विचक्षणः।
सिंहस्येव मुखं कुर्याद्दंष्ट्राभिश्च समायुतम् ॥२१॥

शङ्खचक्रधरं कुर्यात्सर्वाभरणसंयुतम्।
श्वेतवर्णं प्रकुर्वीत किञ्चिद्रूक्षदृगन्वितम् ॥२२॥

नारासिंहन्तु यत्नेन शिलयैव प्रकल्पयेत्।
श्रीदेवीं दक्षिणे कुर्याद्वामे क्षोणीञ्च कारयेत् ॥२३॥

तत्तद्वर्णसमायुक्तं तत्तत्काले प्रकल्पयेत्।
प्रवालवर्णं ब्रह्माणं श्वेताभञ्चैव शङ्करम् ॥२४॥

माञ्च प्रवालसङ्काशं पुराणमरुणं चरेत्।
एवं तले द्वितीये स्यात्तृतीये तु प्रवक्ष्यते ॥२५॥

तृतीयतले

सुखासीनं प्रकुर्वीत श्रीभूमिभ्यां समायुतम्।
मुनिभ्यामपि संयुक्तं तत्तद्वर्णसमायुतम् ॥२६॥

अन्यानपि क्रमेणैव देवान् सम्यक् प्रकल्पयेत्।
अथवा शयनं कुर्यादनन्तोपरि शायिनः ॥२७॥

तस्यैव पादपार्श्वे तु श्रीदेवीं सम्यगर्चयेत्।
पादसंवाहनपरां देवदेवं समीक्ष्य वै ॥२८॥

नाभ्यम्बुजसमाविष्टं ब्रह्माणञ्च प्रकल्पयेत्।
पञ्चायुधानि गरुडं तत्तत् स्थाने प्रकल्पयेत् ॥२९॥

देवस्य पादपार्श्वे तु कल्पयेन्मधुकैटभौ।
पूजकौ च मुनी द्वौ तु द्वारपालौ प्रकल्पयेत् ॥३०॥

कुर्याच्चामरधारिण्यौ यथोक्तं परिकल्पयेत्।

अधस्तले-प्राच्याम्

अधस्तले विमानस्य पुरुषं पूर्वतश्चरेत् ॥३१॥

पुरुषं श्वेतवर्णञ्च सर्वाभरणभूषितम्।
श्रीभूम्यौ त चथा कुर्याद्दक्षिणोत्तरयोः क्रमात् ॥३२॥

श्रीदेवीं रक्तवर्णाञ्च सस्यश्यामाञ्च मेदिनीम्।
माञ्च दक्षिणतः कुर्यात्पुराणञ्चैव वामतः ॥३३॥

सिंहासनस्य पृष्ठे तु चामरग्राहिणा उभे।
कुर्यात्सुरासुन्दर्यौ च सर्वलक्षणसंयुते ॥३४॥

उक्तवर्णैस्समायुक्तं पुरुषं सम्प्रकल्पयेत्।

दक्षिणतः

सत्यं दक्षिणतः कुर्याद्भिन्नाञ्जनचयप्रभम् ॥३५॥

धृतिपौष्णी तथा देव्यौ सर्वाभरणभूषिते।
धृतिस्स्याद्रक्तवर्णा च श्यामा पौष्णी प्रकीर्तिता ॥३६॥

सत्यस्य पृष्ठभागे तु जयाभद्रे च कारयेत्।
जया श्यामा भवेद्भद्रा रक्तवर्णा प्रकीर्तिता ॥३७॥

धातृनाथश्चिरायुश्च पूजकौ सत्यपार्श्वतः।
कनकाभो धातृनाथश्चिरायुः पीत उच्यते ॥३८॥

पश्चिमतः

पश्चिमे अच्युतं कुर्यात्कनकाभं चतुर्भुजम्।
पवित्रीं मेदिनीञ्चैव पार्श्वयोरुभयोश्चरेत् ॥३९॥

पवित्रीं कनकाभाञ्च शुकश्यामाञ्च मेदिनीम्।
ख्यातीशञ्चैव पुण्यञ्च पूजकौ द्वौ समाचरेत् ॥४०॥

ख्यातीशश्च प्रवालाभः पुण्यो रक्त उदाहृतः।
विजया चैव विन्दा च व्याजन्यौ समुदाहृते ॥४१॥

उत्तरतः

उत्तरे अनिरुद्धञ्च प्रवालग्निसमप्रभम्।
अनन्तोत्सङ्ग आसीनं वीरासनसमायुतम् ॥४२॥

अनन्तस्य फणान् पञ्च प्रकुर्वीत विषोल्बणान्।
देव्यौ प्रमोदायिनी च मही चैव समीरितौ ॥४३॥

प्रथमा च प्रवालाभा द्वितीयेन्दीवरप्रभा।
कुमुद्वती चोत्पलका व्याजन्यौ समुदाहृते ॥४४॥

माञ्चैवाप्यमितञ्चापि पूजकौ परिकल्पयेत्।
अहं कनकवर्णस्स्याममितः कमलप्रभः ॥४५॥

उपरि मध्ये च

तत्रोपरि च मध्ये च हरिः श्यामाम्बुदप्रभः।
श्रीभूमिभ्यां सुखासीनः शङ्खचक्रधरः परः ॥४६॥

मायासंह्लादिनी चैव व्याजन्यौ समुदाहृते।
माया तु श्यामवर्णा स्याद्रक्ता संह्लादिनी भवेत् ॥४७॥

माञ्चैव मार्कण्डेयञ्च पूर्ववत्कारयेत्क्रमात्।
एवमेव विधानेन सर्वा मूर्तीश्च कारयेत् ॥४८॥

मानविचारः

आदिमूर्त्यादमूर्तीनां बिम्बान्यत्रोक्तवच्चरेत्।
देव्योर्बिम्बानि चान्येषां नवतालेन कारयेत् ॥४९॥

आयामञ्च परीणाहमन्तरं हस्तापादयोः।
पादप्रसारभेदांश्च दृष्टिभेदं विशेषतः ॥५०॥

शिष्टं त्वाष्ट्रप्रयोगञ्च शिल्पशास्त्रोक्तवच्चरेत्।
शिल्पविद्यासु निपुणैः सिद्धहस्तैः यतात्मभिः ॥५१॥

ऊहापोहविधिज्ञैश्च शिल्पिभः कारयेद्गुरुः।
एवं परिवृताः मूर्ती द्वारपालांश्च कारयेत् ॥५२॥

आदिमूर्तिविधौ-द्वारपालः

आदिमूर्तिविधाने तु द्वारपालौ प्रकल्पयेत्।
बलिन्दं दक्षिणे कुर्याद्वामे तुहणमेव च ॥५३॥

बलिन्दं श्यामवर्णञ्च तुहणं कनकप्रभम्।
उद्देशकरसंयुक्तदक्षहस्तसमन्विम् ॥५४॥

पुरुषमूर्तिं समुद्दिश्य द्वारपालौ प्रकल्पयेत्।
शङ्खं निधिवरं कुर्याद्दक्षिणे तु विशेषतः ॥५५॥

पद्मं निधिवरं कुर्याद्वामभागे तथैव च।
शङ्खं निधिवरं श्वेतं दण्डहस्तसमन्वितम् ॥५६॥

पद्मं निधिवरं रक्तं किञ्चिद्रूक्षमुखान्वितम्।
सत्यमूर्तिं समुद्दिश्य द्वारपालौ प्रकल्पयेत् ॥५७॥

द्वारस्य पश्चिमे भागे शङ्खचूडञ्च कारयेत्।
द्वारस्य पूर्वभागे तु चक्रचूडञ्च कारयेत् ॥५८॥

श्वेताभं शङ्खचूडञ्च रक्ताभं चक्रचूडिनम्।
इत्येवं सत्यमुद्दिश्य द्वारपालौ प्रकल्पयेत् ॥४९॥

द्वारस्य चोत्तरे पार्श्वे शङ्ख निधिवरं चरेत्।
पद्मं निधिवरञ्चैव दक्षिणे सम्प्रकल्पयेत् ॥६०॥

एवमच्युतमुद्दिश्य द्वारपालौ प्रकल्पयेत्।
द्वारस्य पूर्वभागे तु शङ्खचूडं प्रकल्पयेत् ॥६१॥

द्वारस्य पश्चिमे भागे चक्रचूडञ्च कारयेत्।
अनिरुद्धं समुद्दिश्य निश्चितौ द्वारपालकौ ॥६२॥

आदिमूर्त्यादिमूर्तीना एवं स्युः द्वारपालकाः।
यथायोगं प्रकुर्वीत प्रतिद्वारन्तु पालकौ॥'३॥

किञ्चिदद्वारं समीक्ष्यैव किञ्चिद्रूक्षमुखान्वितौ।
उद्देशकरसंयुक्तौ दण्डहस्तसमन्वितौ ॥६४॥

बिम्बं भित्त्याश्रितं कुर्यादुत्त्मं परिचक्षते।
आलेख्यं वापि कर्तव्यं शक्त्या वै द्वारपालयोः ॥६५॥

पञ्चमूर्तिप्रतिष्ठाप्रयोगः-यागशाला

अतः परं प्रवक्ष्यामि स्थापनाक्रममुत्तमम्।
पूर्वोक्तेनैव मार्गेण दिनं सम्यक् प्रगृह्य च ॥६६॥

तस्मात्तु दिवसात्पूर्वं नवमे वाऽथ सप्तमे।
पञ्चमेऽहनि वा कुर्याद्विधिना चाङ्कुरार्पणम् ॥६७॥

अङ्कुरानर्पयित्वैव कार्यान्तरमथाऽरभेत्।
आलयस्यैव पुरतः यागशालां प्रकल्पयेत् ॥६८॥

ऊर्ध्वं तलं समुद्दिश्य पुरतः परिकल्पयेत्।
द्वादशस्तम्भसंयुक्तां चतुरश्रां समन्ततः ॥६९॥

स्तम्भान्तरं चतुर्हस्तं हस्तमानं तलोच्छ्रयम्।
एवं कूटं प्रकल्प्यैव प्रपां वपि च कारयेत् ॥७०॥

नृत्तशाला यदि स्याच्चेत्तत्र यागं प्रकल्पयेत्।
तन्मध्ये स्थण्डिलं कुर्याच्चतुरश्रं विचक्षणं ॥७१॥

चतुर्दिशं चतुर्हस्तं हस्तमानं तलोच्छ्रयम्।
तन्मध्से देवदेवस्य शय्यास्थानं विनिर्दिशेत् ॥७२॥

शय्यास्थानस्य परिताश्चग्निकुण्डानि पूर्ववत्।
आहवनीयस्य पूर्वे तु श्वभ्रं कुर्याद्विचक्षणः ॥७३॥

श्वभ्रस्य परितः कुर्यात् यथालाभप्रमाणतः।
एवं स्थानं प्रकल्प्यैव तत्पूर्वे कारयेत्ततः ॥७४॥

द्वितीयतलमुद्दिश्य शालां तत्पूर्वतश्चरेत्।
तथा तृतीयस्य शालां तत्प्राच्यां परिकल्पयेत् ॥७५॥

एवं क्रमेण वै कुर्याद्यागशालां सुविस्तृताम्।

द्वितीयतलार्थयागशाला

द्वितीये तु तले यत्र नारसिंहस्तु स्थाप्यते ॥७६॥

तं नारसिंहमुद्दिश्य कुण्डानि प्रथमं चरेत्।
तत्प्राच्याञ्चैव पुरुषमूर्तिमुद्दिश्य कल्पयेत् ॥७७॥

द्वादशस्तम्भसंयुक्तां किञ्चित्प्रागायतां तथा।
स्तम्भान्तरं चतुर्हस्तं त्रिहस्तं वाऽपि कारयेत् ॥७८॥

एकहस्ततलोत्सेधं समं कुर्याद्विचक्षणः।
आहवनीयकुण्डस्य किञ्चित्पूर्वदिगाश्रितम् ॥७९॥

औपासनविधानेन कुर्यादाहवनीयकम्।
विहितः पुरुषस्य स्यादग्निराहवनीयकः ॥८०॥

तस्मात्सर्वप्रयत्नेन प्राच्यां कार्यः स पावकः।
प्राच्यामाहवनीयस्य कुर्यात् श्वभ्रं यथोदितम् ॥८१॥

श्वभ्रस्य पारितः कुर्यात्पक्तिञ्चापि यथोदितम्।
कुण्डस्य दक्षिणे पार्श्वे शयनं सम्प्रकल्पयेत् ॥८२॥

बिम्बाध्यर्धप्रमाणेन तालमात्रासमुन्नतम्।
इष्टकाभिर्मृदा वाऽपि शय्यास्थानं प्रकल्पयेत् ॥८३॥

एवं पुरुषमूर्तेस्तु यागशालां प्रकल्पयेत्।
दक्षिणे सत्यमूर्तेस्तु पूर्वोक्तेन विधानतः ॥८४॥

यागशालां प्रकल्प्यैव किञ्चिद्दक्षिणमायताम्।
दक्षिणाग्निञ्च तत्रैव पूर्ववत्कल्पयेद्बुधः ॥८५॥

तस्य दक्षिणभागे तु शय्यास्स्थानं प्रकल्पयेत्।
शय्यायाः दक्षिणे भागे स्नानश्वभ्रं प्रकल्पयेत् ॥८६॥

एवमेव प्रकुर्वीत उक्तमानेन वै गुरुः।
यागशालामच्युतस्य कल्पयेच्चैव पश्चिमे ॥८७॥

प्रागायतां तु कुर्वीत शालामेतां विचक्षणः।
पूर्वोक्तेनैव मानेन शालां निर्मापयेद्गुरुः ॥८८॥

मध्ये तु यागाशालायां वृत्तं कुण्डन्तु कारयेत्।
कुण्डस्य दक्षिणे पार्श्वे शयनं सम्प्रकल्पयेत् ॥८९॥

तस्य दक्षिणभागे तु श्वभ्रं कुर्याद्विचक्षणः।
अच्युतस्यैवमाकल्प्य यागशालामतः परम् ॥९०॥

शालामप्यनिरुद्धस्य कल्पयेदुत्तरे तथा।
पूर्वोक्तेनैव मानेन तलं पादञ्च कारयेत् ॥९१॥

मध्ये तु यागशालायाः त्रिकोणं कुण्डमाचरेत्।
कुण्डस्य दक्षिणे पार्श्वे शयनं सम्प्रकल्पयेत् ॥९२॥

द्वारमुत्तरतः कुर्यादनिरुद्धं समीक्ष्य वै।
कुण्डस्य चोत्तरे पार्श्वे श्वभ्रं सम्यक् प्रकल्पयेत्
॥९३॥

अनिरुद्धस्य विधिना शालामेवं प्रकल्पयेत्।
पूर्वदिग्यागशालायामलङ्कारांश्च पूर्ववत् ॥९४॥

आदिमूर्तेर्यागशालां चतुर्द्वारसमायुताम्।
चतुस्तोरणसंयुक्तां कल्पयेद्विधिना बुधः ॥९५॥

नारसिंहस्य शालाञ्च चतुर्द्वारसमायुताम्।
चतुस्तोरणसंयुक्तामादिमूर्तेरिवाचरेत् ॥९६॥

पुरुषस्य तु शालायाः द्वारं पूर्वे प्रकल्पयेत्।
कुर्यादश्वत्थतरुणा द्वारतोरणकादिकान् ॥९७॥

द्वारं दक्षिणतः कुर्यात्सत्ययागगृहस्य तु।
पैतृकेणैव तरुणा द्वारतोरणकल्पनम् ॥९८॥

अच्युतस्य तु शालाया द्वारः पश्चिमतो भवेत्।
क्षीरवृक्षेण कर्तव्यं तथा द्वारादिकं ततः ॥९९॥

अनिरुद्धस्य शालायाः द्वार उत्तरतो भवेत्।
वटवृक्षेण कुर्याच्च तत्रोक्तं द्वारतोरणम् ॥१००॥

तस्यैवोत्तरपार्श्वे तु वास्तुहोमञ्च कारयेत्।
वास्तुहोमार्थकार्याणि स्थलादीनि (?) च पूर्ववत्
॥१०१॥

प्रतिष्ठाप्रयोगक्रमः

अत ऊर्ध्वं प्रवक्ष्यामि प्रतिष्ठाविधिविस्तरम्।
नवबिम्बप्रतिष्ठा चेत् प्रथमन्त्वक्षिमोचनम् ॥१०२॥

पञ्चगव्याधिवासादीन् पूर्ववत्कारयेद्बुधः।
वास्तुाहेमञ्च पूर्वोक्ताविधिना चैव कारयेत् ॥१०३॥

पूर्वेद्युरेव कर्तव्यं रात्रौ यत्तत् प्रवक्ष्यते।
पुण्याहं वाचयित्वा तु आलयेषु पृथक् पृथक् ॥१०४॥

स्थानशुद्धिञ्च कृत्वा तु कुम्भपूजां समाचरेत्।
कुम्भांश्च षट् समादाय सम्यग्दग्धान् मनोहरान्॥१०५॥

पूर्वोक्तेन विधानेन कुम्भपूजां पृथक् चरेत्।
बालालयश्चेद्देवेशं प्रणम्यैवानुमान्य च ॥१०६॥

कुम्भान् संसाध्य यत्नेन सर्ववाद्यसमायुतम्।
चतुरस्त्रीनथ द्वौ वा एकं वाऽपि यथाविधि ॥१०७॥

उभाभ्यामपि हस्ताभ्यां गृह्णीयुः कलशान् पृथक्।
आदिमूर्तेस्तु कलशमादाय प्रथमं गुरुः ॥१०८॥

शिरसा धारयित्वा तु देवस्य पुरतो व्रजेत्।
देवं श्वभ्रे प्रतिष्ठाप्य कुम्भं दक्षिणतो न्यसेत् ॥१०९॥

पश्चादनुनयेत्कुभं पुरुषस्य ततो नयेत्।
अच्युतस्यानिरुद्धस्याध्वर्यवः कलशान् क्रमात् ॥११०॥

धामप्रदक्षिणं कृत्वा पठन्तः शाकुनान्मनून्।
न्यसेयुः स्थानमासाद्य देवांस्तांस्तान् यथाक्रमम् ॥१११॥

न्यसेयुः दक्षिणे पार्श्वे कुम्भान् श्वभ्रेषु वै क्रमात्।
यजमानो गुरुश्चैव वरयेदृत्विजश्शुचीन् ॥११२॥

स्नातान् स्नानविधानेन स्थितान् सर्वान् विधानतः।
वस्त्रयुग्मेन शुद्धन कुण्डलाभ्यां विशेषतः ॥११३॥

अङ्गुलीयकसन्तत्या हेमामालाभिरेव च।
यजमानो गुरुं भक्त्या पूजयेच्च विधानतः ॥११४॥

पादौ प्रक्षाल्य चाचम्य गुरुरानम्य भास्करम्।
आदिमूर्तेर्यागशालां प्रविशेत्प्रथमं शुचिः ॥११५॥

आघारं विधिवत्कृत्वा मथितेनैव वह्निना।
अग्निप्रणयनं कुर्याद्गार्हपत्ये यथाविधि ॥११६॥

सभ्यादिषु तथा कृत्वा चतुर्दिक्षु यथाक्रमम्।
शालासु पुरुषादीनामग्निसाधनमाचरेत् ॥११७॥

आघारं विधिवत्कृत्वा हुनेदन्ते च वैष्णवम्।
पञ्चगव्यादिसहितान् द्वादशैव यथाक्रमम् ॥११८॥

उपस्नानसमायुक्तान् स्थापयेत्कलशान् क्रमात्।
पूर्वोक्तेन विधानेन साधयित्वा विचक्षणः ॥११९॥

नारसिंहप्रतिष्ठा चेत्स्नापयेन्नारसिंहकम्।
पुरुषादीन् स्नापयेच्च क्रमात्कलशवारिभिः ॥१२०॥

पुरस्ताद्दण्डवेदिञ्च उत्तरादि समाचरेत्।
प्रागादि सत्यमूर्तेस्तु दक्षिणाद्यच्युतस्य तु ॥१२१॥

पश्चिमाद्यनिरुद्धस्य साधयेत् कलशान् पृथक्।
तत्तत्पृष्ठे न्यसेच्चैव उपस्नानोदकान् पृथक् ॥१२२॥

पूर्वोक्तेन विधानेन स्नपनं सम्यगाचरेत्।
विमृज्य पश्चात् प्लोतेन वस्त्रालङ्कारमाचरेत् ॥१२३॥

सर्वसामपि मूर्तीनां यथाशक्ति समाचरेत्।

शयनं सम्प्रकल्प्यैव पञ्चभिश्चाण्डजादिभिः ॥१२४॥

अलाभे त्वण्डजादीनां वस्त्रैश्शयनमास्तरेत्।
धान्योपरि चरेद्दिव्यं शयनं त्वण्डजादिभिः ॥१२५॥

उपधानद्वयं कुर्यात्पादयोमूर्ध्नि च क्रमात्।
शय्यामेवं प्रकल्प्येव प्रोक्षणैः प्रोक्ष्य मन्त्रवित् ॥१२६॥

'वेदाहमेत' मुच्चार्य देवांस्तत्र तु रोपयेत्।
पाद्यद्यर्घ्यान्तमभ्यर्च्य पूजयित्वा पृथक् पृथक् ॥१२७॥

मुखवासं निवेद्यैव पुण्याहं वायेत्क्रमात्।
'स्वस्तिदा' इति मन्त्रेण बद्ध्वा प्रतिसरं ततः।
'यद्वैष्णवं' समुच्चार्य शयने शाययेत्ततः ॥१२८॥

प्रतिसरः

उच्यते विस्तरेणात्र अयं प्रतिसरक्रमः।
स्वर्णादिपात्रे गृह्णीयादद्द्रोणमर्धमथापि वा ॥१२९॥

श्यामाकान् तण्डुलान्वापि यथाशक्ति प्रपूरितान्।
निष्कमात्रसुवर्णेन कुर्यात्प्रतिसरान् सदा ॥१३०॥

एकैकं यवविस्तारं तिलामात्रघनान्वितम्।
मणिबन्धायतं कुर्यात्तान् वा तन्तूंश्च तान्तवान् ॥१३१॥

नालिकेरोपरि न्यस्य पात्रे पूर्वोदिते ततः।
'शन्नो निधत्तां' मन्त्रेणाऽवाहयेच्छेषमादरात् ॥१३२॥

समभ्यर्च्य चतुर्मूर्तीः स्वस्तिसूक्तं जपेत्तथा।
'कृणुष्व पाज' सूक्तञ्च रक्षोघ्नांश्च जपेद्गुरुः ॥१३३॥

नारिकेलञ्च नैवेद्यं कदलीं मुखवासकम्।
निवेदयित्वा चानम्य घण्टानादञ्च कारयेत् ॥१३४॥

घोषयित्वा तु वाद्यादीन् कुर्यात्प्रतिसरोत्सवम्।
आचार्यो यजमानों वस्त्राभरणभूषितः ॥१३५॥

क्षौमवेष्टितमूर्धा च स्रग्गन्धाद्यैरलङ्कतः।
सग्रन्थिदर्भसंयुक्तं सताम्बूलं सतण्डुलम् ॥१३६॥

रक्षापात्रं समादायद शिष्यमूर्ध्नि विनिक्षिपेत्।
ऋत्विग्भिश्चेतरैस्सार्धं यजमानपुरस्सरम् ॥१३७॥

सर्वालङ्कारसंयुक्तः कुर्वन् धामप्रदक्षिणम्।
स्वस्तिवाचनपूर्वन्तु यागशालां समाविशेत् ॥१३८॥

पात्रं न्यसित्वा वेद्यान्तु यायात् देवस्य सन्निधिम्।
उपचारैस्समभ्यर्च्य देवेशायार्चकस्तदा ॥१३९॥

रक्षासूत्रं समादाय नारिकेलयुतं तदा।
देवस्य दक्षिणे हस्ते स्पर्शयेच्च ततः परम् ॥१४०॥

धृत्वा कराभ्याञ्चोभाभ्यां सूत्रामादाय देशिकः।
हस्ते देवस्य चाचार्यः बन्धेत्सूत्रमञ्जसा ॥१४१॥

'स्वस्तिदा' मन्त्रमुच्चार्य सूत्रबन्धः उदाहृतः।
'विष्णुस्त्वा'मिति मन्त्रेण देव्यौर्वै वामहस्तयोः ॥१४२॥

पूर्ववद्बन्धयेद्धीमान् भूत्वा सफलतण्डुलः।
आचार्यो दक्षिणे हस्ते धारयेत् एवमेव तम् ॥१४३॥

नारासिंहादिमूर्तीनां बन्धयेत्कौतुकं ततः।
नालिकेरं फलादीनि ताम्बूलञ्च निवेदयेत् ॥१४४॥

प्रतिसरबन्धकालः

प्रतिष्ठायां महाशान्त्यां ध्वजारोहे रथोत्सवे।
पवित्रारोपणे चैव प्लवे निश्यङ्कुरात्ततः ॥१४५॥

देवेशस्य च देव्योश्च वीशस्यामितचक्रयोः।
आचार्यस्यर्त्विजाञ्चैव रक्षाबन्धनमाचरेत् ॥१४६॥
कालोत्सवं वर्जयित्वा पवित्रोत्सवमेव च।
इतरेषूत्सवेषु स्याद्देव्योर्देवस्य चैव तु ॥१४७॥
रक्षाबन्धः सुविहितः पश्चाद्यागं समाचरेत्।

शयनम्

'यद्वैष्णवं' समुच्चार्य शयने शाययेद्धरिम् ॥१४८॥
तत्तन्नाम सुसंयोज्य शाययेत्पुरुषोत्तमम्।
प्राग्द्वारे प्राक्छिरः कुर्याद्यद्दिग्द्वारं ततः शिरः ॥१४९॥
उत्तराच्छादनं कुर्यात्कुम्भं तत्प्रमुखे न्यसेत्।

प्रधानहोमः-हौत्रम्

यजमानो गुरुश्चैव होतारमभिपूजयेत् ॥१५०॥
ततो हौत्रक्रमेणैव होता हौत्रं प्रशंसयेत्।
'आयात्वि' त्यादिनाऽन्ते वै विष्णोरावाहनं चरेत्
॥१५१॥
नारसिंहप्रतिष्ठा चेन्नारसिंहञ्च योजयेत्।
मूर्तीरावहयेन्नाम्ना शषिकादिसमायुताः ॥१५२॥
आदिमूर्त्यादि रुद्रान्तं दक्षिणप्रणिधौ जले।
धात्रादिभूतपर्यन्तान् उत्तरप्रणिधौ तथा ॥१५३॥
प्राच्यामाहवनीयस्य स्थित्वा वै पश्चिमामुखः।
होता पुरुषमुद्दिश्य हौत्रशंसनमाचरेत् ॥१५४॥
पुरुषं मूर्तिभिर्योज्य देवीभ्यां सहितं तथा।
मुनिभ्यां द्वारपालैश्च युक्तमावाहयेत्ततः ॥१५५॥

ततश्च दक्षिणे सत्यं पारिषद्यसमायुतम्।
होता हौत्रं समुच्चार्य आवाहनमथाचरेत् ॥१५६॥

मूर्तीनां पुरुषादीनां चतसृणां विशेषतः।
तद्देवीनामथाऽह्वानं दक्षिणप्रणिधौ भवेत् ॥१५७॥

इतरेषाञ्च देवानामुत्तरप्रणिधौ जले।
आवाहनक्रमेणैव जुष्टकारमथाचरेत् ॥१५८॥

जुष्टाकारञ्च कृत्वैवं तत्क्रमेणाहुतीर्यजेत्।
एवं कुर्याद्विधानेन मूर्त्यावाहनमादरात् ॥१५९॥

सभ्ये तु सर्वदेवत्यं जुहुयात्तु यथाक्रमम्।
पारमात्मिकमन्त्रांश्च जयादीन् जुहुयात्तथा ॥१६०॥

ईङ्कारादींश्च जुहुयादष्टाशीतिं तथा हुनेत्।
यद्देवादींश्च जुहुयात्सर्वदोषापनुत्तये ॥१६१॥

नारसिंह प्रतिष्ठा चेत्सभ्ये हुत्वा विचक्षणः।
'यो वा नृसिंह' इत्युक्त्वा अष्टाधिकशतं हुनेत्
॥१६२॥

व्याहृत्यन्तञ्च जुहुयान्नारसिंहमनुस्मरन्।
पुरुषं मूर्तिमुद्दिश्य पौरुषं सूक्तमेव च ॥१६३॥

हुनेदाहवनीये तु देवन्तु पुरुषं स्मरन्।
अष्टाधिकशतं होममन्ते व्याहृतिसंयुतम् ॥१६४॥

'सत्यस्सत्यस्थ' इत्युक्त्वा सत्यमुद्दिश्य हुयताम्।
अन्वाहर्योऽष्टाधिकशतमाहुतीस्संस्मरन् प्रभुम् ॥१६५॥

गार्हपत्ये च होतव्यमच्युतं मनसा स्मरन्।
विष्णुसूक्तं हुनेदष्टाविशतिं व्याहृतीस्ततः ॥१६६॥

आवसथ्ये च जुहुयादनिरुद्धं स्मरन् क्रमात्।

एकाक्षरादीन् जुहुयाच्छतमष्टोत्तरं ततः ॥१६७॥

यावत्सङ्ख्या आहुतयो हूयन्ते यत्र यत्र वै।
समिधस्तावतीस्तत्र पालाशीर्जुहुयात्सह ॥१६८॥

एवं हुत्वा तु तद्रात्रौ रात्रिशेषं नयेत्क्रमात्।

प्रभातकृत्यम्

पुनः प्रभाते धर्मात्मा यजमानयुतो गुरुः ॥१६९॥

ऋत्विजश्चैव ते सर्वे स्नात्वा स्नानविधानतः।
ब्रह्मयज्ञञ्च कृत्वा तु सूक्तानि च जपेत्क्रमात् ॥१७०॥

ततो देवालयं गत्वा चरेयुस्ते प्रदक्षिणम्।
यागशालाञ्च सम्प्राप्य अग्नि परिसमूह्य च ॥१७१॥

सभ्यादिषु च कुण्डेषु जुहुयाद्वैष्णवं ततः।
विष्णुसूक्तञ्च हुत्वा तु पौरुषं सूक्तमेव च ॥१७२॥

गर्भालयं प्रविश्याथ पूर्वोक्तेनैव मार्गतः।
रत्नन्यासञ्च कृत्वा तु आलयेषु पृथक् पृथक् ॥१७३॥

मुहूर्ते समनुप्राप्ते शय्यास्थानगतं हरिम्।
सम्प्राप्य शयितं देवं प्रणवेन प्रबोधयेत् ॥१७४॥

'उत्तिष्ठस्व महाबाहो ब्रह्माद्यैरभिवन्दित।
प्रजानां रक्षणार्थाय भवस्वेह जनार्दन' ॥१७५॥

एवमुक्त्वा तु देवेशमुत्थाप्य शयनाच्छनैः।
उत्थाप्यान्यास्तथा मूर्तीः तत्तत् स्थाने निवेश्य च
॥१७६॥

पाद्यादिना प्रपूज्यैव अर्घ्यान्तञ्च यथाक्रमम्।
वस्त्रादिभिरलङ्कत्य हेमपुष्पादिभिस्तथा ॥१७७॥

नानावर्णसमायुक्तपुष्पमालाभिरेव च।
धूपदीपादिसंयुक्तं छत्रपिञ्छादिसंयुतम् ॥१७८॥

सर्ववाद्यसमायुक्तं सर्वालङ्कारसंयुतम्।
आदिमूर्तिं तथाऽन्यांश्च देवानादाय वै क्रमात् ॥१७९॥

तांस्तान् कुम्भांश्च शिरसा तत्तन्मूर्तीश्च पूर्ववत्।
विचिन्तयन्तस्तान् देवान् प्रदक्षिणमथाचरेत् ॥१८०॥

तत्तदालयमावेश्य उत्तराभिमुखाः स्थिताः।
जपन्तः पौरुषं सूक्तं तत्तत्कुम्भं न्यसेत्क्रमात् ॥१८१॥

स्थापनम्

'प्रतिद्विष्णुः स्तवत' इति स्थापनञ्च समाचरेत्।
विष्णुसूक्तं जपन्नेव स्थापयेत्पुरुषादिकान् ॥१८२॥

पुरुषसूक्तञ्च तत्काले जपेत्पुनरनाकुलः।
ध्रुवसूक्तं जपित्वा तु पश्चान्यासं समाचरेत् ॥१८३॥

'सुवर्भुवर्भूरि' त्युक्त्वा देवदेवमनुस्मरन्।
मूर्ध्नि नाभौ पादयोश्च क्रमेणैव च संस्पृशेत् ॥१८४॥

अकारं हृदये न्यस्य प्रणवेन सुवेष्टयेत्।
पादयोरन्तरं यत्तु यकारं तत्र सुन्यसेत् ॥१८५॥

प्रतिष्ठा

कुम्भस्थां शक्तिमादाय कूर्चयुक्तेन वारिणा।
ध्रुवस्य दक्षिणे भागे स्थित्वा चैवोत्तरामुखः ॥१८६॥

पुरुषसूक्तं ततो जप्त्वा स्त्रावयेत्प्राण इत्युत।
मूर्ध्नि कूर्चेन संस्त्राव्य देवदेव विचिन्त्य च ॥१८७॥

निष्कलं सकले ध्यात्वा सकलीकरणं स्मरेत्।
एवमेव विधानेन नारसिंहं प्रकल्पयेत् ॥१८८॥

चतुर्णां पुरुषादीनामेवमावाहनं चरेत्।
देव्यौ मुनी पूजयौ च सहैवाऽवाहनं चरेत् ॥१८९॥

ध्रुवस्थां शक्तिमादाय कौतुके च समर्पयेत्।
विष्णुसूक्तञ्च जप्त्वा तु आवाहनमथाचरेत् ॥१९०॥

तत्र देव्यौ शिवादींश्च देवानन्यान् यथाक्रमम्।
धात्रादीनपि चावाह्य द्वारपालाश्च वै क्रमात् ॥१९१॥

श्रीभूताद्यक्षहन्तान्तान् देवानावाहयेत्तदा।

आश्रितालयेषु

इन्द्रादिलोकपालानामालयो यदि कल्प्यते ॥१९२॥

तदालयस्याभिमुखे कुण्डमौपासनं चरेत्।
कृत्वा विधिवदाघारं तत्तन्मन्त्रान् शतं जपेत् ॥१९३॥

सर्वेषां परिवाराणां भूतान्तञ्च यथाक्रमम्।
स्यादालयो यदि पृथक् तस्य च प्रमुखे पृथक्
॥१९४॥

कुंण्डमौपासनं कृत्वा आघारं विधिवच्चरेत्।
तत्तन्मन्त्रांश्च जुहुयात्प्रत्येकञ्चैकविंशतिम् ॥१९५॥

आवाहनञ्च कृत्वा तु तत्तन्मन्त्रमुदीरयन्।
एवमावाहंन कृत्वा पादौ प्रक्षाल्य चाचमेत् ॥१९६॥

अग्नीन् सर्वान् विसृज्यैव आदित्यं सम्प्रणम्य च।
सभ्याग्निं सम्प्रगृह्यैव नित्यहोमाय सन्न्यसेत् ॥१९७॥

देवालयं प्रविश्याथ पुण्याहं वाचयेत्ततः।
अर्चयित्वा यथान्यायं हविर्भिस्सन्निवेदयेत् ॥१९८॥

सर्वेभ्यः परिवारेभ्यो यथाशक्ति निवेदयेत्।
शान्तिहेतुकमन्नादि यथाशत्ति प्रदापयेत् ॥१९९॥

दक्षिणादिदानम्

ऋत्विजश्चैव विविधान् वस्त्राभरणकुण्डलैः।
पूजयेद्धनधान्याद्यैर्नमस्कुर्याच्च देववत् ॥२००॥

सुवर्णपशुभूम्यादीन् गुरवे दक्षिणां ददेत्।
तस्मिन्नहनि सायाह्ने घोषयेदुत्सवं क्रमात् ॥२०१॥

घोषयित्वा तु तत्काले मृदं पूर्ववदाहरेत्।
तद्दिने चादिमूर्तेस्तु उत्सवं कारयेद्बुधः ॥२०२॥
नारसिंहप्रतिष्ठा चेदुत्सवं तस्य कारयेत्।
मूर्तीनां पुरुषादीनां तद्रात्रौ स्नपनं चरेत् ॥२०३॥
पूर्वोक्तेनैव मार्गेण स्नपनञ्चैव कारयेत्।

फलश्रुतिः

एवं यः कुरुते भक्त्या सर्वलोकोपकारकम् ॥२०४॥

ग्रामशान्तिकरञ्चैव देवानामपि बृंहणम्।
क्षेत्राभिवृद्धिदञ्चैव सस्यानामभिवृद्धिदम् ॥२०५॥

स कृतार्थः पुण्यमूर्तिः लभते वैष्णवं पदम्।
क्षत्रियस्सर्वयत्नेन सदैवं कर्तुमर्हति ॥२०६॥

शत्रूणां निधनञ्चैव वीर्यवृद्धिञ्च विन्दति।
सन्ततीनां कुलस्यापि यानवाहनसन्ततेः ॥२०७॥

पत्नीभृत्यमनुष्याणां गवाञ्चर्द्धमवाप्नुयात्।
इह चैव सुखं भुक्त्वा सार्वभौमौ भविष्यति ॥२०८॥

तृतीयतलविषयः

तृतीये तु तले यत्र शयनं परिकल्पयते।
शयनोक्तक्रमेणैव सर्वं वै कारयेद्बुधः ॥२०९॥

स्थापनाय विधिं वक्ष्ये शृणुदध्वं मुनिसत्तमाः।
सर्वेषां स्थापनानाञ्च पूर्वोक्तं सर्वमाचरेत् ॥२१०॥

'यो वा त्रिमूर्ति' रित्युक्त्वा पौण्डरीके शतं हुनेत्।
हौत्रं प्रशंस्य तत्काले मूर्त्यावाहनमाचरेत् ॥२११॥

'अनन्तशयनञ्चोक्त्वा अनादिनिधनं तथा।
अमितमहिमानञ्च अत्यन्ताद्भुत'मेव च ॥२१२॥

'नागराजं सहस्त्रशीर्षमनन्तं शेष'मित्युत।
'श्रियं धृतिं पवित्रीञ्च प्रमोदायिनी'मिति क्रमात्
॥२१३॥

'हरिणीं पौष्णीं क्षोणीञ्च मही'मिति तथैव च।
'विरिञ्चि वरदञ्चैव ब्रह्माणं पद्मसम्भवम्' ॥२१४॥

'कौमोदकीं गदाञ्चैव भद्रां विष्णुप्रिया' मिति।
'शाङ्र्गञ्च कार्मुकञ्चेति चापं त्रिणत' मित्यपि
॥२१५॥

'असिञ्च नन्दकञ्चेति खड्गं विद्युन्निभं' तथा।
'सुदर्शनञ्च चक्रञ्च सहस्त्रविकचं तथा ॥२१६॥

'अनपायिन' मित्युक्त्वा चक्रञ्चैव समाह्वयेत्।
'पाञ्चजन्यं तथा शङ्खमम्बुजं विष्णुप्रियं' तथा ॥ २१७॥

'गरुडं पक्षिराजञ्च सुपर्णञ्च खगाधिपम्'।
'विष्वक्सेनं तथा शान्तं हरञ्चामित'मित्यापि ॥२१८॥

'चिरायुषं मार्कण्डेयं रौहिणेयमुदग्रिणम्'।
'महीं भूमिञ्च धरणीं मेदिनीं'मिति चैव हि ॥२१९॥

धात्रादीनाञ्च षण्णां वै नामान्युक्तानि पूर्ववत्।
'मणिकं महाबलञ्चैव विमलं द्वारपालकम्' ॥२२०॥

'सन्ध्यां प्रभावतीञ्चैव ज्योतिरूपां दृढव्रताम्'।
'तापसं सिद्धिराजञ्च सर्वदोषविवर्जितम्' ॥२२१॥

'सहस्राश्वमेधिन' ञ्चैव तापसञ्च समाह्वयेत्।
'वैखानसं तपोयुक्तं सिद्धिदं सर्वदर्शिनम्' ॥२२२॥

'श्रीभूतं श्वेतवर्णञ्च वैष्णवं मुखपालिनम्'।
न्यक्षादीनान्तु नामानि पूर्वोक्तानि समाचरेत् ॥२२३॥

इन्द्रादिलोकपालानां भूतान्तञ्च यथाक्रमम्।
आवाहनक्रमेणैव जुष्टाकरादिकं चरेत् ॥२२४॥

मधुकैटभवर्जञ्च शेषं पूर्वोक्तवच्चरेत्।
अर्चनौत्सवबिम्बे च स्नापने बिम्ब एव च।
तत्रतत्रोक्तविधिना सर्वं कुर्याद्विचक्षणः ॥२२५॥

देव्योः स्थापनकल्पः

अतःपरं प्रवक्ष्यामि देव्योर्वै स्थापनाविधिम्।
द्विविधो मार्ग उद्दिष्टस्सहैव पृथगेव च ॥२२६॥

स्थानके तु ध्रुवे तत्र देवीयुक्तन्तु कौतुकम्।
स्थितमेवाचरेत्तद्वदासीनञ्चासने चरेत् ॥२२७॥

देव्यौ संस्थापयेत्तत्र सह वा पृथगेव वा।
सहासने यथा देव्यौ किञ्चिद्देवं समीक्ष्य वै ॥२२८॥

स्थाप्येऽन्तरं देवदेव्योः भागं तालं यवद्वयम्।
पृथगासने तु ते स्यातां देवं सम्यक् समीक्ष्य वै ॥२२९॥

स्थानके तु ध्रुवे येन देव्यौ मार्गेण संस्थिते।
तेन मार्गेण वै कुर्याद्देव्यौ कौतुक एव च ॥२३०॥

स्थानके चासने वाऽपि ध्रुवे देवीविवर्जिते।
कौतुकं कारयेद्यत्नात् देवीभ्यां युक्तमेव तु ॥२३१॥

उत्तमं बिम्बपूजैव प्रोच्यते त्रिषु सन्धिषु।
बिम्बालाभेऽप्यशक्तौ वा कूर्चे चावाह्य चार्चयेत् ॥२३२॥

दक्षिणे चोत्तरे वापि पीठं कृत्वा त्रिवेदिकम्।
कौतुकार्थं व्यसित्वा तत्रैवार्चनमाचरेत् ॥२३३॥

सामृते हारते वाऽपि कौतुकं यत्र चोदितम्।
श्रीभूमिसहितं कुर्यादुत्तमोत्तममुच्यते ॥२३४॥

स्थापनक्रमः

जलाधिवासं कृत्वा तु देवीभ्याञ्च सहैव तु।
स्नापनार्थन्तु तत्रैव श्वभ्रं देवस्य पूर्ववत् ॥२३५॥

श्रीभूम्योश्च ततः श्वभ्रे दक्षिणोत्तरयोश्चरेत्।
देवस्य पुरतश्चैव पूर्ववत्कलशान् न्यसेत् ॥२३६॥

पवित्रीमुद्दिश्य पूर्वे तु सप्त वै कलशान् न्यसेत्।
मुहीमुद्दिश्य तत्पूर्वे कलशान् सप्त विन्यसेत् ॥२३७॥

पूर्वोक्तेन विधानेन स्नपनं सम्यगाचरेत्।
वस्त्राद्यैरप्यलङ्कत्य देवं देवीसमन्वितम् ॥२३८॥

सर्वालङ्कारसंयुक्तं देवं देवीसमन्वितम्।
सर्वावाद्यसमायुक्तं शयने देवमर्पयेत् ॥२३९॥

देव्यौ च शाययेत्पश्चात् दक्षिणोत्तरयोः क्रमात्।
पुण्याहं वाचयित्वा तु बध्नीयात्कौतुकं पृथक् ॥२४०॥

यथोक्तं स्थापनं पूर्वं देवदेवस्य तत्क्रमात्।
होमपूर्वं तत्क्रमेण सर्वं कुर्यात्प्रयत्नतः ॥२४१॥

पवित्र्यै दक्षिणाग्नेस्तु दक्षिणे तु विशेषतः।
कुण्डमौपासनं कृत्वा आघारं विधिवद्यजेत् ॥२४२॥

तस्य चैवोत्तरे पार्श्वे क्षोणीमुद्दिश्य यत्नतः।
कुण्डमौपासनं कृत्वा आघारं विधिवच्चरेत् ॥२४३॥

आघारान्ते तु जुहुयान्मनसा संस्मरन् श्रियम्।
'शं सा नियच्छ' त्विति च 'भूयाम' इति च ब्रुवन्
॥२४४॥

श्रीसूक्तेनापि जुहुयादेकविंशतिवारकम्।
(श्रीशताष्टकमन्त्रैश्च पद्मपत्रैर्हुनेत्ततः ॥२४५॥

भूशताष्टकमन्त्रैश्च बिल्वपत्रैः शताष्टकम्)
एवं हुत्वा महीं ध्यायन् महीसूक्तेन हूयताम् ॥२४६॥

एकविंशति कृत्वस्तु व्याहृत्यन्तं तथा हुनेत्।
मुहूर्ते समनुप्राप्ते कुम्भमादाय चात्वरः ॥२४७॥

देवदेवं समासाद्य देवीभ्यां सहितं ततः।
सर्वालङ्कारसहितं सर्ववाद्यसमायुतम् ॥२४८॥

देवेशं स्थापयेत् स्थाने विष्णुसूक्तं समुच्चरन्।
श्रीसूक्तमुच्चरन् पश्चात् स्थापयेच्च श्रियं बुधः ॥२४९॥

महीसूक्तं समुच्चार्य चोत्तरे स्थापयेन्महीम्।
देवीभ्यां सहितं देवमर्चयित्वा हविर्द्ददेत् ॥२५०॥

देव्योः पश्चात् स्थापनम्

अतःपरं प्रवक्ष्यामि देव्योस्संस्थापनाविधौ।
निमित्तान्तरमन्यञ्च प्रकारं तत्र कर्मणि ॥२५१॥

देवे संस्थापिते पूर्वं देवीभ्याञ्चैव वर्जिते।
पश्चात् देवीस्थापनेच्छा यदिकर्तुः प्रजायते ॥२५२॥

देव्यौ संस्थापयेदेव शास्त्रोक्तेतैव वर्त्मना।
देव्योस्तु बिम्बे निर्माय सर्वलक्षणसंयुते ॥२५३॥

ग्रामस्य यजमानस्य चानुकूले शुभे दिने।
स्थापयेदुक्तविधिना अङ्कुरार्पणमाचरेत् ॥२५४॥

प्रयोगक्रमः

आलयात्पुरतोवाऽपि दक्षिणे वा मनोरमे।
यागशालां प्रकुर्वीत दक्षिणोत्तरमायताम् ॥२५५॥

यथाविभावविस्तारमलङ्कारांश्च कारयेत्।
आदाय बिम्बे यत्नेन नववस्त्राद्यलङ्कते ॥२५६॥

कृत्वा जलाधिवासादीन् रक्षां सर्वत्र कारयेत्।
यागशालामध्यदेशे स्थण्डिलं कारयेद्बुधः ॥२५७॥

बिम्बाध्यर्धप्रमाणेन दक्षिणोत्तरमायतम्।
मध्ये विष्णोः दक्षिणे तु श्रियो देव्यास्तथोत्तरे ॥२५८॥

हरिण्याः स्थापनार्थन्तु पीठानि परिकल्पयेत्।
अब्जाग्निकुण्डमाग्नेय्यां पूर्ववत्कारयेद्धरेः ॥२५९॥

तस्य दक्षिणभागे तु कुण्डमौपासनं श्रियः।
तस्योत्तरे तथा मह्यास्तथैवौपासनं चरेत् ॥२६०॥

कुण्डानामुत्तरे चैषां कुण्डं श्रामणकं चरेत्।
पूर्वोक्तेनैव विधिना कुर्याच्छ्वभ्रादिकं तथा ॥२६१॥

पश्चाद्देव्यौ समादाय श्वभ्रयोः स्थापयेत्पृथक्।
शास्त्रोक्तेन विधानेन भूमियज्ञन्तु कारयेत् ॥२६२॥

पर्यग्निञ्चैव कृत्वा तु बिम्बपार्श्वे विशेषतः।
पुण्याहं वाचयित्वा तु प्रोक्षणैः प्रोक्षणं चरेत् ॥२६३॥

देवस्य पुरतः कुम्भपूजां पूर्ववदाचरेत्।
कुम्भं देवं क्रमान्नीत्वा श्वभ्रमध्ये तु विन्यसेत् ॥२६४॥

कुम्भञ्च दक्षिणे न्यस्येत् धान्यपीठे यमान्तरे।
पूर्वोक्तेन विधानेन कुण्डेष्वाघारमाचरेत् ॥२६५॥

आघारान्ते च जुहुयाद्वैष्णवञ्च पृथक् पृथक्।
पूर्वोक्तेनैव मार्गेण स्नपनं सम्यगाचरेत् ॥२६६॥

प्लोतेन विमृजेच्चैव वस्त्रामाल्यैश्च भूषयेत्।
अण्डजादीनि चास्तीर्य प्रकल्प्य शयनानि च ॥२६७॥

देवमारोप्य शयने पश्चाद्देव्यौ निवेशयेत्।
पुण्याहं वाचयित्वा तु बद्ध्वा प्रतिसरं ततः ॥२६८॥

शयने शाययेद्देवं देव्यौ पश्चात्तथा पृथक्।
उत्तराच्छादनं कुर्याद्वस्त्रैश्शुभ्रैरथाहतैः ॥२६९॥

अब्जाग्निकुण्डमासाद्य परिषिच्य च पावकम्।
जुहुयात्पौरुषं सूक्तं विष्णुसूक्तमतः परम् ॥२७०॥

'अतो देवादि' जुहुयात्तथा मन्त्रान् जयादिकान्।

श्रियाश्चौपासने कुण्डे तामुद्दिश्य हृदा स्मरन् ॥२७१॥

'शं सा नियच्छ'त्विति च 'भूयाम' इति च क्रमात्।
श्रीसूक्तेन समायुक्तं जुहुयात्पञ्चविंशतिम् ॥२७२॥

मह्याश्चौपासने कुण्डे महीसूक्तोदितक्रमात्।
मेदिन्यादीन् पञ्च मन्त्रान् जुहुयात्पञ्चविंशतिम् ॥२७३॥

(श्रीभूशताष्टकैर्मन्त्रैः जुहुयात्पद्मबिल्वकैः)।
प्रत्येकञ्च समिद्भिश्च घृताक्ताभिर्हुनेत् पृथक।
जुहुयान्मनसा ध्यायन् व्याहृत्यन्तं पृथक् पृथक्।
नृत्तैर्गीतैश्च वाद्यैश्च रात्रिशेषं व्यपोह्य च ॥२७४॥

प्रभाते चैव धर्मात्मा स्नात्वा स्नानविधानतः।
अग्नौ कार्याणि सर्वाणि कुर्यात्पूर्वोक्तमार्गतः ॥२७५॥

मुहूर्ते समनुप्राप्ते देवं देव्यौ प्रणम्य च।
निर्माल्यं संव्यपोह्यैव नूतनालङ्कतिं चरेत् ॥२७६॥

पाद्याद्यर्घ्यान्तमभ्यर्च्य सर्ववाद्यसमायुतम्।
सर्वालङ्कारसंयुक्तं शकुसूक्तसमन्वितम् ॥२७७॥

देवीभ्यां सहितं देवं नीत्वा धामप्रदक्षिणम्।
शनैश्शनैस्तथा गत्वा गर्भालयमुपाव्रजेत् ॥२७८॥

देवेशं ब्रह्मणः स्थापयित्वाऽथ मन्त्रवित्।
श्रीदेवीं दक्षिणे स्थाप्य उत्तरे च महीं बुधः ॥२७९॥

पूर्वोक्तेन विधानेन कुर्यादावहनं बुधः।
तत्तन्मन्त्रं समुच्चार्य न्यसेद्बीजाक्षरं बुधः ॥२८०॥

(ध्रुवबेरात्समादाय पूवोक्तविधिना ततः।)
आराध्य देवं देवेशंदेवीभ्यां सहितं ततः ॥२८१॥

हवस्सिम्यड्निवेद्यैव देवेशं प्रणमेद्बुधः।

देव्योर्विवाहः

अथेच्छन् यजमानस्तु प्रतिष्ठान्तु समाप्य वै ॥२८२॥
'ममेयं दुहिता श्रीश्च मही चान्या सुते'ति च।
ध्यायन् शुद्धेन मनसा बन्धुभिस्सहितः शुचिः ॥२८३॥

आनीय देव्यौ देवञ्च स्वगृहं भक्तिसंयुतः।
राजवत्पूजयेत्तत्र मधुपर्कादिभिर्हरिम् ॥२८४॥

अग्निशालामलङ्कृत्य विवाहोचितवर्त्मना।
आघारं विधिवत्कृत्वा वैखानसविधानतः ॥२८५॥

विवाहोक्तक्रमेणैव कन्यादानादिकं चरेत्।
मां वा पयोनिधिं वाऽपि कर्ताऽऽत्मानं विचिन्तयेत्
॥२८६॥

श्रीदेवीं कन्याकां दद्यात् वराय हरयेददत्।
हरिण्या दानसमये भावयेत्कश्यपं स्वयम् ॥२८७॥

प्रादुर्भावेषु चान्येषु तत्कालपितरं स्वयम्।
सञ्चिन्त्य कन्यकादानं कुर्याद्भक्त्या यथा पिता॥२८८॥

राजालङ्कारमार्गेण पूजयेच्च पुनः क्रमात्।
आचार्यदक्षिणां दद्यात् तथाऽन्यांश्च पदार्थिनः ॥१८९॥

भक्तानपि च सम्पूज्य यथाविभवविस्तरम्।
वैवाहिकं समाप्यैव प्रभूतञ्च निवेदयेत् ॥२९०॥

ध्रुवसन्दर्शनाद्यास्तु नेष्यन्ते तु क्रिया हरेः।
विस्तरस्तु विशेषण द्रष्टव्यस्संहितान्तरे ॥२९१॥

ग्रामं प्रदक्षिणं नीत्वा सर्वालङ्कारसंयुतम्।
स्वस्थाने देवतागारे देवं देव्यौ च नाययेत् ॥२९२॥

संस्थापयित्वाऽर्चयेच्च विग्रहैर्विविधैर्गुरुः।
एवं यः कुरुते भक्त्या श्रीभूम्योः पुरुषस्य वै॥२९३॥

पाणिग्राहोत्सवं तस्मिन् ग्रामे शान्तिर्भविष्यति।
वेदानां बृहणञ्चैव धनधान्योपबृंहणम् ॥२९४॥

सर्वसम्पत्समृद्धिस्स्यात्सदा तद्ग्रामवासिनाम्।
मोदते यजमानश्च इहलोके परत्र च ॥२९५॥

तस्मात्सर्वप्रयत्नेन कुर्याद्वैवाह्यमुत्तमम्।
योगभोगादिभेदेषु व्यत्ययोऽपीष्यते क्वचित् ॥२९६॥

ध्रुवे तु योगमाग्रेण प्रतिष्ठाप्य यदर्चिते।
पश्चाद्देव्यौ प्रतिष्ठाप्य भोगमार्गः प्रशस्यते ॥२९७॥

(Chapter 18)

***

(3)

Daily Worship Rituals

नित्यार्चनक्रमः

ऋषय ऊचुः–

नमस्ते भगवन् ब्रह्मन् नमस्ते ब्रह्मणः सुत!।
त्वत्प्रसादाच्छ्रूतो विष्णोरस्माभिः स्थापनाक्रमः।
कौतुकस्यौत्सवस्यापि तथाऽर्चायाः विशेषतः ॥१॥

भेदान् नवविधांश्चैव लोहसंस्कारमेव च।
नित्यार्चनक्रमञ्चैव श्रोतुमिच्छामहे वयम् ॥२॥

कौतुकादिव्यवस्थाप्रकारः

भृगुरुवाच–

युष्माभिश्चोदितं सर्वं प्रवक्ष्यामि तपोधनाः।
एकस्मिंस्तु विमाने वै बेराणि त्रीणि कल्पयेत् ॥३॥

अशक्तौ द्वे तथैकं वा यथाशक्ति प्रकल्पयेत्।
कौतुकञ्चौत्सवार्चा त्रिविधं बिम्बमुच्यते ॥४॥

कौतुकं ब्रह्मणः स्थाने विधिना स्थापयेद्बुधः।
तस्यैवोत्तरतः पार्श्वे औत्सवं स्थापयेत्तथा ॥५॥

दक्षिणे कौतुकस्यात्र किञ्चित्पूर्वं समाश्रिते।
स्थापयित्वा तथैवार्चां नित्यपूजां समाचरेत् ॥६॥

कुर्यात्कौतुकबिम्बे वै नित्यपूजां यथाक्रमम्।
औत्सवे च तथा बिम्बे काम्यकर्माणि कारयेत् ॥७॥

कर्म नैमित्तिकं यत्तदर्चायां कारयेद्बुधः।
अयने विषुवे चैव ग्रहणे चन्द्रसूर्ययोः ॥८॥

पुण्यकालं समीक्ष्यैव तत्कालात्पूर्वमाचरेत्।
यजमानस्य जन्मर्क्षे राज्ञो जन्मदिने तथा ॥९॥

अन्यस्मिन् पुण्यनक्षत्रे विष्णुपञ्चदिनेषु च।
कर्मोद्दिष्टं काम्यमुक्तं कालो मध्याह्न उच्यते ॥१०॥

ऐकाहिकोत्सवोक्तेन मार्गेणोत्सवमाचरेत्।
ग्रामं प्रदक्षिणं कृत्वा तीर्थस्थानं प्रविश्य च ॥११॥

उत्सवोक्तप्रकारेण तीर्थस्नानं समाचरेत्।
प श्चाद्ग्रामं परीत्यैव देवालयमुपाव्रजेत्। ॥१२॥

स्नपनोक्तेन मार्गेण स्नापयेत्पुरुषोत्तमम्।
प्रभूतञ्च निवेद्यैव स्वस्थाने स्थाप्य पूजयेत् ॥१३॥

अथ नैमित्तिकं कुर्याद्दुर्भिक्षे व्याधिजे भये।
अद्भतोत्पादनादौ च तत्तद्दोषोपशान्तये ॥१४॥

उत्सवस्नपनादीनि अर्चायां सम्यगाचरेत।
विहीने चौत्सवेऽर्चायां कौतुके सर्वमाचरेत् ॥१५॥

(हीनमौतसवबैरञ्चेदर्चायामुत्सवं चरेत्
हीने च स्नापने बेरे औत्सवे स्नपनं चरेत्)
अत ऊर्ध्वं प्रवक्ष्यामि अर्चानिर्वहणे क्रमम्।
साकारञ्च निराकारं भवत्याराधनं द्विधा ॥१६॥

प्रतिमाराधन श्रेष्ठं साकारमभिधीयते।
स्थण्डिले सलिले वापि हृदये सूर्यमण्डले ॥१७॥

आराधनं निराकारं तयोस्साकारमुत्तमम्।
संस्कारान् अर्पणीयानि द्रव्याणि विविधानि च ॥१८॥

सङ्कल्प्य मनसा दद्यात् निराकारार्चनं हरेः।
.... ॥१९॥

सकलार्चनम्

संसाराश्रमनिष्ठानां पुरुषाणां विजानताम्।
इह चामुत्र च हितं यथेष्टफलदायकम् ॥२०॥

सकलं सर्वसम्पूर्ण साकारमभिधीयते।
चक्षुषोः प्रीतिजननं मनसो हृदयस्य च ॥२१॥

यथोपयोगशक्यत्वात्कर्तुं पूजां सुमादिभिः।
अभीक्ष्णदर्शनौचित्यात् सौलभ्येन विशेषतः ॥२२॥

विशषभक्तिहेतुत्वात् प्रतिमाराधनं वरम्।
तस्मात्कृत्वाऽऽलयं सम्यक् भक्त्या पूर्वोक्तवर्त्मना ॥२३॥

उक्तेनैव विधानेन कारयेत्प्रतिमां शुभाम्।
स्थापयेच्च विधानेन कारयेन्नित्यमर्चनम् ॥२४॥

यजमानो गुरुश्चैव पूजनार्थञ्च पूजकान्।
द्वावेकं चतुरस्त्रीन्वा यथाविभवमाहरेत् ॥२५॥

पूर्वोक्तगुणसम्पन्नानुक्तदोषविवर्जितान्।
वैखानसान्समाहूय यजमानो नियोजयेत् ॥२६॥

वृत्तिकल्पनम्

देवस्य देव्योः परिषद्देवानाञ्च पृथक् पृथक्।
कल्पयेच्छाश्वतीं वृत्तिं पूजानिर्वहणाय वै ॥२७॥

हविषामर्थमेतावद्बल्यर्थमिदमित्युत।
देव्योश्च परिवाराणामेतावांश्चरुसङ्ग्रहः ॥२८॥

धूपद्रव्यस्य चैतावदेतावान् गन्धसंग्रहः।
दीपतैलार्थमेतावदुपस्करविधाविदम् ॥२९॥

पूजकानामथैतावद्भरणाय समन्ततः।
प्रायश्चित्तार्थमेतावदेतावद्विप्रभुक्तये ॥३०॥

एतावद्वर्षपूजार्थं वादित्राद्यर्थमेव च।
गायकाद्यर्थमेतावत् दासदासीगणस्य च ॥३१॥

स्नपनार्थमथैतावत् विशेषर्चार्थमेव च।
नवीकरणकर्मार्थमेतावदिति वै पृथक् ॥३२॥

विभज्य धनमात्मीयं त्रिधा भागद्वयं ततः।
भागद्वयं कुटुम्बर्थं दत्वा शिष्टैकभागकम् ॥३३॥

धर्मार्थं कल्पयित्वा तु दद्याद्देवाय भक्तितः।
भूमिभोगेन पूर्वेषामुक्तानां कल्पनं चरेत् ॥३४॥

क्लेशयुक्तान् नरान् दृष्ट्वा न रमेत्कालनेमिहा।
स भृत्यान् किं पुनर्दृष्ट्वा अन्यरङ्गान् क्रियावतः ॥३५॥

तस्मात्सर्वप्रयत्नेन चाक्लिष्टं सर्वमाचरेत्।
अक्लेशेनैव जीवेयुर्यया सर्वे पदार्थिनः ॥३६॥

अर्चके क्लेशयुक्ते च तथैव परिचारके।
तद्ग्रामो यजमानश्च क्लेशयुत्तस्सदा भवेत् ॥३७॥

अर्चककृत्यानि

अर्चकस्सुप्रसन्नात्मा मन्त्रतन्त्रपरायणः।
ब्राह्मे मूहूर्ते चोत्थाय स्नात्वा स्नानविधानतः ॥३८॥

ब्रह्मयज्ञादिकं कृत्वा आत्मसूक्तं जपेत्क्रमात्।
वेदादीन्वा पठेद्विद्वान् देवेशं मनसा स्मरेत् ॥३९॥

आलयप्रवेशः

'प्रतिद्विष्णुस्स्तवत' इति प्रविशेद्देवमन्दिरम्।
'अतो देवादि'कं जप्त्वा कुर्यात्सद्मप्रदक्षिणम् ॥४०॥

'विमानं प्रपद्य' इत्युक्त्वा विमानं प्रणमेत्ततः।
'मणिकं प्रपद्य' इत्युक्त्वा मणिकं सम्प्रणम्य च ॥४१॥

'निरस्तं रक्ष' इत्युक्त्वा यन्त्रिकां समुपाहरेत्।
कवाटे चैव संयोज्य 'हिरण्यपाणि' मुदीरयन् ॥४२॥

'दिवं विवृणो' त्वित्युक्त्वा कवाटोद्घाटनं चरेत्।
ततोऽभ्यन्तरं प्रविष्य 'अतो देवादि' मुच्चरन् ॥४३॥

मुखं समीक्ष्य देवस्य प्रणम्यैवानुमान्य च।
त्रिः सम्प्रहार्य पाणिभ्यां 'शाम्यन्त्वि' ति समुच्चरन् ॥४४॥

'भगवतो बलेन' मन्त्रेण प्रणमेद्देवमादरात्।
शिष्यमाहूय तत्काले तोयार्थञ्च नियोजयेत् ॥४५॥

परिचारककृत्यम्

'दुहतां दिव' मित्युक्त्वा घटमादाय सोऽपि च।
बाह्वोश्शिरसि वा न्यस्य आहर्तुमुदकं व्रजेत् ॥४६॥

नदीं तटाकं कूपं वा यथालाभं तथा व्रजेत्।
पूर्वालाभे परं गत्वा तोयमादाय चात्वरः ॥४७॥

पिधाय वस्त्रखण्डेन कलशस्य मुखं ततः।
'आद्यमभिगृह्णा'मिति कुम्भं तोयेन पूरयेत् ॥४८॥

पूर्ववन्मूर्ध्नि बाह्वोर्वा कलशं सन्न्यसेत्क्रमात्।
सर्वालङ्कारसंयुक्तं वाद्यघोषसमायुतम् ॥४९॥

देवालयं शनैर्गत्वा प्रदक्षिणमथाचरेत्।
किञ्चदैशान्यमाश्रित्य उत्तरे वा मनोरमे ॥५०॥

'अन्तरस्मिन्निमे' त्युक्त्वा ब्रह्माणमभिवाद्य च।
'सोमं राजान' मित्युक्त्वा तोयकुम्भं सुसन्यसेत् ॥५१॥

'धारासु सप्त'स्वित्युक्त्वा अपामुत्पवनं चरेत्।
'इदमापशिशवा' इति तोयं तमभिमन्त्रयेत् ॥५२॥

मार्जन्या मार्जनं कुर्या'दवधूतं' समुच्चरन्।
'आमा वाजस्य' मन्त्रेण पात्राणि परिशोधयेत् ॥५३॥

पात्रशुद्धि

सौवर्णं राजतं ताम्रं कांस्य मृण्मयमेव वा।
पात्रं तोयैः पञ्चगव्यैः पूरयित्वा यथोदितम् ॥५४॥

'आशासु सप्त'सिव्त्युक्त्वा कुर्चयुक्तेन पाणिना।
प्रोक्षयेत्सर्वसम्भारान् बाह्यमाभ्यन्तरं क्रमात् ॥५५॥

निर्माल्यशोधनम्

'अहमेवेद'मित्युक्त्वा निर्माल्यं संव्यपोह्य च।
'पूतस्तस्ये' तिमन्त्रेण वेदिं प्रक्षाल्य वारिणा ॥५६॥

'तत्पुरुषाय मन्त्रेण' न्यसेत्पुष्पाणि पादयोः।
पादयोर्देवदेवस्य देव्योश्च विनयान्वितः ॥५७॥

देवेशस्य तु निर्माल्यमादाय प्रयतात्मवान्।
विष्वक्सेनं समासाद्य पूजयेत्तु यथाविधि ॥५८॥

निर्माल्यमन्यदेवानां शिष्य एव समाहरेत्।
आरामे तु विसृज्यैव पादप्रक्षालनं चरेत् ॥५९॥

(औत्सवादेस्तु निर्माल्यं प्रथमावरणे न्यसेत्।
'भक्तानां पापनाशार्थं ददामी'ति वदन् विधिः) ॥६०॥

स्नानासनम्

'भूः प्रपद्ये'ति देवेशं प्रणम्यैवानुमान्य च।
आलयादुत्तरे श्वभ्रे मण्डलान्युपलिप्य च ॥६१॥

अलङ्कारं यथाशक्ति कारयित्वा विचक्षणः।
पीठञ्च तत्र सन्न्यस्य सर्वोपकरणानि च ॥६२॥

अन्यान् यथेच्छं सम्भारान् यजमानेन सञ्चितान्।
सर्वांस्तत्र समानीय यथोक्तं स्नापयेद्बुधः ॥६३॥

'परं रंहे'ति मन्त्रेण देवमादाय चात्वरः।
'प्रतद्विष्णुस्स्तवत' इति स्नानपीठे निवेशयेत् ॥६४॥

दूर्वाक्षतसमायुक्तं तोयं चात्र समाहरेत्।
उभाभ्याञ्चैव हस्ताभ्यां बिम्बे त्वारोप्य भक्तिमान् ॥६५॥

पादादिमूर्धपर्यन्तमभिषिच्य पुनः पुनः।
'अन्नाद्याये'ति मन्त्रेण दन्तधावनमाचरेत् ॥६६॥

'इदं ब्रह्मे'ति जिह्वायाः शोधनं कारयेद्बुधः।
'यन्मे गर्भे'ति मन्त्रेण मुखप्रक्षालनं चरेत् ॥६७॥

दद्यादाचमनीयञ्च 'योगे योग' इति ब्रुवन्।
'विचक्रमे'ति मन्त्रेण मुखवासं ददेद्धरेः ॥६८॥

पुनराचमनीयञ्च दत्वा प्लोतेन सम्मृजेत्।
सर्वाङ्गञ्च विमृज्यैव सूक्ष्मवस्त्रेण मन्त्रवित् ॥६९॥

'तेजो व' इति वस्त्रेण सञ्छाद्याचमनं ददेत्।
'सोमस्ये' त्युत्तरीयञ्च दद्यान्मन्त्रेण मन्त्रवित् ॥७०॥

अलकाः शोधयेत्पश्चा' दतो देवादि' मन्त्रतः।
सुगन्धतैलमादाय हस्ताभ्यां मस्तके तथा ॥७१॥

कुर्यादभ्यञ्जनं चैव बन्धयेदलकांस्ततः।
मालालङ्करणं मूर्ध्नि 'तद्विष्णो' रुच्चरंश्चरेत् ॥७२॥

गात्रेषु विष्णुगायत्र्या तैलमालेपयेच्छनैः।
वीजयेत्तालवृन्तैश्च ब्रुवन् 'वायुप'रीति वै ॥७३॥

स्नानासनञ्च सङ्कल्प्य पुण्याहं पूर्ववच्चरेत्।
यथोक्तं स्नपनं कुर्यात्कलशैः पञ्चभिस्ततः ॥७४॥

वेदिं कृत्वा विधानेन व्रीहिभिर्वाऽथ तण्डुलैः।
कलशान् लोहजान् पञ्च क्षीराद्यैः परिपूर्य च ॥७५॥

गन्धपुष्पैरलंकृत्य कूर्चं न्यस्याक्षतांस्तथा।
नारिकेलं च सन्न्यस्य तेषु चावाहयेत्क्रमात् ॥७६॥

देवदेवं सुसम्पूज्य पाद्यञ्चामनं ददेत्।
'परिलिखितमि'ति मन्त्रेण आम्लेन परिशोधयेत् ॥७७॥

'वारीश्चतस्त्र' इत्युक्त्वा शोधयित्वाऽथ वारिणा।
'नमो वरुण' इत्युक्त्वा क्षीरणे स्नापयेद्धरिम् ॥७८॥

'भूरानिलय' इत्युक्त्वा स्नापयेद्गन्धवारिणा।
वस्त्रादिभिरलंकृत्य धूपदीपौ च दर्शयेत् ॥७९॥

फलादीनि निवेद्यैव कलशैः स्नापयेत्ततः।
स्वयं गत्वाऽऽसने स्थित्वा सङ्कल्प्याक्षतमर्पयेत् ॥८०॥

कुम्भं गृहीत्वा देवस्य सन्निधौ न्यस्य पूर्ववत्।
योगमार्गेण कूर्चेण पुण्याहकलशोदकैः ॥८१॥

मातृकां व्यापकञ्चैव स्थितिन्यासञ्च कारयेत्।
ध्यात्वा देवञ्चात्मसूक्तं जप्त्वा मन्त्रञ्च वैष्णवम् ॥८२॥

कुम्भोदकेनाभिषिच्य पूजयेत्पुरुषोत्तमम्।
पूर्वसन्न्यस्तपात्रस्थतण्डुलान् नारिकेलकम् ॥८३॥

युक्तनेत्राज्यवर्तिश्रीदीपमादाय मन्त्रवित्।
'शुभ्रा ज्योतिरि'ति प्रोच्य दीपे नीराजनाह्वयम् ॥८४॥

त्रिः परिभ्रामयित्वा तु देवेशाय प्रदर्शयेत्।
सहस्रधारां सौवर्णीं राजतीं वाऽथ ताम्रकान् ॥८५॥

तथाविधौ शङ्खपद्मनिधी आदाय पूजकाः।
सहस्रधारापात्रन्तु धृत्वा देवस्य मूर्धनि ॥८६॥

निधिभ्यां तीर्थमादाय शीतमुष्णमथापि वा।
कुङ्कुमैः घनसारैश्च मिश्रितं शुभवासितम् ॥८७॥

धारापात्रे चार्पयेयुः स्नापयेयुर्हरिं बुधाः।
चतुर्धा स्नपनं कृत्वा शुद्धोदैरभिषेचयेत् ॥८८॥

'मित्रस्सुपर्ण' इत्युक्त्वा प्रोतवस्त्रेण मार्जयेत्।
ततः कौतुकमादाय 'भूरसि भू'रिति ब्रुवन् ॥८९॥

जीवस्थाने प्रतिष्ठाप्य प्रणमेद्देवमव्ययम्।
अलङ्कारासनं दत्वा पाद्यमाचमनं ददेत् ॥९०॥

अलङ्कारासनम्

प्रणिधिञ्चाम्बुनाऽऽपूर्य कूर्चयुक्तं सहाक्षतम्।
ध्रुवस्थानन्तु गायत्र्या प्रोक्षयित्वा विचक्षणः ॥९१॥

'संयुक्तमेत' दित्युक्त्वा क्षिपेत्सम्बन्धकूर्चकम्।

ध्रुवपीठे पुष्पन्यासः

ध्रुवस्य पादयोर्मध्ये 'विष्णवे नम' इत्युत ॥९२॥

प्राच्यान्तु पुरुषायेति सत्यायेति च दक्षिणे।
पश्चिमे त्वच्युतायेति अनिरुद्धायेति चोत्तरे ॥९३॥

आग्नेये कपिलायेति यज्ञायेति च नैऋते।
नारायणाय वायव्ये पुण्यायेति तथैशके ॥९४॥

एवन्तु प्रथमे न्यस्य द्वितीयावरणे पुनः।
वाराहायेति पूर्वस्या नारसिंहाय दक्षिणे ॥९५॥

पश्चिमे वामनायेति त्रिविक्रमाय चोत्तरे।
आग्नेय्यान्तु सुभद्राय नैऋत्यामीशितात्मने ॥९६॥

सर्वोद्वहाय वायव्ये सर्वविद्येशाय ईशके।
एवं द्वितीये सन्न्यस्य तृतीये तदनन्तरम् ॥९७॥

इन्द्रादिलोकपालेभ्यस्तत्तद्दिक्षु च विन्यसेत्।
श्रियै धृत्यै पवित्र्यै च प्रमोदायिन्यै च विन्यसेत्
॥९८॥

हरिण्यै पौष्ण्यै क्षौण्यै च मह्यै चोभयपार्श्वयोः।
एवं ध्रुवे च सन्न्यस्य न्यसेत्कौतुकपादयोः ॥९९॥

कौतुकपीठे पुष्पन्यासः-विशेषश्च

(सुभद्रादिभ्योष्टभ्यः पीठस्य परितोऽर्चनम्)

एवं स्थानक उद्दिष्टमासने तु प्रवक्ष्यते।
प्रसारितस्य पादस्य परितः सन्यसेद्बुधः ॥१००॥

शयने पादपार्श्वे तु अधस्ताच्छयनान्यसेत्।
त्रिविक्रमे तु तत्रैव स्थिते पादे प्रकल्पयेत् ॥१०१॥

वाराहे पादपरितः कल्पयेदिति शासनम्।
पुष्पन्यासं तु कृत्वैवं पश्चादर्चनमारभेत् ॥१०२॥

पादमध्ये कौतुकस्य तथा प्रागादिषु न्यसेत्।
सुभद्रं हयात्मकं रामदेवं पुण्यदेवमेव च ॥१०३॥

सर्वं सुखावहञ्चेति संवहं सुवहं तथा।
'शिवं विश्वं तथा मित्रमत्रि'ञ्चेति यथाक्रमम्।
पश्चिमाद्यर्चयेद्देवानर्चापीठे यथाक्रमम् ॥१०४॥

'सनत्कुमारं सनकं सनातनसनन्दनौ'।
वायव्याद्यर्चयेद्देवान् विदिक्षु च बहिर्मुखान् ॥१०५॥

इन्द्रादीन् लोकपालांश्च तृतीयावरणेऽर्चयेत्।
तथा देव्यौ पार्श्वयोश्च ध्रुवबेर इवार्चयेत् ॥१०६॥

दक्षिणे भित्तिमूले च ब्रह्माणमपि पूजयेत्।
उत्तरे भित्तिमूले च ईश्वरं पूजयेत्क्रमात् ॥१०७॥

माञ्च दक्षिणतोऽभ्यर्च्य वामे पुण्यं समर्चयेत्।
इलापुण्यौ यत्र चोक्तौ तत्र तौ तु समर्चयेत् ॥१०८॥

पश्चादर्घ्यान्तमभ्यर्च्य चतुर्मूर्तिविधानतः।
पूजयेद्द्वारदेवांश्च दक्षिणोत्तरयोः क्रमात् ॥१०९॥

परिषदर्चनम्-द्वारदेवाः

धातारमुत्तरास्यं विधातारं दक्षिणामुखम्।
भुवङ्गञ्चाप्यूर्ध्वमुखं पतङ्गचाप्यधोमुखम् ॥११०॥

पतिरञ्चोत्तरमुखं वरणं दक्षिणामुखम्।
पूर्वोक्तेन विधानेन चतुर्मूर्तिभिरर्चयेत् ॥१११॥

द्वारपालाः

द्वारे च प्रथमे देवं मणिकं दक्षिणेऽर्चयेत्।
किञ्चिदद्द्वारं समीक्ष्यैव चतुर्भिर्मूर्तिभिः स्थितम् ॥११२॥

द्वितीयद्वारपालौ तु तापसं सिद्धिदं तथा।
तापसं दक्षिणेऽभ्यर्च्य वामे सिद्धिदमर्चयेत् ॥११३॥

अथवा शङ्खचक्रे वा द्वितीयद्वारि कल्पयेत्।
द्वारं किञ्चित्समीक्ष्यैव अर्घ्यान्तं तौ समर्चयेत् ॥११४॥

अन्तराले न्यक्षः-लोकपालाः

अन्तरालादिषु न्यक्षमिन्द्रादींश्च समर्चयेत्।
तृतीयद्वारपालौ तु किष्किन्धं तीर्थमर्चयेत् ॥११५॥

सोपानमध्ये श्रीभूतं प्राङ्मुखं तु समर्चयेत्।
पश्चाद्गरुडमभ्यर्च्य देवेशाभिमुखं स्थितम् ॥११६॥

शान्तञ्चाप्यर्चयेत्पश्चात्सप्तविंशतिविग्रहैः।
एवमभ्यर्च्य यत्नेन स्वैस्स्वैर्मन्त्रैर्यथविधि ॥११७॥

तत्काले शिष्यामाहूय देवानन्यांश्च पूजयेत्।
अर्घ्यान्तं सर्वदेवान्वै पूजयित्वा विधानतः ॥११८॥

देवेशाभ्यर्चनं पश्चादारभेत विधानतः।

पात्रकल्पनम्-उपचारकल्पनादि

आदाय शङ्खांश्चतुरः शोधयित्वा तु वारिणा ॥११९॥

पूरयित्वा जलेनैव पुष्पगन्धाक्षतादिना।
धूपं दीपञ्चार्पयित्वा शङ्खांस्तान् कुर्चसंयुतान् ॥१२०॥

कौतुकस्य पुरस्ताद्वै अथ्धोवेद्यां न्यसेत्क्रमात्।
आवाहनार्थमेकन्तु शङ्खं वै दक्षिणे न्यसेत् ॥१२१॥

तस्यैवोत्तरतश्चैकं पाद्यार्थमपि सन्न्यसेत्।
पाद्यशङ्खस्योत्तरतः न्यसेदाचमनीयकम् ॥१२२॥

एतेषामुत्तरे शङ्खं स्नानार्थं परिकल्पयेत्।
एवं संस्थापयित्वा तु पश्चादर्घ्यञ्च साधयेत् ॥१२३॥

अर्घ्यद्रव्याणि

प्रथमं सिद्धार्थकञ्चैव द्वितीयञ्च कुशोदकम्।
तृतीयं तु तिलं प्रोक्तं चतुर्थं तण्डुलं तथा ॥१२४॥

पञ्चमं दधि षष्ठञ्च क्षीरं सप्तममक्षताः।
अष्टमं तोयमित्यष्टद्रव्यमर्घ्यमुदीरितम् ॥१२५॥

एतानि च समाहृत्य पात्रे सम्यक् समुत्क्षिपेत्।
'आ मा वाजस्य' मन्त्रेण अर्घ्यपात्राणि शोधयेत्
॥१२६॥

सोमं तत्र समभ्यर्च्य पुनस्तानि च शोधयेत्।
अर्घ्यद्रव्याणि चादाय गायत्र्या तत्र निक्षिपेत् ॥१२७॥

अभिघार्य घृतेनैव देवस्याभिमुखे न्यसेत्।
ततो द्रव्याणि चान्यानि पूजार्थण्याहरेद्बुधः ॥१२८॥

आवाहनविधिः

देवस्य दक्षिणे पार्श्वे ध्यानमाविश्य चात्वरः।
निवातस्थितनिष्कमप्रदीप इव निश्चलः ॥१२९॥

नयने नासिकाग्रे च सन्न्यस्य हृदये हरिम्।
आत्मसूक्तं जपेत्पश्चात् स्वर्भुवर्भूस्थ इत्यपि ॥१३०॥

मूर्धानं नाभिमङ्घ्री च क्रमाद्देवस्य संस्पृशेत्।
'यकारं' पादयोस्तद्व'दकारं' हृदये न्यसेत् ॥१३१॥

प्रणवेन वेष्टयित्वा तु विष्णु शक्ति विचिन्तयेत्।

'भूःप्रपद्य' इति प्रोक्त्वा देवदेवमनुस्मरन् ॥१३२॥

निष्कलं ध्यानयोगेन ध्यात्वा सकलमव्ययम्।
सङ्कल्प्य शक्तिं देवस्य प्रणिध्यां विनिवेशयेत्
॥१३३॥

पात्रस्थं शक्तियुक्तं तत्कूर्चेनादाय वै जलम्।
प्राणबुद्ध्या कौतुकस्य मूर्ध्नि संस्त्रावयेद्बुधः ॥१३४॥

विष्णुञ्च पुरुषं सत्यमच्युतञ्चानिरुद्धकम्।
पञ्चमूर्तीस्समावाह्य दक्षिणे श्रियमेव च ॥१३५॥

वामे महीं समावाह्य तत्तन्मूर्तीस्समर्चयेत्।

अर्चनक्रमः

'अस्त्वासनं' समुच्चार्य चासनं परिकल्पयेत् ॥१३६॥

'विश्वाधिकाना'मुच्चार्य स्वागतं सम्यगाचरेत्।
'मनोऽभिमन्ते' न्त्युक्त्वा तु देवेशमनुमान्य च।
'त्वं स्त्रीति' च समुच्चार्य पाद्यं तत्राभिमृश्य च
॥१३७॥

'इन्द्रोऽभिम' न्तेत्युच्चार्य पाद्यं दद्याच्छ्रियः पतेः।
'शन्नो देवीति' मन्त्रेण दद्यादाचमनं हरेः ॥१३८॥

'आपो हिष्ठे'ति पुरुषाय दद्यादाचमनीयकम्।
'इमास्सुमनस' इत्युक्त्वा पुष्पाणि च समर्पयेत् ॥१३९॥

'योगे योगे'ति सत्याय 'समाने' त्यच्युताय च।
'पवित्रन्ते'ऽनिरुद्धाय दद्यादाचमनीयकम् ॥१४०॥

'इमास्सुमनस' इत्युक्त्वा पुष्पं देवस्य दीयताम्।
पुष्पमालास्समादाय चालङ्कुर्यान्मनोरमम् ॥१४१॥

'इमे गन्धा' इति गन्धञ्च नाभेरूर्ध्वं प्रलेपयेत्।
'बृहस्पती'ति चोक्त्वा तु धूपं दद्याच्चतुर्दिशम् ॥१४२॥

'शुभ्राज्योतिरि'ति प्रोच्य दीपं देवस्य दर्शयेत्।
'अग्निरिन्द्र'दिना विद्वानर्घ्यं तत्रभिमर्शयेत् ॥१४३॥

'इन्द्रियाणी'ति मन्त्रेण विष्णवेऽर्घ्यं निवेदयेत्।
'हिरण्यगर्भ' इत्युक्त्वा पुरुषाय निवेदयेत् ॥१४४॥

'इदमापश्शिवे' त्युक्त्वा सत्यायार्घ्यं निवेदयेत्।
अच्युताय ततो दद्या 'त्तत्पुरुषाय' मन्त्रतः ॥१४५॥

'कयानश्चित्र' इत्युक्त्वा अनिरुद्धाय दीयताम्।
पूर्वमुक्तेन मन्त्रेण दद्यादाचमनीयकम् ॥१४६॥

'इषे त्वोर्जेत्वे'ति जपन् मन्त्रेण स्नानमाचरेत्।
कूर्चेन तोयमादाय प्रोक्षयेद्बिम्बमत्वरः ॥१४७॥

'मित्रस्सुपर्ण' इत्युक्त्वा प्लोतेन विमृजेत्ततः।
'तेजो वत्सव' इत्युक्त्वा वस्त्रं देवस्य दीयताम् ॥१४८॥

'सोमस्य तनूर' सीत्युक्त्वा उत्तरीयं ददेद्बुधः।
'भूतो भूतेष्वि'ति जपन् भूषणानि समर्पयेत् ॥१४९॥

पुनः पाद्यादिकं दत्वा मन्त्रैः पुर्वमुदीरितैः।
उपवीत'मग्निं दूते'ति दद्याद्देवस्य चादरात् ॥१५०॥

दीपान्तमर्चयित्वा तु देवमानम्य चादरात्।
एवं कौतुकमभ्यर्च्य पश्चादौत्सवमर्चयेत् ॥१५१॥

स्नापनं बलिबेरञ्च पश्चादभ्यर्चयेद्बुधः।

भोज्यासनम्

'अथावनीद' मन्त्रेण मण्डलान्युपलिप्य च ॥१५२॥

ततः पात्रं समादाय 'आ मा वाजस्य' चोच्चरन्।
तत्राऽदित्यं समभ्यर्च्य पुनः पात्राणि शोधयेत् ॥१५३॥

शोधयेच्च तथा नित्यं हविःपात्राणि मन्त्रतः।
अभिघार्य हविःपात्रं 'देवस्येति' समुच्चरन् ॥१५४॥

'अमृतोपस्तरण'मिति हवः प्रक्षिप्य चात्वरः।
सर्वोपदंशसंयुक्तं सफलं व्यञ्जनैर्युतम् ॥१५५॥

गुडखण्डसमायुक्तं मन्यै देवार्पणोचितैः।
भक्तियुक्तं गृहीत्वा तु तुलसीं तेषु निक्षिपेत् ॥१५६॥

अन्नसूक्तेनाभिमृश्य समाहितमनास्तदा।
'यत्ते सुसीम' इत्युक्त्वा घृतमास्राव्य कापिलम् ॥१५७॥

(अलाभे गव्यमन्यद्वा वर्जयित्वा च माहिषम्।
वर्ज्यमाजं माहिषं वा क्षीरं दद्ध्यादिकं तथा) ॥१५८॥

शुद्धदैः प्रोक्षयित्वा तु देवेशाय निवेदयेत्।
'सुभूस्स्वयं भू'रित्युक्त्वा विष्णवे स्यान्निवेदनम् ॥१५९॥

'हिरण्यगर्भ' इत्युक्त्वा पुरुषाय च पायसम्।
'इह पुष्टिं' समुच्चार्य सत्याय कृसरं ददेत् ॥१६०॥

'समा ववर्ती' त्युच्चार्य गौल्यञ्चैवाच्युताय च।
'त्रीणि पदे'ति चोच्चार्य अनिरुद्धाय यावकम् ॥१६१॥

एतान् मन्त्रांत्समुच्चार्य पञ्चमूर्तिनिवेदनम्।
देवीभ्याञ्च मुनिभ्याञ्च दद्यादेवं क्रमेण ह ॥१६२॥

होमः

ततश्चाग्निं परिस्तीर्य नित्यहोमं समाचरेत्।
विमानदक्षिणे क्लृप्ते यागशालासुरक्षितम् ॥१६३॥

सभ्यमौपासनं वाऽग्निमासाद्योज्जवाल्य मन्त्रतः।
गन्धपुष्पैरक्षताद्यैरलङ्कत्य विशेषतः ॥१६४॥

परिषिच्याद्भिग्श्नौ तु वैष्णवान्तं चरुं यजेत्।
आज्येन मुर्तिमन्त्रैस्तु देवेशाय तथा हुनेत् ॥१६५॥

देवीभ्याञ्चालयगतदेवेभ्योऽन्येभ्य एव च।
उपास्थायाग्निमादित्यञ्चालयं समुपाव्रजेत् ॥१६६॥

अतो देवादिना दद्यात् पानीयं हरये तदा।
शिष्यमाहूय तत्काले बलिमानय्य मन्त्रतः ॥१६७॥

बलिदानम्

पुष्पगन्धसमायुक्तं धूपदीपसमन्वितम्।
वाद्यध्वनिसमायुक्तं तीर्थयुक्तं गुरुर्व्रजेत् ॥१६८॥

पुरतः कूर्चयुक्तेनवारिणा बलिमर्पितुम्।
पश्चात् शिष्यो बलिं दद्याद्रूद्दिष्टेन वै यथा ॥१६९॥

बलिदाने क्रमः प्रोक्तो यस्तमाश्रित्य कारयेत्।
प्रथमद्वारपालेभ्यो मूर्तिमन्त्रैपक्रमेत् ॥१७०॥

पश्चाद्विमानापालेभ्यः तत्तद्दिश बलिं ददेत्।
इन्द्रादिलोकपालानां ततः पश्चात् बलिं क्षिपेत् ॥१७१॥

तोयं तद्वा तु प्रथमं दद्यात् पुष्पं ततः परम्।
गन्धं पश्चात् ततो धूपं दद्याद्दीपं ततः परम् ॥१७२॥

बलं पश्चात् क्षिपेत्तत्र दद्यात् तोयं ततः परम्।
बलिशेषं समादाय भूतपीठे विनिक्षिपेत् ॥१७३॥

पादौ प्रक्षाल्य चाचम्य प्रविशेद्देवमन्दिरम्।
भूतपीठादिपीठानि शिष्यस्तोयेन शोधयेत् ॥१७४॥

स्थलशुद्धिं कारयित्वा पश्चादाचमनं ददेत्।

मुखवासः

एलालवङ्गतक्कोलकर्पूराद्यैरनुत्तमैः ॥१७५॥

'घृतात्परीति' चोक्त्वा तु मुखवासं निवेदयेत्।
पञ्चप्रकारैः प्रणमेत् देवदेवं समीक्ष्य वै ॥१७६॥

उपचारार्पण यत्र घण्टानादं समाचरेत्।
नमस्कारश्च विहितः प्रतिद्रव्यं समर्पणे ॥१७७॥

अन्नबलिविधिः

पश्चादन्नबलेः कल्पः विशेषेण प्रवक्ष्यते।
बलिविध्युक्तमार्गेण नित्यं यात्राबलिं ददेत् ॥१७८॥

बलिपात्रं समादाय शोधयेच्छुद्धवारिणा।
बलिपात्रे शुचौ तस्मिन् समावाह्य न भास्करम्॥१७९॥

बल्यन्नं तत्र निक्षिप्य उक्तरूपं मनोहरम्।
देवस्य पुरतो न्यस्य तस्मिन् देवेशमर्चयेत् ॥१८०॥

शिष्यं सोपानगं स्थाप्य तत्रावाह्य खगाधिपम्।
गरुडध्यानसंयुक्तं 'बृहस्पति'रिति ब्रुवन् ॥१८१॥

बलिपात्रं समानय्य शिष्यस्य शिरसि न्यसेत्।
प्रदक्षिणं ततो गतवा आलयं परितः क्रमात् ॥१८२॥

मृदुवाद्यसमायुक्तं वेदध्वनिसमन्वितम्।
धूपदीपसमायुक्तं छत्रचामरसंयुतम् ॥१८३॥

मयूरव्यजनैश्चापि बर्हिपिच्छैः समायुतम्।
अन्यैर्यथालाभलब्धैः कुर्याद्धामप्रदक्षिणम् ॥१८४॥

गोपुरात्तु बहिर्गत्वा वेदध्वनिसमायुतम्।
सर्ववाद्यसमायुक्तं स्तोत्रध्वनिसमायुतम् ॥१८५॥

द्वितीयावरणेऽप्येवं तृतीयावरणे तथा।
प्रदक्षिणं शनैर्गत्वा भूतपीठं परीत्य च ॥१८६॥

ततोऽभ्यन्तरमाविश्य मृदुवाद्यसमन्वितम्।
वीशस्य पश्चिमे स्थित्वा देवमीक्षेत चादृतः ॥१८७॥

घटदीपं समानीय पाद्यमाचमनं ददेत्।
वेश्या तद्दीपमादाय सर्ववाद्यसमायुतम् ॥१८८॥

देवेशं त्रिः परिक्रम्य उपचारक्रमं चरेत्।
शिष्यो बल्यग्रमादाय विष्वक्सेनाय दापयेत् ॥१८९॥

बलिं शिष्टं समादाय भूतपीठे च निक्षिपेत्।
पादौ प्रक्षाल्य चाचम्य देवागारं विशेद्गुरुः ॥१९०॥

देवस्याभिमुखे स्थित्वा पूजकः सम्प्रणम्य च।
जपेत्पुरुषसूक्तञ्च विष्णुसूक्तमथापि वा ॥१९१॥

'अतो देवादि' मन्त्रान्वा द्वादशाक्षरमेव वा।
जप्त्वा तु देवं प्रणमेत्स्मरन् देवं मुहुर्मुहुः।
प्रातरेवं समभ्यर्च्य सूर्योपस्थानमाचरेत् ॥१९२॥

मध्याह्नार्चनम्

अत ऊर्ध्वं प्रवक्ष्यामि मध्याह्ने चार्चनं क्रमात्।
स्नात्वा स्नानविधानेन सूक्तानि च जपेत्क्रमात् ॥१९३॥

देवालयं शनैर्गत्वा प्रदक्षिणमथाऽचरेत्।

पूर्वोक्तेनैव मन्त्रेण कवाटोद्घाटनं चरेत् ॥१९४॥

अभ्यन्तरं प्रविष्यैव देवमानम्य पूर्ववत्।
शिष्यमाहूय तत्काले द्रव्याण्यपि च सम्भरेत् ॥१९५॥

पूर्वोक्तेन विधानेन पुष्पन्यासं समाचरेत्।
कौतुके च तथा कुर्याच्छिवादीनाञ्च पूजनम् ॥१९६॥
पाद्याद्यर्घ्यान्तमेवं स्यात् त्रिषु कालेषु पूजनम्।
उपर्युपरि पुष्पाणि त्रिषु कालेषु सन्न्यसेत् ॥१९७॥

अतीतेऽहनि रात्रौ च पुष्पं निर्माल्यतामियात्।
तस्मात्सदा प्रातरेव निर्माल्यपरिशोधनम् ॥१९८॥

मालानामितरेषाञ्च तत्तत्काले विसर्जनम्।
(उत्सवेष्वन्यकालेषु मालाश्चान्यास्समर्पयेत्)
धात्रादीनर्चयित्वा तु पाद्याद्यर्घ्यान्तमेव च ॥१९९॥

देवेदेवेशमाराध्य पाद्यद्यैश्च विधानतः।
पूर्वोक्तेन विधानेन हविर्भिस्सन्निवेदयेत् ॥२००॥
स्नानादीन् विग्रहान् हित्वा पूजनं दशभिस्त्रिभिः।

सायमर्चनम्

सायञ्चैव तथा कुर्यान्नित्यमेवन्तु पूजनम् ॥२०१॥

अर्धरात्रे तु पाद्यादि दत्वा दीपान्तमेव च।
पूर्वोक्तेन विधानेन हविर्भिस्सन्निवेदयेत् ॥२०२॥

ततश्चाचमनं दत्वा मुखवासं निवेदयेत्।
पूर्वोक्तेन क्रमेणैव द्वारसङ्घट्टनं चरेत् ॥२०३॥

(Chapter 20)

****

VII

The following excerpts are from another important *Vaikhānasāgama* text, Atri's *Samūrtārcanādhikaraṇa* (edited by Raghunātha Chakravarti, T.T.D., Tirupati, (1943), and they deal with the characteristics of the worshipful icons and matters relating to the rituals of worship of Fires.

(1)
KAUTUKA IMAGE

अथातः कौतुकादीनां लक्षणं संप्रवक्ष्यते।
अर्चा च कौतुकं प्राणो वर एकार्थवाचकाः ॥१॥

अर्च्यत्वाज्जलपुष्पाद्यैः कीर्तितार्चेति सूरिभिः।
सर्वमङ्लकारित्वात्कौतुकं ह्यभिधीयते ॥२॥

सर्वेषां प्राणभूतत्वात् प्राण इत्युच्यते बुधैः।
श्रीभूदेव्योर्वरत्वाच्च वर इत्यपि कीर्तितः ॥३॥

कौतुकं स्नापनं बिम्बमौत्सवं त्रीणि कारयेत्।
दारुः शिला च ताम्रं च रजतं रुक्ममित्यपि ॥४॥

उक्तानि कौतुकादीनां द्रव्याणीमानि पञ्च च।
दारवाच्छैलजं श्रेष्ठं शैलजात्तम्रजं वरम् ॥५॥

ताम्रजाद्राजतं श्रेष्ठं रजताद्रुक्मजं वरम्।
दारवाच्छैलजार्चायाः फलं शतगुणं भवेत् ॥६॥

शैलजात्ताम्रजे बिम्बे सहस्त्रमधिकं फलम्।

ताम्रजाद्राजते बिम्बे त्वयुतं फलमुच्यते ॥७॥

राजताद्रुक्मजार्चायामनन्तं कथ्यते फलम्।
रुक्माभो रुक्मगर्भश्च देवो रुक्ममयो हरिः ॥८॥

सर्वस्य साधनं तस्मात्प्रियं चाप्यविनाशि तत्।
बहुना किं प्रलापेन रुक्मं विष्णुरिति स्मृतम् ॥९॥

अयसा त्रपुणा कांस्यरीतिकासीसकैर्बुधः।
न कुर्याद्दिवतारूपं कुर्याच्चेदाभिचारिकम् ॥१०॥

चक्रादीनयसा वापि कारयेदायुधान् बुधः।
ध्रुवबेरस्य मानं यत् त्रिभागं कारयेच्च तत् ॥११॥

तस्यैकभागमानं तु कौतुकं चौत्तमं भवेत्।
स्नपनं च तथा बिम्बमुत्सवं च तथैव च ॥१२॥

व्यक्तं सर्वाङ्गसंपूर्णं सर्वाभरणसंयुतम्।
सौन्दर्येण समायुक्तं लक्षणेन समन्वितम् ॥१३॥

शिल्पशास्त्रोक्तमार्गेण शिल्पिभिः कारयेद्बुधः।
ध्रुवबेरं नवांशं तत्कृत्वैकांशं व्यपोह्य च ॥१४॥

शेषांशं तं द्विधा कुर्यादेकंभागेन संमितम्।
उत्तमं मध्यमं चैव तत्कौतुकमुदाहृतम् ॥१५॥

एवमेव यथान्यायमेकोनं तत्त्रिधा कृते।
तत्रैकभागेन मितं कौतुकं स्यात्क्रमेण वै ॥१६॥

उत्तमादधमं चापि मध्यमादुत्तमं तथा।
मध्यमान्मध्यमं चापि मध्यमादधमं तथा ॥१७॥

अधमादुत्तमं तद्वदधमं मध्यमं तथा।
ध्रुवबेरं नवांशं तत्कृत्वैकांशेन कौतुकम् ॥१८॥

अधमाधममित्युक्तं यथाशक्त्या तु कारयेत्।
शिलया दारुणा बिम्बमौत्सवं न विधीयते ॥१९॥

श्रीभूम्यावापि ते देव्यौ कारयेत विधानतः।
देवस्य बाहुमानं तद्देव्योर्मानमुदाहृतम् ॥२०॥

तदद्रव्येण तथा देव्यौ कौतुकस्य तु कारयेत्।
स्थानके कौतुके देव्यौ स्थानके कारयेत्तथा ॥२१॥

आसीने चासने देव्यौ सहैव पृथगेव वा।
ध्रुवबेरानुरूपं तु कौतुकं कारयेत्तथा ॥२२॥

ध्रुवे स्थिते स्थितं कुर्याद्बिम्बं तत्कौतुकं तथा।
आसीने चासनं वापि स्थानकं वा विधानतः ॥२३॥

ध्रुवबेरे शयानेऽपि शयनं प्रतिषिध्यते।
शयने चासने वापि स्थानकं वा समाचरेत् ॥२४॥

ध्रुवे स्थिते समासीनं कोतुकं नैव कारयेत्।
आसीने कौतुके वापि स्थितं वाप्यैत्सवं भवेत् ॥२५॥

बिधिना कौतुकं बिम्बमौत्सवं स्नपनं तथा।
तानि त्रीण्यपि बिम्बानि कारयेत प्रयत्नतः ॥२६॥

कौतुकेन च तुल्यं तदौत्सवं स्नपनं भवेत्।
ध्रुवबेरानुरूपं तु कौतुकं त्विति शासनम्॥/७॥

यथोचितानि बिम्बानि तथान्यानीति केचन।
न्यूनाधिकेषु चान्येषु दोषो नास्ति ततो द्विजाः ॥२८॥

बिम्बमानाङ्गुलेनैव द्वादशाङ्गुलमानकम्।
सर्वेष्वपि च सर्वत्र सामान्यमिति चापरे ॥२९॥

वाराहं नारसिंहं च रामं कृष्णं तथैव च।

कारयेत्कौतुकं तद्वच्चतुर्भुजमथापि वा ॥३०॥

मत्स्यं कूर्मं वराहं च नारसिंहं च वामनम्।
त्रिविक्रमं तथा बिम्बमौत्सवं नैव कारयेत् ॥३१॥

विष्णुं चतुर्भुजं बिम्बमौत्सवं तत्र कारयेत्।
ध्रुवे त्रिविक्रमें वापि वामने च तथैव च ॥३२॥

बिम्बं चतुर्भुजं चैव कौतुकं स्थितमेव वा।
बेरायामं त्रिधा कुर्यात्तस्यैकांशः समुच्छ्रयः ॥३३॥

वृत्तं वा चतुरश्रं वा पीठं कुर्याद्विधानतः।
आयामं तत्समं कुर्याद्विस्तारश्च समस्तथा ॥३४॥

तेनैव तत्प्रभां कुर्याद्विपरीतं न कारयेत्।
अजप्रिभां त्रियष्टिकां कुर्याद्देवदेवस्य शार्ङ्गिणः ॥३६॥

तद्यष्टीनां च विस्तारश्चेकैकं गोलकं भवेत्।
द्वादशाङ्गुलमानं तत्प्रभाविस्तारमिष्यते ॥३७॥

देहलब्धाङ्गुलं चेति तदङ्गुलमुदाहृतम्।
एकयष्टिप्रभामेव श्री भूम्यादिषु कारयेत् ॥३८॥

येन कौतुकमुद्दिष्ठं तेन पीठं प्रभामपि।
अन्यथा चेन्महादोषज्ञस्तस्मात्तेनैव कारयेत् ॥३९॥

उपर्युपरियष्टीनां रश्मयस्त्रिंशतिः स्मृताः।
तच्छिखायामविस्तारं यथासौन्दर्यमेव च ॥४०॥

न शिलष्टा नैव विरलाश्चोभयत्र समाः स्मृताः।
ऊर्ध्वाग्रानेव तान् कुर्यात्पार्श्वयोरुभयोरपि ॥४१॥

दक्षिणे दक्षिणावर्तौ वामहस्तात्तु वामतः।
इन्द्रचापनिभा यष्ठिशिशिखिवद्रश्मिमालिका: ॥४२॥

व्यपोह्य मकुटादूर्ध्वं चतुरङ्गुलमुन्नतम्।
भागं भागं व्यापोह्यैव पार्श्वयोश्चक्रशङ्खयोः ॥४३॥

मधूच्छिष्टेन विधिना कारयेद्युक्तिहेतुभिः।
अथवा कौतुकादीनि कारयेदेवमेव वै ॥४४॥

मूलबिम्बस्य चायामं त्रिधाकृत्वैव तस्य च।
एकभागं व्यपोह्यैव द्विभागं संप्रगृह्य च ॥४५॥

कारयित्वा प्रभां तत्र सुपीठे योज्येच्छुभाम्।
अथवा पार्श्वयोः शङ्क योजयेत्तत्प्रभां तथा ॥४६॥

पीठस्य पार्श्वयोर्बाह्ये यन्त्रस्य सुषिरं धृतम्।
तद् द्विभागं त्रिधा कृत्वा समस्तं चोत्तमं भवेत् ॥४७॥

द्विभागं मध्यमं प्रोक्तमेकभागं तथाधमम्।
तथैककं त्रिधाकुर्यान्नवधेति च केचन ॥४८॥

सामान्यप्रतिमां कुर्वन्नेवमेव विधानतः।
द्वादशाङ्गुलमानं वा बिम्बानामङ्गुलेन वा ॥४९॥

अष्टादशाङ्गुलं वापि विंशत्यङ्गुलमेव वा।
अधमं मध्यमं श्रेष्ठं कैश्चित्सामान्यमुच्यते ॥५०॥

षडङ्गुलविहीनं वै बिम्बं नैव च कारयेत्।
षडङ्गुलाधिकं बिम्बं सर्वलोकशुभप्रदम् ॥५१॥

अथ सामान्यबिम्बं तद्यद्बिम्बं लौकिकं तथा
द्वे बिम्बे कारयेदेवमिति केचिद्वदन्ति च ॥५२॥

आहृत्याष्टभिरुन्मानमर्हे भक्तावशेषिते।
एतदायमिति प्रोक्तं तेन युक्तं तु वृद्धिदम् ॥५३॥

बृहन्मानं समाहृत्य हृत्या तु दशभिः पुनः।

शिष्टमेतद्व्ययं प्रोक्तं व्ययत्वेन धनं भवेत् ॥५४॥

उन्मानमग्रमाहृत्य भक्त्या तद्वसुभिः पुनः।
शिष्टं योनिरिति प्रोक्तः शुभं योनौ तु वृद्धये ॥५५॥

ध्वजो धूमश्च सिंहश्च श्वा वृषो गर्दभो गजः।
काकश्चेत्यष्ट संप्रोक्ता योनयस्तदनुक्रमात् ॥५६॥

पूर्वं पूर्वं शुभं प्रोक्तमपरं त्वशुभं तथा।
वर्धतेऽष्टभिरुन्माने सप्तविंशतिभाजिते ॥५७॥

भक्तव्ययं च तच्छिष्टे नक्षत्रमिति चोच्यते।
यजमानानुकूलं च यद्दिनं तत्समाहरेत् ॥५८॥

वर्धतेऽष्टभिरुन्मनाने त्रिंशता तद्विभाजिते।
शिष्टं तिथिरिति प्रोक्तं प्रथमादिक्रमेण च ॥५९॥

हृत्वा नवभिरुन्मानं सप्तभिस्तद्विभाजिते।
शिष्टं वारमिति प्रोक्तं शुभवारं समाहरेत् ॥६०॥

हृत्वा चतुर्भिरुन्मानं भाजिते कर्मभिः पुनः।
तच्छिष्टंमंशकं प्रोक्तं गृह्णीयादंशकं शुभम् ॥६१॥

समान्यतो दिने चैव ज्ञेयं तत्र शुभाशुभम्।
विमानस्थानुरूपं हि ध्रुवबेरं शुभं भवेत् ॥६२॥

ध्रुवरूपानुरूपं च कौतुकादित्रयं स्मृतम्।
सर्वैरायादधस्तस्य नेष्यते तत्कथंचन ॥६३॥

पश्चात्संस्थापयेद्विद्वान् स्थापनोक्तविधानतः।
ईप्सितान् लभते कामानिहामुत्र न संशयः ॥६४॥

(Chapter-24)

***

(2)
AGNYĀGHĀRA VIDHI

दारुसंग्रहमारभ्य यावन्नेत्रनिमीलनम्।
यथोक्तं बेरसंस्कारं कारयेच्छिल्पिना बुधः ॥१॥

शिल्पिस्पर्शविशुद्ध्यर्थमक्ष्युन्मेषादनन्तरम्।
कुम्भं सूत्रेण वस्त्राभ्यां वेष्टितं पूतवारिणा ॥२॥

पूरयित्वाऽथ देवाग्रे शालिराश्युपरि न्यसेत्।
ब्राह्ममासनमास्थाय कुम्भदक्षिणपार्श्वतः ॥३॥

शमीपलाशपत्राणि दूर्वाग्राणि शुभनि च।
अक्षतांश्च कुशाग्रं च पुण्यपुष्पाणि काञ्चनम् ॥४॥

वदन्वै विष्णुगायत्रीं सर्वमेतत्पृथक् क्षिपेत्।
इषेत्वोर्जेत्यादि जपन्नाप उन्दन्तु चैव हि ॥५॥

तत्तु तन्तुभिरावेष्ट्य मन्त्रानपि च वैष्णवान्।
कूर्चेनैव तु तत्तोयमभिमृश्य समाहितः ॥६॥

तदम्बुना कुशाग्रेण तप्तचामीकरेण च।
आपो हिरण्यवर्णादिपवमानादिभिस्त्रिभिः ॥७॥

शं नो देवीरभीत्युक्त्वा पुरुषसूक्तै श्च वैष्णवैः।
शुद्ध्यर्थ प्रोक्षयेद्बेरं पुण्याहमपि वाचयेत् ॥८॥

एवं चित्रप्रतिष्ठाया चित्राभासे च कारयेत्।
रात्रिहोमं समाप्यैव दिवा वै स्थापयेम्क्रमात् ॥९॥

वास्तुहोमं समुद्दिश्य मन्दिरस्योत्तरे तथा।
औपासनाग्निकण्डं च कल्पयेत विधानतः ॥१०॥

यद्वा श्रामणकाग्निं च कुर्यादिति च केचन।

वक्ष्येऽहं यागशालायामग्निकुण्डप्रकल्पनम् ॥११॥

प्राच्यामाहवनीयं स्यादन्वाहार्यं तु दक्षिणे।
पर्श्चिमे गार्हपत्यं स्यादावसथ्यं तथोत्तरे ॥१२॥

मध्ये सभ्यं च कर्तव्यं शय्यावेद्यास्तु पूर्वतः।
उत्तरे शयनाद्वाथ कारयेदिति केचन ॥१३॥

पञ्चाग्निलक्षणं चापि तेषा कुण्डं च वक्ष्यते।
ब्रह्माऽग्निं पञ्चधा सृष्ट्वा पञ्च लोकेष्वकल्पयत् ॥१४॥

स्वर्गे चाहवनीयं तु प्रष्ठिाप्य ततः परम्।
तथान्तरिक्षेऽन्वाहार्यं द्वितीयं परिकल्य च ॥१५॥

भूम्यां च गार्हपत्याग्निं महर्लोके तथैव च।
आवसथ्यं जनर्लोके सभ्य चाग्निमकल्पयत् ॥१६॥

चतुरश्रो यतः स्वर्गः कुण्डं चाहवनीयकम्।
चतुरश्रं समाख्यातं चापवच्चान्तरिक्षकम् ॥१७॥

कृत्वान्वाहार्यस्य रूपं धनुषो रूपवत्ततः।
आकृतिर्मण्डलाकारा भुवस्तस्मात्तदाकृतिः ॥१८॥

कुण्डं च गार्हपत्यस्य महर्लोकस्त्रिकाश्रकः।
आवसथ्यस्य तु प्रोक्तं तथा कुण्डं त्रिकाश्रकम् ॥१९॥

चतुरश्रो जनर्लोकः कुण्डं सभ्यं च तादृशम्।
पौण्डीरीकं तपोलोकं पद्माग्निं तु दलैर्युतम् ॥२०॥

सभ्यस्य दक्षिणे कार्यं पौण्डरीकं क्रमाद्बुधैः।
आकारं चाप्यथैतेषां तत्तल्लोकसमं विदुः ॥२१॥

द्वात्रिंशदङ्गुलायामामूर्ध्ववेदिं चतुर्दिशम्।
चतुरङ्गुलविस्तारां कोलकोत्सेधसंयुताम् ॥२२॥

कृत्वा परिगतामेवमणेवेदिं च कारयेत्।
अधोवेद्याः सुमुत्सेधविस्तारौ भागकौ मतौ ॥२३॥

कुण्डमध्ये चतुर्विंशत्यङ्गुलायतविस्तृतम्।
भागनाहं च कुर्वीत चतुरश्रं समन्ततः ॥२४॥

निम्नं पञ्चांङ्गुलं वापि षडङ्गुलमथापि वा।
कुण्डमाहवनीयग्नेरेवमेव विधानतः। ॥२५॥

कुण्डमौपासनस्याग्नेर्ज्ञेयमाहवनीयवत्।
अङ्गुल्या पञ्चाविंशत्या चतुर्भिश्च यवैः सह ॥२६॥

वृत्तं भ्राम्यात्तदर्धं तु व्यपोह्योत्तरतः क्रमात्।
तद्दक्षिणेऽन्वाहार्यस्य कुण्डं कुर्याद्विधानतः ॥२७॥

अष्टादशाङ्गुलं भ्रान्त्वा वृत्तं संपूर्णचन्द्रवत्।
पश्चिमे गार्हपत्यस्य कुण्डं विद्याद्यथोदितम् ॥२८॥

अष्टाङ्गुलं रसघ्नं तु यवैः षड्भिः समन्वितम्।
भुजात्त्वेकात् त्रिकोणं स्यादावसथ्यस्य कुण्डकम् ॥२९॥

भुजास्तिस्त्रस्तु कुर्वीत दक्षिणोत्तर पश्चिमाः।
सङ्गताग्रासु सर्वासु तत्त्रिकोणं भविष्यति ॥३०॥

भागं तु परितो हित्वा शेषं निम्नं षडङ्गुलम्।
अधोवेदिं च परितश्चतुरङ्गुलविस्तृताम् ॥३१॥

एवं द्विवेदिसहितं कुण्डान्येतानि कल्पयेत्।
वेद्योर्भागस्तु विस्तारश्चैकैको भाग उन्नतः ॥३२॥

द्वात्रिंशदङ्गुलायामामूर्ध्ववेदिं चतुर्दिशम्।
वेदिस्तु मध्यमा प्रोक्ता द्विचत्वारिंशदङ्गुला ॥३३॥

पञ्चाशदङ्गुलायामा ह्यधोवेदिः समन्ततः।

तिसृणामपि वेदीनां विस्तारश्चोच्छ्रयस्तथा ॥३४॥
प्रतिष्ठाङ्गुलमुद्दिष्टं प्रत्येकं च तथैव च।
मध्यवेद्यास्तु विस्तारः पञ्चाङ्गुलमिति स्मृतम् ॥३५॥

कुण्डमध्ये चतुर्विंशदङ्गुलायतविस्तृतम्।
निम्नामष्टाङ्गुलं वापि दशाङ्गुलमथापि वा ॥३६॥

अग्नेः सभ्यस्य कुण्डं च कुर्यादेवं विधानतः।
कुण्डं श्रामणकाग्ने श्च कुर्यात्सभ्याग्निकुण्डवत् ॥३७॥

सभ्याग्निकुण्डवत्सर्वं निम्नमर्काङ्गुलं स्मृतम्।
सभ्याग्निकुण्डादाग्नेय्यां पौण्डरीकं प्रकल्पयेत् ॥३८॥

द्वादशाङ्गुलमुत्सेधं समवृत्तं प्रकल्पयेत्।
अष्टादशभिरध्यर्धैरङ्गुलीभिर्भ्रमीकृतम् ॥३९॥

वृत्तं तदूर्ध्ववेदि स्यात्पौण्डरीके विशेषतः।
भित्तेरुत्सेधविस्तारमूर्ध्ववेद्यास्त्रिकोलकम् ॥४०॥

शेषं निम्नं च कर्तव्यं निम्नमष्टाङ्गुलं भवेत्।
मध्यवेदिसमुत्सेधं विस्तारो भाग उच्यते ॥४१॥

अधोवेद्याः समुत्सेधश्चतुरङ्गुलमेव वै।
षडङ्गुलं तु विस्तारो दलैः षोडशभिर्युतः ॥४२॥

शल्यलोष्टतुषाङ्गारतृणभस्मादिहीनया।
मृदा वा वालुकाभिर्वा कुण्डान्येतानि कल्पयेत् ॥४३॥

ऐशान्यां यागशालायामौपासनविधानतः।
श्वभ्रं च स्नपनार्थं तु कर्तव्यं तद् द्विवेदिकम् ॥४४॥

अथवा बिम्बपीठं तु यावदायतविस्तृतम्।
पीठस्य परितस्तस्य चतुर्दिक्षु तथैव च ॥४५॥

श्वभ्रं भागाधिकं कुर्यादुत्तरे जलमार्गकम्।
दक्षिणोत्तरयोर्देव्योः श्वभ्रं कुर्यात्तथैव च ॥४६॥

एतेषामेव वह्नीनां वक्ष्यते नामनिर्णयः।
अग्निहोत्रादिकं हव्यं सर्वमाहुतिसंज्ञकम्। ॥४७॥

आदाय तेन हव्येन होतव्योऽयं द्विजातिभिः।
तस्मादाहवनीयाख्यां गतो वह्निर्महाद्युतिः ॥४८॥

हो इत्येव विषादोऽपि विषादो दुःखमुच्यते।
दुःखं तापत्रयं प्रोक्तं तापो हि नरकः स्मृतः ॥४९॥

तस्मात्तु नरकान्नित्यं यस्मिन्नग्नौ हुतं सदा।
त्रायते यजमानं तदग्निहोत्रमिति समृतम् ॥५०॥

अग्नेश्चाहवनीयस्य यस्मादाह्रियते तथा।
ततोऽन्वाहार्य इत्युक्तो दक्षिणाग्निः पुरातनैः ॥५१॥

दक्षिणे कल्प्यमानत्वात् दक्षिणाग्निश्च स स्मृतः।
धार्यो गृहपतेर्यस्माद्गार्हपत्य इति स्मृतः ॥५२॥

वसत्यावसथे यस्मादावसथ्यस्ततो भवेत्।
ऋषिष्वग्निषु वेदेषु देवेष्वपि पितृष्वपि ॥५३॥

सभ्यंगतेषु मुख्योऽभूत्तस्मात्सभ्य उदाहृतः।
त्रीनग्नीन् वाथ पञ्चाग्नीनाहिताग्निर्जुहोत्यमून् ॥५४॥

आवसथ्याख्यया केचिदाहुरौपासनं च वै।
विवाहादि गृहस्थेन निधायजस्त्रमेव च ॥५५॥

होमैरुपासनादग्निरौपासन इतीरितः।
भेदो ह्याहवनीयस्य चाग्निरौपासनो यतः ॥५६॥

कुण्डमौपासनस्यापि ज्ञेयमाहवनीयवत्।

साकल्यमग्निहोत्रस्य तपसां चापि चालनम् ॥५७॥

विचिन्त्य श्रमणे चाग्निं ब्रह्मा यमसृजत्पुरा।
तस्माच्छ्रामणकं प्राहुरग्निमेतं पुरातनाः ॥५८॥

सभ्याग्नैरेव भिन्नोऽभूदग्निः श्रामणको यतः।
तस्माद्द्वयोरग्निकुण्डं तुल्यमेवेति संस्मृतम् ॥५९॥

एष श्रामणकाग्निस्तु वनस्थस्य विधीयते।
गृहस्थोऽग्निं यथा नित्यं जुहोत्यौपासनं बुधः ॥६०॥

श्रामणकं वनस्थोऽपि तथा नित्यं जुहोति च।
हृत्पुण्डरीकादन्योऽग्निः संजातो ब्रह्मणस्तु यः ॥६१॥

हृत्पुण्डरीकजातत्वात्पौण्डरीकं हि तद्विदुः।
तस्याकारश्च कुण्डस्य पुण्डरीकवदुच्यते ॥६२॥

तपोलोकश्च सत्यं च विष्णोर्लोको जनस्तथा।
पौण्डरीकाधिदेवस्तु नारायण इति स्मृतः ॥६३॥

सर्वनिष्कृतिहोमार्थं क्रतूनामुत्तरः क्रतुः।
तदग्नौ सर्वकाम्यं च यजेदित्याह पूर्वजः ॥६४॥

यथैव वायोरेकस्य पञ्चधा भेद उच्यते।
तथैव मूर्तेर्विष्णोश्च सर्वप्राणिहिताय वै ॥६५॥

नामरूपादिभेदेन पञ्चधा भेद उच्यते।
एष पुरुषः पञ्चात्मेत्याह ऋक्च्छ्रुतिः ॥६६॥

तथा तदर्थमग्नेश्च नाममन्त्रक्रियादिषु।
पञ्चधा भेदमिच्छन्ति प्रतिष्ठायां हरेः प्रभोः ॥६७॥

पञ्चमूर्त्यधिदेवांस्तान् पञ्चाग्नीन् परिकल्पयेत्।
विष्णुमूर्तिस्तु सभ्याग्नेरधिदेवः प्रकीर्तितः ॥६८॥

तथैवाहवनीयाग्नेः पुरुषो देवता स्मृतः।
सत्योऽन्वाहर्यदेवश्च गार्हपत्येऽच्युतस्तथा ॥६९॥

आवसथ्येऽनिरुद्धश्च पञ्चानां पञ्च देवताः।
मध्ये विष्णुस्तु पुरुषः प्राच्यां सत्यस्तु दक्षिणे ॥७०॥

प्रतीच्यामच्युतस्तद्वदनिरुद्धस्तथोत्तरे।
तत्तद्दैवत्यवद्धोमं तत्तद्देशे प्रकल्पयेत् ॥७१॥

आद्येष्टकानां विन्यासो गर्भप्रक्षेपणं तथा।
मूर्धेष्टकानां न्यासश्च ध्रुवसंस्थापनं तथा ॥७२॥

महाप्रतिष्ठा श्रेष्ठा च प्रतिष्ठा पञ्चधा स्मृता।
पञ्चप्रतिष्ठास्वेतासु पञ्चाग्नीन् जुहुयात्तथा॥७३॥

पञ्चधाऽग्नीन् व्यक्रामद्विराडित्याह वै श्रुतिः।
देव्योश्च कौतुकस्यापि स्नपनस्योत्सवस्य च ॥७४॥

सह प्रतिष्ठा चेत्तत्र पृथग्घोमं न कारयेत्।
परितो यागशालायां तस्य तस्य दिशि क्रमात् ॥७५॥

दिग्देवतानामष्टानामन्येषां च यथाविधि।
औपासनाग्निकुण्डं च कारयेत पृथक् पृथक् ॥७६॥

अथवाप्यालये तेषा कुण्डं कुर्याद्विधानतः।
दिग्देवानां च होमस्तु दिशाहोम इतीर्यते ॥७७॥

सर्वेषां परिवाराणां प्रत्येकं होममुत्तमम्।
दिग्देवतानामष्टानां होमं वै मध्यमं विदुः ॥७८॥

देवस्य पौण्डरीकाग्निं पञ्चाग्नीनपि कल्पयेत्।
अधमक्रममेनं वै वदन्ति मुनयोऽपरे ॥७९॥

विष्वक्सेनस्य वीशस्य होमं सर्वत्र कारयेत्।
एतद्रहस्यमस्मभ्यमुदितं विखनसा पुरा ॥८०॥

(Chapter 29)

****

Agnyāghāra Vidhi

एवं कृत्वाग्निकुण्डानि पश्चादग्नींश्च साधयेत्।
अरणिं चैव संन्यस्य पूजयित्वा विधानवित् ॥१॥

पट्टिकामुत्तरां चैव हरिणीमिति चार्चयेत्।
दण्डे विष्णुं समभ्यर्च्य तत्रैवाग्निं च पूजयेत् ॥२॥

आचार्यः प्राङ्मुखो भूत्वा योजयित्वा तु मन्त्रवित्।
मौञ्जीं च त्रिवृतां रज्जुं मथनार्थं समाहरेत् ॥३॥

जातवेदेति च जपन्नरण्यां मथनं चरेत्।
यावदग्निः समुत्पद्येत्तावद्यत्नेन मन्त्रवित् ॥४॥

परितस्तु करीषाद्यैर्योजयित्वा ततः परम्।
अग्निमादाय चोत्पन्नमयं त इति चोच्चरन् ॥५॥

तुषेन्धनादि निक्षिप्य सम्यगग्निं सुरक्षयेत्।
अनेनैवाग्निना सर्वं होमकर्म समाचरेत् ॥६॥

आचार्यो यजमानश्च स्थापका ऋत्विजोऽपि च।
प्रतिष्ठादिवसात्पूर्वं पञ्चमेऽह्नि त्र्यहेऽथवा ॥७॥

पूर्वेद्युर्वाथ पूर्वाह्णे वरयेदुक्तलक्षणान्।
मन्त्रसूत्रविदः शिष्टान् पत्नीयुक्तानिन्दितान् ॥८॥

वैखानसेन सूत्रेण निषेकादिक्रियान्वितान्।
औपासनं जपं होमं वैश्वदेवं च कुर्वतः ॥९॥

प्रपन्नान् भक्तिसंयुक्तान् सर्वकर्मसु निश्चलान्।
ईदृग्गणुसमायुक्ताश्चत्वारः स्थापकाः स्मृताः ॥१०॥

अलाभे च त्रयो वापि द्वौ वा ग्राह्यौ तु तद्गुणौ।
बिम्बानां कौतुकादीनां सर्वेषां तु पृथक् पृथक् ॥११॥

यावन्तस्तत्र होमाः स्युस्तावन्तोऽध्वर्यवः स्मृताः।
ऋत्विजौ ब्रह्मसोमौ द्वौ होता चैकस्तथैव च ॥१२॥

अक्ष्युन्मेषणहोमार्थं वास्तुहोमार्थमेव च।
स्नपनार्थं त्रयः प्रोक्ताः सर्वदेवार्चनाय वै ॥१३॥

पञ्चाहीनान् सदस्यांश्च उपद्रष्टारमेव च
संन्यासिनो वनस्थान् वा न गृह्णीयात्पदार्थिनः ॥१४॥

पदार्थिनो गृहस्थाश्च ग्राह्या वा ब्रह्मचारिणः।
सुवृत्ताः परिपूर्णाङ्गा मन्त्रकल्पविचक्षणाः ॥१५॥

न दुष्टाङ्गा न दीर्घाङ्ग न ह्रस्वाङ्ग न मत्सराः।
योग्यानेवात्र संयोज्य गुरुर्वै याजयेत्क्रमात् ॥१६॥

आलयस्योत्तरे पार्श्वे वास्तुहोमः सुहूयताम्।
वास्तुहोमश्च यत्रोक्तस्तत्र वै वास्तुपुरुषम् ॥१७॥

कल्पयित्वा विधानेन दशतालेन मानतः।
वास्तुहोमश्च यत्रोक्तस्तावत्तस्याङ्गमुच्यते ॥१८॥

प्राक्शिरोऽधोमुखः शेते भूमिस्थः स तु सर्वदा।
एवं संकल्प्य मनसा वास्तुहोमं समाचरेत् ॥१९॥

कुक्षिप्रदेशे कुर्याच्चेद्धनधान्यविवर्धनम्।
ऊरुबाहुप्रदेशे तु सदावीर्यविवर्धनम्।२०॥

मुखप्रदेशे कुर्याच्चेत्पुत्रपौत्रविवर्धनम्।

नाभेरधस्तात्सर्वत्र कुण्डमग्नेर्न कारयेत् ॥२१॥

वास्तुहोमं च जहुयात्सूत्रोक्तेन विधानतः।
पर्यग्निपञ्चगव्याभ्यां शोधयेदालयं तथा ॥२२॥

अधिवासगतं देवमादायाभ्यर्च्य वै ततः।
आलयाभिमुखे देशे विष्टरे विन्यसेत्पुनः ॥२३॥

स्नात्वा पदार्थिनः सर्वे श्वेतवस्त्रानुलेपनाः।
परिधायाहतं वस्त्रं सोत्तरीयाङ्गुलीयकाः ॥२४॥

यजमानोऽथ तत्काले श्रद्धया देवसंनिधौ।
मधुपर्कं च संदद्याद्दूर्वादिभ्यस्ततः परम् ॥२५॥

पूजिताश्च तथा कुर्युः स्वं स्वं कर्म यथाविधि।
आधारं सर्वकुण्डेषु कुर्वन्वैखानसेरितम् ॥२६॥

मथिताग्निं समुज्जवाल्य शुष्कैरेवनेन्धनैर्भृशम्।
वर्धयित्वा शरावे तं पृथगेव प्रगृह्य च ॥२७॥

अलाभे मथितस्याग्नेराचार्यागारतो हरेत्।
यजमानगृहाद्वाथ श्रोत्रियागारतोऽथवा ॥२८॥

अद्भिः करकमापूर्य दक्षिणेऽग्नेर्निधाय च।
दर्भेष्वन्याश्च संभारान् संभृत्योत्तरपार्श्वतः ॥२९॥

एतोन्विद्रादिमन्त्रैश्च प्रोक्षणोल्लेखनादिकम्।
कुर्यात्कुण्डे निधायाग्निं प्रज्वाल्यैव च मन्त्रतः ॥३०॥

पश्चिमाभिमुखासीनं ध्यात्वैवाग्निं प्रणम्य च।
वैखानसेन सूत्रेण सर्वमाघारमाचरेत् ॥३१॥

विशेषं संप्रवक्ष्यामि पञ्चाग्नीनां पृथक् पृथक्।
षट् त्रिंशदङ्गुलैः कूर्चैर्दितीयस्यां तथैव च ॥३२॥

वेद्यामग्निं परिस्तीर्य परिधीश्च निधाय च।
ऊर्ध्वाग्रौ समिधौ न्यस्य चोर्ध्ववेद्यां यथाविधि ॥३३॥

पुष्पाद्यैर्विग्रहैरेवं तथार्घ्याचमनान्तकैः।
इन्द्रानीनपि दिग्देवानभ्यर्च्याष्टौ च दक्षिणे ॥३४॥

पार्श्वे ब्रह्माणमभ्यर्च्य सोमं चोत्तरतोऽर्चयत्।
प्राणिधी द्वे निधायैव चोत्तरप्रणिधौ जले ॥३५॥

अग्न्यादिसर्वदेवांश्च आवाह्यैव ततः परम्।
गार्हपत्याग्निमित्युक्त्वा गार्हपत्ये विशेषतः ॥३६॥

यज्ञदैवताविश्वेति चों भूः पुरुषमित्यपि।
तथैवाच्युतामित्युक्त्वा देवतावाहनं चरेत् ॥३७॥

अन्वाहार्यग्निमित्युक्त्वा चान्वाहार्ये तथैव च।
यज्ञदैवतविश्वेति चों भुवः पुरुषं तथा ॥३८॥

सत्यमूर्तिमिति प्रोच्य देवतावाहनं समृतम्।
आहवनीयाग्निमित्युक्ता यज्ञदैवतमित्यपि ॥३९॥

ओं सुवः पुरुषं चेति पुरुषं चाधिदैवतम्।
एवमाहवनीयाग्नावावाहनमथाचरेत् ॥४०॥

आवस्थ्याग्निमित्युत्वा यज्ञदैवतमित्यपि।
ओं महः पुरुषं चेति देवमप्यनिरुद्धकम् ॥४१॥

इत्येवमावसथ्याग्नावावाहनमुदीरितम्।
सभ्याग्निं यज्ञदेवेति चों जनः पुरुषं तथा ॥४२॥

विष्णुदेवं तथा सभ्ये ह्यावाहनमथाचरेत्।
आवाहनक्रमेणाज्यनिर्वापं कारयेद्बुधः ॥४३॥

तत्क्रमेण स्त्रुवेणाज्यं गृहीत्वाज्याहुतीर्यजेत्।

जुहुयात्पञ्चधा तेषु पञ्चाग्निषु विशेषतः ॥४४॥

चतुरङ्गुलिसंस्रावा अविच्छिन्ना घृताहुतीः।
अङ्गुष्ठपर्वमात्रं तु गृहीत्वान्नाहुतिः स्मृता ॥४५॥

आघारे पौण्डरीकाग्नेर्विशेषः संप्रवक्ष्यते।
पौण्डरीकाग्निमित्युक्त्वा यज्ञदैवतमित्यपि ॥४६॥

ओं तपः पुरुषं चेति वासुदेवमतः परम्।
ओं सत्यं पुरुषं चेति नारायणमिति ब्रुवन् ॥४७॥

एवमावाहनं कृत्वा निरूप्याज्यं जुहोति वै।
औपासनाग्निमित्युक्त्वा यज्ञदैवतमित्यपि ॥४८॥

औपासनाग्निमित्येवमावाह्याज्यं निरूप्य च।
अग्निं श्रामणकं चेति श्रामणाग्निमुदीर्य च। ॥४९॥
तथाज्यं जुहुयादेवमित्याघारक्रमं विदुः।

(Chapter 30)

******

VIII

Tārā bhakta-sudhārṇava is a tāntrik text dealing with a variety of issues of Śāktāgama. The following excerpts from this book describe the daily rituals of purification and worship (Chapter 5). The book. which is actually a compilation of relevant passages from several Tāntrik texts and Āgama manuals of Śaiva and Vaiṣṇava divisions, was prepared by Thakkura-Narasimha,who was a student of Gadādhara:

नानातन्त्राणि विज्ञाय गदाधरगुरोर्मुखात्।
करोति नरसिंहोऽयं ताराभक्तिसुधार्णवम्॥

The importance of the book consists in the large number of Tāntrik and Āgama texts (many of them now lost) o which it relies. The book was originally recovered and edited by Arthur Avalon. It has recently been reprinted by Bharatiya Vidya Prakashan, Delhi (1983) with an English introduction by Pañcānana Bhṭṭācārya.

1. अथ नित्यविधिः

कुलचूडामणौ–

साधकः प्रातरुत्थाय कुलवृक्षं प्रणम्य च।
मूलादिब्रह्मरन्ध्रान्तं कुलं ध्यात्वा गुरुं स्मरेत्॥

कुलवृक्षा रुद्रयामले–

श्लेष्मातकं करञ्चं च निम्बाश्वत्थकदम्बकम्।
बिल्वं वटं शालतालं शाखोटं खर्जुरं तथा॥

(कुलवृक्षाः समुद्दिष्टा............इति।
वस्तुतः कुलवृक्षो वराङ्गनेति रहस्यविदः।)

वीरचूडामणौ–

साधकः प्रातरुत्थाय संस्मरेद् गुरुमादरात्।
महाचीनगुरुं ध्यात्वाऽथवर्षिगुरुक्रमम्॥

पञ्चोपचारैः सम्पूज्य वीरद्रव्यक्रमेण तु।

नीलाम्बरं नीलविलेपयुक्तं शङ्खादिभूषिततनुं मुदितं द्विनेत्रम्।
वामाङ्कपीठस्थितनीलशक्तिं वन्दामि वीरं वरुणानिधानम्॥

परां तु देवतां ध्यात्वा हृदये नीलसुन्दरीम्।
खर्वां नीलां विशालाक्षीं पञ्चमुद्राविभूषिताम्॥

कपालकर्त्तृकाहस्तां खड्गेन्दीवरधारिणीम्।
व्यालमालाजटाजूटां पीनोन्नतपयोधराम्॥

नवयौवनसम्पूर्णां मदघूर्णितलोचनाम्।
एवं ध्यात्वा महादेवीं सर्वज्ञः साधको भवेत्॥

वीरहंसमहाविद्यासङ्कल्पं कारयेद् बुधः।
हंसाख्या-साधनं वक्ष्ये मन्त्रिणां हितकाम्यया॥

यस्य विज्ञानमात्रेण सर्वज्ञो भुवि जायते।
हंसात्मिकां भगवतीं जीवो जपति सर्वदा॥

अस्याः स्मरणमात्रेण जीवन्मुक्तो भवेन्नरः।
ऋषिर्हंसः समाख्यातः परहंसश्च देवता॥

अव्यक्तश्छन्दो गायत्री विनियोगो योगसिद्धिदः।

सुरेन्द्रसंहितायाम्–

ऋषिर्हंसो व्यक्तपूर्वो गायत्रं छन्द उच्यते।
देवतापरमादित्यो हंसो हंबीजमुच्यते॥

अ शक्तिः कीलकः सोऽहं प्रणवस्तत्त्वमेव हि।
उदात्तः स्वर इत्येवं मनोरस्य प्रकीर्तितः॥

मोक्षार्थे विनियोगः स्यादेवं कुर्यात् सदा नरः॥

वीरचूडामणौ–

सूर्यात्मने च हृद् देवि सोमात्मने शिरस्तथा।
निरञ्जनं शिखा ज्योतिर्निराभासा तथापरे॥

अव्यक्तं नेत्रयोर्न्यस्य अनन्तोऽस्त्रे फडंप्यजेत्(?)
एवं न्यासविधिं कृत्वा गणेशादौ समर्पयेत्॥

सुरेन्द्रसंहितायाम्–

हंसात्मिकां भगवतीं जीवो जपति सर्वदा।
हकारेण बहिर्याति सकारेण विशेत् पुनः॥

अस्याः सम्बोधमात्रेण जीवन्मुक्तो भवेन्नरः।
प्राणायामप्रभावेण जीवन्मुक्तस्तु जायते॥

एकविंशतिसाहस्त्रं षट्शताधिकमेव च।
प्रजपेत् प्रत्यहं जीवो ब्रह्मानन्दमयीं पराम्॥

उत्पत्तिर्जप आरम्भो मृतिरस्य निवेदनम्।
विना जपेन सततं जपो भवति सर्वदा॥

एवं जपस्तु विज्ञातो गणेशादौ निवेदयेत्।

वीरचूडामणौ–

षट् शतानि गणेशस्य षट्सहस्त्रं प्रजापतेः।
षट्सहस्त्रं गदापाणौ षट् सहस्त्रं पिनाकिनः॥

सहस्त्रमात्मने चैव सहस्त्रं परमात्मने।
सहस्त्रं गुरवे चैव सङ्कल्पोऽयं यथाविधि॥

रक्तवर्णं गणेशञ्च मूलाधारे चतुर्दले।
वादिवेदसमायुक्ते षट् शतं च समर्पयेत्॥

स्वाधिष्ठानं विद्रुमाभं षट्कोणं वादिषट्ककम्।
सावित्र्या च समायुक्ते ब्रह्मणे च समर्पयेत्॥

विद्युत्पुञ्जप्रभाभं च दलं डादिदशारम्।
लक्ष्मीनारायणौ वन्दे षट् सहस्त्रं निवेदयेत्॥

महानीलप्रभाभे च कादिद्वादशपत्रके।
उमामहेश्वरौ वन्दे षट् सहस्त्रं समर्पयेत्॥

विशुद्धे धूम्रपत्रे च कलापत्रे स्वरान् न्यसेत्।
प्राणशक्त्यात्मकौ वन्दे सहस्त्रं च समर्पयेत्॥

आज्ञायां विद्युदाभायां शुभौ हक्षौ नियोजयेत्।
परमात्मनि पराशक्तौ सहस्त्रं च समर्पयेत्॥

कर्पूरद्युतिसंराजत्–सहस्त्रदलपङ्कजे।
नीलात्मकं गुरुं ध्यायेत् सहस्त्रं च समर्पयेत्॥

समुद्रमेखले देवि पर्वतस्तनमण्डले।
विष्णुपन्ति नमस्तेऽस्तु पादस्पर्शं क्षमस्व मे॥

चरणं धारयेद् देवि आत्म श्वासानुसारतः।
देहशौचादिकं कुर्याद् भस्मस्नानं समाचरेत्॥

वीरासनोपविष्टस्तु वीरभस्मानुलेपनम्।
वीरं ध्यात्वा महादेवि वीरमालां जपेद् बुधः॥

अष्टोत्तरसहस्त्रं च वामहस्ते समर्पयेत्।

(वीरभस्म श्मशानभस्म। वामहस्त इत्यभिधानान् मूलमन्त्रजपोऽमिति प्रतिभाति। विशुद्ध श्वरे तु–

यथा शक्त्या जपं कृत्वा स्तुत्वा संतोषयेच्छिवाम्।

इत्युक्तम्। एतत्पूर्वमन्यत्र गुरुमन्त्रजपोऽप्युक्तः। तदुक्तं त्तत्त्वचिन्तामणौ–

अथवा वाग्भवं मायां लक्ष्मीबीजं समुद्धरेत्।
हसखफ्रें तथानन्दभैरवाख्यं सहसचखफ्रें॥

गुरुनाम तथा शक्तिनाम श्रीपादुकां स्मरेत्।
दशधा सप्तधा वापि त्रिधा वा प्रजपेत् सुधीः॥

जपं समर्पयेत् पश्चात् श्रीगुरोर्दक्षिणे करे। इति।)

वीरचूडामणौ–

वज्रपुष्पं वरारोहे कारयेद् दन्तधावनम्।

(वज्रपुष्पतार्त्तवं जवाकुसुमं वा। इदं च दन्तधावनं देहशौचानन्तरमेव कार्यम्। अन्यत्र तथा दर्शनात्।
न्यासं कुर्यान्महेशानि शक्तिं साङ्गों स्पृशेद् बुधः।

हावभावादिकं कुर्यात् स्नानकर्म समाचरेत्॥

वीरभस्मानुलेपनादि वीरसाधकमात्रपरम्। इदञ्च प्रातःकृत्यमावश्यकम्।

तदक्तं यामले–

प्रातः कृत्यमकृत्वा च यो देवीं भक्तितोऽर्चयेत्।
पूजा च विफला तस्य शौचहीना यथा क्रिया॥

तच्च त्रिविधम्। औदकमान्त्रमानसभेदातृ। तत्रादौ प्रधानत्वादौदकं निरूप्यते।

2. अथ स्नानम्

नारदपञ्चरात्रे–

शङ्कुनास्त्राभिजप्तेन शुचिः स्नायात् तु मृत्तिकाम्।
गृहीत्वाऽस्त्रेण संमन्त्र्य यथा जलनिकेतनम्॥

तत्रादौ जलकुलं तु क्षालयेदस्त्रवारिणा।
मृदं कृत्वा द्विधा तत्र एकभागोपगं ततः॥

निधाय गोमयं दर्भात् तिलां श्चैवाभिमन्त्रितान्।
लौकिकं गौणमाद्येन भागेनैकेन यत्नतः॥

मलस्नानं पुरा कृत्वा विधिस्नानं समाचरेत्।

कूलचूडामणौ–

अथ वक्ष्यामि ते वत्स स्नानं कुलसुखावहम्।
कृष्णरक्तहरिल्लीला विविधा मम मूर्त्तयः॥

तत्र यत्कुलगः शिष्यः स तद्रूपं परामृशेत्।
आचान्तः कुलदर्भेण सदर्भः कुलपुष्पकम्॥

कुलपात्रे सदर्भं च सतिंत सजलं ततः।
गृहीत्वा कुलदेवस्य प्रीतये स्नानमाचरेत॥

कृतसङ्कल्प एवासौ कुलचक्रं जले न्यसेत्।
कुलसुरात् समानीय कुलमुद्रां कुशेन च॥

कुलतीर्थानि तत्रैव समानीय कुलात्मकम्।
तत् तोयं च त्रिधा पीत्वा त्रिधाा च प्रोक्षणं तनोः॥

यत्कुलगः समन्त्रदीक्षितः। कुलदर्भो यथा रुद्रयामले–

त्रयो दर्भाः समुद्दिष्टाः सुवर्णै रजतैः कुशैः
तत्र शाक्ते द्वयं चान्यदन्येषां तु त्रयो मताः॥

सुवर्णं रजतं चैव जपपूजादिकर्मसु।
कुशकार्यकरं प्रोक्तं न तु वन्यकुशाः कुशाः॥

अन्यत्रापि–

तर्जन्या रजतं धार्यं स्वर्णं धार्यमनामया।
एष एव कुशः प्रोक्तो न दर्भो वनसम्भवः॥

यामले–

विना वै दूर्वया देवी-पूजा नास्तीह कर्हिचित्।
तस्माद् दूर्वा गृहीतव्या सर्वपुष्पमयी शुभा।
हस्ते दूर्वाङ्कुरं दत्त्वा आचामेद् विधिपूर्वकम्।

कुलपुष्पं जवापुष्पादिकम्। कुलपात्रं सुवर्णादिपात्रम। कुलदेवस्य इष्टदेवतायाः। कुलचक्रं त्रिकोणचक्रम्। तल्लिखनप्रकारस्तु मालिनीतन्त्रे–

त्रिकोणं मूलमन्त्रेण सावित्रे हंसकं जपन्।
दक्षावर्त्तक्रमेणैव लिखेद् देवि समाहितः॥

मूलबीजेनेति। मन्त्रान्तरे। सावित्रे सूर्यमन्त्रे। हंसकं हंस इति मन्त्रम्। अङ्कुशमुद्रा च–

दक्षमुष्टिं विधायाऽथ तर्जन्यङ्कुशरूपिणी।
अङ्कुशाख्या महामुद्रा त्रैलोक्याकर्षणक्षमा॥

इति तन्त्रोक्ता। तीर्थावाहनमन्त्रश्च श्रीक्रमसंहितायाम्–

गङ्गे च यमुने चैव गोदावरि सरस्वति।
नर्मदे सिन्धुकावेरि जलेऽस्मिन् सन्निधिं कुरु।।

त्रिधा तोयपानमाचमनरूपमेव। तच्च मूलमन्त्रेण। प्रोक्षणमपि तेनैव। तदुक्तं त्रिशक्तिरत्ने–

त्रिराचम्य च मूलेन मुद्रया कुम्भसंज्ञया।
त्रिवारं मन्त्रपूतेन शिरः संप्रोक्षयेत् सुधीः।।

मुद्रा चेयमुक्ता तन्त्रे–

दक्षाङ्गुष्ठे पराङ्गुष्ठं क्षिप्त्वा हस्तद्वयेन तु।
सावकाशा चैकमुष्टिर्मुद्रेयं कुम्भसंज्ञिता।।

गन्धर्वतन्त्रे–

मूलं पठन् मूर्ध्नि तोयं मुद्रया कुम्भसंज्ञया।
क्षिप्त्वा वारत्रयं पश्चादाचामेत् साधकाग्रणीः।।

आत्मविद्याशिवैस्तत्त्वैस्ततो यागगृहं व्रजेत्।

आत्मविद्याशिवैस्तत्त्वैरिति। आत्मतत्त्वेन स्थूलदेहं शोधयामि स्वाहा। विद्यातत्त्वेन सूक्ष्मदेहं शोधयामि स्वाहा। शिवतत्त्वेन परदेहं शोधयामि स्वाहेति मन्त्रत्रयेण चुलुकत्रयं गृह्णीयादित्यर्थः।

नीलतन्त्रे–

विद्यया त्रिर्निमज्यैवाचामेत् पाथसा तथा।

वशिष्ठसंहितायाम्–

कृत्वादौ वैदिकं स्नानं ततस्तान्त्रिकमाचरेत्।
विन्यस्याङ्गे षडङ्गानि प्राणायामपुरःसरम्।।

श्रीसूर्यमण्डलात् तीर्थमाकृष्याङ्कुशमुद्रया।
वमित्यनेन चाल्पाव्य कवचेनाऽवगुण्ठयेत्।

संरक्ष्यास्त्रेण मूलेन मन्त्रयेद् रुद्रसंख्यया।
आत्मरक्षां ततः कुर्याद् वारिक्षेपेण चास्त्रतः॥

निमज्य तत्र श्रीदेवं ध्यायेच्छक्त्या मनुं जपेत्।
उन्मय्य कुम्भमुद्रां च बद्ध्वा सिञ्चेत् स्वमूर्धनि॥

त्रिपुरार्णवे–

विधाय वैदिकं स्नानं ततस्तान्त्रिकमाचरेत्।
मृदमस्त्रेण चादाय तेन तामभिषिच्य च॥

शिखामन्त्रेण संशोध्य मन्त्रयेन्मूलमन्त्रतः।
मूर्धादिपादपर्यन्तं विलिप्य च तया वपुः॥

सम्मुखीकरणीं मुद्रां बद्ध्वा प्राणं निरुध्य च।
निमज्य तूष्णीमुत्थाय नाभिमात्रे जले स्थितः॥

प्राणायामत्रयं कृत्वा मूलमन्त्रेण मन्त्रवित्।
विन्यस्य च षडङ्गानि कल्पयेत् तीर्थमग्रतः॥

ततः संप्रार्थयेत् तीर्थं सूर्यमण्डलगं ततः।
घृणिमन्त्रेण मन्त्रज्ञो भित्त्वा चाङ्कुशमुद्रया॥

तीर्थावाहनमन्त्रेण तीर्थमावाहयेत् प्रिये।
मूलमन्त्रेण संयोज्य कल्पिते तीर्थमण्डले॥

तीर्थशक्तिं च तत्रैव समावाह्याऽर्कमण्डलात्।
ध्यात्वा तन्मुनुनाऽभ्यर्च्य गङ्गामन्त्रेण मन्त्रयेत्॥

सप्तकृत्वः शिवे चास्मिन् शृणु मन्त्रद्वयं प्रिये।
जलस्थं व्योमषड् दीर्घ-स्वरभिन्नं सबिन्दुकम्॥

सर्वानन्दमये तीर्थे शक्ते एह्येहियुगं द्विठः।
एकविंशाक्षरः प्रोक्तस्तीर्थशक्तिमनुः प्रिये॥
तारं नमो भगवति ब्रूयादम्बे ततोऽम्बिके।
अम्बालिके महामालिन्यह्येहि भगवत्यथ॥
अम्बालिके महामालिन्येह्येहि भगवत्यथ॥

अशेषतीर्थालवाले मायाश्रीबीजमुच्चरेत्।
शिवजटाधिरूढे च गङ्ग गङ्गाम्बिके द्विठः॥

गङ्गाविद्येयाख्याता त्रिपञ्चाशद्भिरक्षरैः।
भुवनेश्या समालोड्याऽमृतीकृत्य सुधाणुना॥

कवचेनाऽवगुण्ठ्याऽथ संरक्ष्याऽस्त्रेण मन्त्रवित्।
मूलेन देवतां तत्र स्मरन् मूल्मन्त्रं स्नायाज्जले त्रिशः॥

उन्मज्य मूलमन्त्रेण सिञ्चेत् किं कुम्भमुद्रया।
आचम्य विधिना पश्चान् मूलमन्त्रेण तर्पयेत्॥

त्रिधा देवीं समुत्तीर्य जलाद्धौते शभाम्बरे।
परिधायाऽथ तिलकं कृत्वा सन्ध्यां समाचरेत्॥

संप्रार्थयेदिति–

ब्रह्माण्डोदरतीर्थनि करैः स्पृष्टानि ते रवे।
तेन सत्येन मे देवेश तीर्थं देहि दिवाकर॥

इत्यनेनेत्यर्थः तीर्थावाहनमन्त्रेणेति। गङ्गे चेत्यनेनेत्यर्थः।
ध्यात्वेति–

सर्वानन्दमयीमशेषदूरितध्वंसां मृगाङ्कप्रभां
त्र्यक्षामूर्ध्वकरद्वयेन दधतीं पाशं शृणिं वामतः।

अंत श्चामृतपूर्णहेमकलशौ मुक्ताक्षमालां वरां

गङ्गा सिन्धुसरिद्वरादिसहितां श्रीतीर्थशक्तिं भजे॥

इति प्रकारेण। एतेषां प्रकाराणामविरोधे समुच्चयः। विरोधे विकल्पः। त्रिपुरार्णवोक्तप्रकारस्तु त्रैपुर एवेत्यपि वदन्ति।

3. अथ मान्त्रस्नानम्

नारदपञ्चरात्र–"अथ मान्त्रं शुभं शृणु" इत्युपक्रम्य–

तोयाभावे तु यत् कार्यं दुर्गे काले वर्शी ततः।
गमने क्षिप्रसिद्ध्यर्थं गुरुकार्येष्वतन्द्रितः॥

प्राप्तापद्यथ विप्रेन्द्र निशायागे तथा मुने।
प्रक्षाल्य पादावाचम्य प्रोद्धृतेन तु वारिणा॥

स्थानं दश दिशः प्राग्वत् संशोध्योपोविशेत् ततः।
अस्त्रं हस्ततले न्यस्य क्रमान् न्यासान् तत श्चरेत्॥

मूलमन्त्रादितः कुर्यात् सर्वमन्त्रगणेन वै।
केवलादुदकस्नानात् संस्कारपरिवर्जितात्।
प्रभासादिषु तीर्थेषु यत् फलं स्नातकस्य तु।
ज्ञेयं दशगुणं तस्मान्मन्त्रस्नानस्य नि श्चयात्॥

तोयाभावे औदकस्नानक्षमतोयाभावे। अस्त्रमित्यादि। स्वविद्याया अस्त्रमन्त्रं करयोर्विन्यस्य मन्त्रन्यासपूर्वकं स्वतन्त्रोक्तन्यासजालं कुर्यादित्यर्थः। केवलादिति। स्नानमिह न्यासरूपमेव। तन्त्रान्तरे तु–

मणिबन्धादधो हस्तौ पादौ गुल्फादथाननम्।
क्षालयेत् स्नानमेतत् स्यात् पञ्चाङ्गशुद्धिदायकम्॥

4. अथ मानसस्नानम्

शैवागमे–

मनसा मूलमन्त्रेण प्राणायामपुरः सरम्।
कुर्वीत मानसं स्नानं सर्वत्र विहितं च यत्॥

सर्वत्र सर्वविद्यासु।

नारदपञ्चरात्रे–

ध्यानस्नानमथो वक्ष्ये द्वाभ्यामपि परं च यत्।
खस्थितं पुण्डरीकाक्षं मन्त्रमूर्तिं प्रभुं स्मरेत्॥

तत्पादोकजां धारां निपतन्तीं स्वमूर्धनि।
चिन्तयेत् सूक्ष्मरन्ध्रेण प्रविशन्तीं स्वकां तनुम्॥

तया संक्षालयेत् सर्वमेतद्देहगतं मलम्।
तत् क्षणाद् विरजा मन्त्री जायते स्फटिकोपमः॥

इदं स्नानवरं मन्त्रस्नानाच्छतगुणं स्मृतम्।

पुण्डरीकाक्षमित्युपलक्षणम्। या यस्य देवता स त स्मरेदिति तात्पर्यम्। द्वाभ्यामिति। अल्पायासेन तत्फलकत्वाद् द्वाभ्यां श्रेष्ठमित्युक्तम्। न त्वतस्तत् प्रधानमिति बोध्यम्। अस्यास्तु विद्याया महीचीनक्रमोपास्यत्वादत्र मानसस्नानमेव प्रधानम्। तत उत्थाय वाससी बिभृयात्। तदुक्तं कुलचूडामणौ–

उत्थाय कुलवस्त्रे द्वे परिधाय कुलेन तु।
तिलकं कुलरूपं तु कृत्वाऽवश्यं समाप्य च॥

कुलवस्त्र इत्यत्र कुलपदमुत्कृष्टरक्तवाचि। कुलेन मूलमन्त्रेण। कुलरूपं तिलकम्। 'श्मशानमृद्भिः सततं त्रिपुण्ड्रं कारयेत् सुधी' रिति मत्स्यसूक्तोक्तं वीरतिलकम्।

नारदपञ्चरात्रे–

सुधौतं परिधायाऽथ वस्त्रयुग्ममखेदकम्।
तदाभावादथ शाटीं योगपट्टकसंयुताम्॥

न चैकवाससा यस्माद् भवितव्यं कदाचन।

स्वतन्त्रतन्त्रे–

मोक्षार्थी रक्तवस्त्रे द्वे भोगार्थी श्वेतवाससी।
परिधाय ततो विद्वान् यागभूमिं यथा विशेत्॥

यामले–

बिभृयाद् वाससी शुभ्रे तिलकं वर्णभेदतः।

वर्णभेदत इति–

ब्राह्मणस्योर्ध्वपुण्ड्रं स्यात् क्षत्रियस्य त्रिपुण्ड्रकम्।
वैश्यानामर्धचन्द्रं स्याच्छूद्रस्य वर्तुलाकृतीति॥

नारदपञ्चरात्रोक्तक्रमेणेत्यर्थः।

समयातन्त्रे–

भस्मना तिलकं कुर्याद् मृद्भिर्वा पुण्ड्रकत्रयम्।

भैरवीतन्त्रे–

तिलकं रक्तगन्धेन गोपीचन्दनकेन वा।
देव्यस्त्रं विलिखेद् भाले तारबीजं ततो हृदि॥

शक्तिं मध्यगतां कुर्यात् साधको नरपुङ्गवः।

भैरवीतन्त्रे–

आचम्य प्राङ्मुखो भूत्वा उपविश्य च मन्त्रवित्।
वैदिकीं तान्त्रिकीं कुर्यात् ततः सन्ध्यां समाहितः॥

शैवागमे–

प्राणायामत्रयं कृत्वा मूलमन्त्रेण मन्त्रवित्।
अङ्गानि विन्यसेद् देहे करन्यासपुरः सरम्॥

अमृतीकृत्य पुरतो जलं च धेनुमुद्रया।
अभिमन्त्र्य च मूलेन सप्तवारं आ साधकः॥

अकारादिकारान्तैर्मातृकार्णैः सबिन्दुभिः।
प्रत्यर्णं प्रोक्षयेन्मूर्ध्नि कुशैर्मूलेन वा त्रिधा॥

कुमारीकल्पे–

प्रणवं पूर्वमुद्धृत्य मणिधरणि वज्रिणि।
रक्षद्वयं तथा हूं फट् स्वाहेति तदनन्तरम्॥

अनेनैव हि मन्त्रेण रक्षां कुर्याद् विचक्षणः।
पुनराचम्य विन्यस्य षडङ्गमपि मन्त्रवित्॥

वामहस्ते जलं गृह्य गलितोदकबिन्दुभिः।
सप्तधा प्रोक्षणं कृत्वा मूर्ध्नि मन्त्रं समुद्गिरन्॥

अवशिष्टोदकं दक्षे हस्ते संगृह्य मन्त्रवित्।
इडया कृष्णदेहान्तः क्षालितं पापसञ्चयम्॥

कृष्णवर्णं तदुदकं दक्षनासाभिरेचितम्।
दक्षहस्तेन तन्मन्त्री पापरूपं विचिन्त्य च॥

पुरतो वज्रपाषाणे प्रक्षिपेदस्त्रमन्त्रतः।
रक्षा शिखाबन्धनरूपैवेति तत्त्वविदः।

यामले–

षडङ्गयासमाचर्य वामहस्ते जलं ततः।
गृहीत्वा दक्षिणेनैव संपुटं कारयेत् ततः॥

शिववायुजलपृथ्वी-वह्निबीजैस्त्रिधा पुनः।
अभिमन्त्र्य च मूलेन सप्तधा तत्त्वमुद्रया॥

निक्षिपेत् तज्जलं मूर्ध्नि शेषं दक्षे निधाय च।
शरीरान्तस्थितं पापं क्षालयेत् साधकाग्रणीः॥

मूलेन तिलकं कुर्यात् सन्ध्यैवैव हि कौलिकी।
उद्दिश्य कुलगं शिष्यं कथिता कुलसुन्दरि॥

शिवबीजं हकारः। वायुबीजं यकारः। जलबीजं वकारः। पृथ्वीबीजं लकारः। वह्निबीजं रेफः। एतेषां च सानुस्वाराणां बीजत्वम्। सजलं वामहस्तं दक्षहस्तेन संपुटीकृत्य एभिर्बीजैस्त्रिधा जलमभिमन्त्रयेत्। तत्त्वमुद्रा अनामाङ्गुष्ठयोगेन भवति। तथा च हस्तस्थमेव जलं मूलमन्त्रेण सप्तधा मूर्ध्नि क्षिपेदित्यर्थः। तदत्र कुमारीकल्पयामलयोर्विकल्पो-गुरुक्रमपरिच्छेद्यः।

वीरचूडामणौ-

वियद्वह्निं समुच्चार्य नारायणं सबिन्दुकम्।
मायाबीजं समुच्चार्य गगनं वह्निसंयुतम्॥

अर्धचन्द्रसमायुक्तं वामकर्णविभूषितम्।
हंस इत्युच्चरेत् पश्चात् सूर्यमण्डलेऽन्तकम्।
तारायै पदमुच्चार्य हृदयान्तेऽञ्जलिं क्षिपेत्॥

ततो गायत्रीं जपेत्।

तदुक्तं शैवागमे-

गायत्र्या वाथ मूलेन दद्यादर्घ्यत्रयं ततः।
शिवाय मण्डलस्थाय मुखे मूलेन तर्पयेत्॥

त्रिधा जप्त्वाथ गायत्रीं अष्टाविंशतिवारकम्।

गायत्रीं स्वेष्टदेवतागायत्रीम्। तारागायत्री चोक्ता कालिकार्णवे-

ऐं भगवत्येकजटे विद्महे च पदं ततः।
विकटदंष्ट्रे धीमहि तन्नस्तारे प्रचोदयात्॥

मालिनीतन्त्रे–

महोग्रायै च विद्महे तारायै धीमहि प्रिये।
तन्नो देवी च शब्दान्ते धियो यो नः प्रयोदयात्॥

वीरचूडामणौ–

अष्टधा दशधा वापि गायत्रीं च जपेद् बुधः।
वाग्भवं च समुच्चार्य एकजटायै विद्महे॥

देवि स्त्रीं च समुच्चार्य नीलसरस्वत्यै धीमहि।
ह्ल्लेखां च समुच्चार्य ततस्तारे प्रचोदयात्॥

जप्त्वा समर्पणं कुर्याद् देवतावामहस्तके।

गायत्रीध्यानं तु तन्त्रे–

उद्यदादित्यसङ्काशां पुस्तकाढयकरां स्मरेत्।
कृष्णाजिनधरां ब्रह्मीं ध्यायेत्तारकिताम्बरे॥

मध्याहे–

श्यामवर्णां चतुर्बाहुं शङ्खचक्रलसत्कराम्।
गदापद्मधरां देवीं सूर्यबिम्बकृताश्रयाम्॥

सायाह्ने वरदां देवीं गायत्रीं संस्मरेद् बुधः।
शुक्लां शुक्लाम्बरधरां वृषासनकृताश्रयाम्।
त्रिनेत्रां वरदां पाशं शूलं च नृकरोटिकाम्॥

गौतमीये–

संक्षपप्सन्ध्यामथवा कुर्यान्मन्त्री ह्यशक्तितः।
सायं प्रातश्च मध्याह्ने कृष्णं ध्यात्वा मनुं जपेत्॥

इति सन्ध्यात्रयं प्रोक्तं कर्मिणां सिद्धिदायकम्।

कृष्णमित्युपलक्षणम्। स्वेष्टदेवतामित्यर्थः।

शैवागमे–

सन्ध्यालोपो न कर्तव्यः शम्भोराज्ञैवमेव हि।
दीक्षितः सन्ध्यया हीनो न दीक्षाफलमश्नुते॥

सन्ध्याहीनोऽन्यसन्ध्यायां पूर्वसन्ध्याक्रियामथ।
विधायोत्तरसन्ध्यायाः क्रियां कुर्यादतन्द्रितः॥

गौतमीये–

सन्ध्यायां पतितायां वा गायत्रीं दशधा जपेत्।

तन्त्रराजे तु–

स्नानसन्ध्यार्चनालोपे जपेदष्टोत्तरं शतम्। इत्युक्तम्।

5. अथ तर्पणम्

कुलचूडामणौ–

देवान् ऋषीन् पितृंश्चैव तोषयेत् कुलवारिणा।
कुलात्मकान् पुनर्ध्यात्वा कुले संलीय तोषयेत्॥

कुलवारिणा आहूतकुलवीर्यमवारिणा। कुलात्मकान् दिव्योघसिद्धौघ-मानवौघान्। कुले पूजाचक्रे। संलीय आवाह्य। तथा–

भैरवाय च देवाय भरवावेशकारिणे।
भैरवाख्यं प्रदातव्यं मन्त्रमुच्चार्य पूर्वतः॥

भैरवाख्यं मन्त्रमित्यन्वयः। स चानन्दभैरवमन्त्रो वक्ष्यते। पूर्वत ओघत्रयतर्पणात् पूर्वम्। यामले–

तर्पणादौ प्रयुञ्जीत तृप्यतां ब्रह्मभैरवः।

तर्पणे पितृणां भैरवत्वेनोल्लेखस्तु वीरविषयः। पशुना तु मालिनीतन्त्रे–

दक्षिणाशामुखो भूत्वा संगृह्य मोटंक ततः।
तृप्यन्तृ पितरः प्रोक्त्वा चेतत् तर्पणमाचरेत्॥

शैवागमे–

ध्यात्वा देवं जले सम्यक् पूजयित्वाऽथ मूलतः।
अष्टोत्तरशतावृत्त्श तर्पयेन्मूलमन्त्रतः॥

तदर्धेन तदर्धेन दशधा वाथ तर्पयेत्।
ततस्तदङ्गावरणदेवतास्तर्पयेत् क्रमात्॥

एकैकाञ्चलिना तद्वन्मूलमन्त्रपुरः सरम्।
ततः सम्पूज्य देवेशं साङ्गावरणकं ततः॥

संबद्धास्य हृदि स्वीये आत्मानं तन्मयं स्मरेत्।

यामले–

यन्त्रराजं जले ध्यात्वा तत्र देवीं निधाय च।
देवर्षिपितृपूर्वां तु सायुधां सपरिवाराम्॥

जलं वा तर्पयेद् देवीं गृहे तर्पयेत् सुधीः।
गुरुपङ्क्तिं च सन्तर्प्य वटुकादीं श्च तर्पयेत्॥

मूलदेवीं च सन्तर्प्य तर्पयेत् परिवारकान्।
तर्पयेद् द्वारपालादींस्तथैवाङ्गदिदेवताः॥

शेषिकां सुन्दरी पश्चादैश्यां च परमं गुरुम्।
अग्नौ परापरं चैव नैऋत्यां परमेष्ठिनम्॥

शेषिकां सुन्दरी पश्चादैश्यां च परमं गुरुम्।
अग्नौ परापरं चैव नैऋत्यां परमेष्ठिनम्॥
व्यायव्यादीशपर्यन्तं गुरुपङ्क्तिं च तर्पयेत्
अङ्गानि तत्तत्स्थानेषु मध्ये देवीं च तर्पयेत्॥

तारायां तु विशेषो मालिनीतन्त्रे–

तीर्थोदकं तिलं कल्कं क्षीराक्षतसमन्वितम्।
उत्तराशामुखो भूत्वा देवीमात्रं प्रतर्पयेत्॥

मात्रपदात् परिवारतर्पणं केवलं जलेनैव। इष्टदेवतातर्पणप्रकारो नीलतन्त्रे–

मूलान्ते तर्पयामीति स्वाहान्तं तर्पणं मतम्।
एवं त्रिधा तर्पणं तु कृत्वा पापक्षयो भवेत्॥

तर्पयामीत्यतः पूर्वं द्वितीयान्तदेवतानाम योज्यम् क्रियायाः कर्मसापेक्षत्वात्। तथैव सर्वत्र दर्शनाच्च।

मूलान्ते तारिणी प्रोच्य तर्पयाम्यग्निवल्लभा।

इति मालिनीतन्त्रवचनाच्च। तर्पणमिष्टदेवतायाः तत्रैव मूलमन्त्रावयस्य युक्तत्वात्। इदं वैष्णवान्यपरम्। वैष्णवे तु गौतमीये–

आदौ मन्त्रं समुच्चार्य श्रीपूर्वं कृष्णमित्यपि।
तर्पयामि पदं चोक्त्वा मनोऽन्तं तर्पयेन्नरः॥

अन्यत्र तु–

तर्पयामि पदं योज्यं मन्त्रान्ते स्वेषु नामसु।
द्वितीयान्तेषु चेत्येवं तर्पणस्य मनुर्मतः॥

एवं च मुख्यतर्पणमष्टोत्तरशतावृत्त्येति प्रथमः पक्षः। पापक्षयो भवेदित्यतो नित्यकाम्यमेतदवसीयते। प्रत्येकमङ्गपरिवार–

तर्पणशक्तौ साङ्गा सपरिवारां सवाहनां सायुधां अमुक्तदेवतां तर्पयामि स्वाहेत्येवं यथाशक्ति देवतामेव तर्पयेदि-त्यागमिकाः। ततः सूर्यायार्घ्यं दद्यात्। तदुक्तं यामले—

मर्त्तण्डभैरवायेति त्रिधा चार्घ्यं प्रकल्पयेत्।

मार्त्तण्डभैरवायेत्येकदेशग्रहणम्। तन्मन्त्रस्तु ह्रीं हंसः मार्त्तण्डभैरवाय प्रकाशशक्तिसहिताय इदमर्घ्यं स्वाहेति।

तन्त्रराजोत्तरे—

संस्मृत्य भैरवं देवं मार्तण्डाख्यमुमापतिम्।
मूलेन मनुना देवि सूर्यस्य मनुनाऽथवा॥

मायाबीजं समुद्धृत्य सोऽहं तु विपरीतकम्।
मार्त्तण्डभैरवं डेन्तं प्रकाशशक्तिसंयुतम्॥

सूर्यस्य मन्त्रः संप्रोक्त..........इति।

नन्दिकेश्वरसंहितायाम्—

दिनेशाय क्षिपेत् तिष्ठन् वारिणा चाञ्जलित्रयम्।
यावन्न दीयते चार्घ्यं भास्कराय निवेदनम्।
तावन्न पूजयेद् विष्णु शङ्करं वा सुरेश्वरीम्॥

ततः सूर्यमण्डलस्थायै देव्यै अर्घ्यं दद्यात्।

तदुक्तं नीलतन्त्रे—

कुशीतमोड्रपुष्पं च कुलपुष्पं कुशाजलम्।
अक्षतांश्च तथा ताम्रे कृत्वा चार्घ्यं निवेदयेत्॥

मूलान्ते चोद्यदादित्यपदान्मण्डलवर्तिन्यै।
शिवचैतन्यमय्यै च स्वाहेति तन्मनुः स्मृतः॥

कुशीतं रक्तचन्दनम्। कुलपुष्पमार्तवम्। अत्र कालीतत्त्वकृतः– 'उक्तेनैव विधानेन स्नानं कृत्वा तु तान्त्रिकति'ति वचनात् 'सन्ध्यैषैव हि कौलिकी। उद्दिश्य कुलगं शिष्यं कथिते'ति ब्रह्मयामलवचनात्–

कौलिकं कुर्वतः कर्म वैदिकं नाभिधीयते।
वैदिकं कुर्वतः कर्म कौलिकं नाभिधीयते॥

इति रुद्रयामलवचनात् 'अथ योनिरुपेक्षमेव (?) कर्मे'त्यथर्ववेदाच्च कौलिकैर्वैदिकस्नानसन्ध्यातप्रणादीनि न कार्याणीति वदन्ति। तन्न। 'कृत्वादौ वैदिकं स्नानं ततस्तान्त्रिकमाचरेत्।' इति वशिष्ठसंहितावचनस्य– 'विधाय वैदिकं स्नानं ततस्तान्त्रिकमाचरेत्' इति त्रिपुरार्णववचनस्य च– 'वैदिकीं तान्त्रिकीं सन्ध्यां कृत्व तर्पणमाचरेत्' इति तन्त्रान्तरवचनस्य च विरोधात् तद्वचनानामन्यथार्थः कलप्यते। तथाहि– उक्तेनैवेति। एवकारो भिन्नक्रमः कृत्वैवेत्यत्रान्वेति। सन्ध्यैषैवेत्येवकारस्तान्त्रिकं कल्पान्तरं नास्तीत्येतदर्थकः।

'कौलिकं कुर्वत' इति रुद्रयामलवचनम् अथर्ववचनं च सर्वशाखाप्रत्ययमेकं कर्मेति न्यायप्राप्तयुगपदुभयेतिकर्तव्याताचरणप्रतिषेधकमिति न किञ्चिदेतत्।

6. अथ पूजा

सा च त्रिविधा उत्तममध्यमकनिष्ठभेदात्। तथा चोक्तं फेत्कारिणीतन्त्रे–

शक्तिभिमूर्तिभिश्चैव लोकपालैश्च संयुताः।
पीठयन्त्रक्रमाद् यागो नित्ययागः स उत्तमः॥

पीठेनैव समस्तेन बहिरावरणं विना।
अग्निकार्येण हविषा भूषणैश्च समन्वितः॥

मन्त्रपूर्वकृतो यागो नित्ययागः स मध्यमः।
द्रव्यशुद्धिसमायुक्तं तत्तत्संपूजनं तथा॥

वस्त्रालङ्कारवस्तुनि वर्जयित्वा पृथग्विधम्।
अग्निकार्यविहीनं च कालदेशानुसारतः॥

उपचारैर्युतं द्रव्यैरधमं पूजनं मतम्।

अत्र शक्त्यपेक्षमाचरणम्। तत्त्वसारसंहितायाम्–

अनिर्मालयं सनिर्माल्यमर्चनं द्विविधं स्मृतम्।
दिव्यं मनोभवैर्द्रव्यैर्गन्धपुष्पैः स्रगादिभिः॥

यदर्चनमनिर्माल्यं दिव्यभोगापवर्गदम्।
ग्राभरण्यादिसम्भूतैर्यागद्रव्यैर्मनोहरैः॥

भक्तैर्यत् क्रियते सम्यक् सनिर्माल्यं तदर्चनम्।
जातमात्राणि पुष्पाणि घ्रातान्येव निसर्गतः॥

पञ्चभिश्च महाभूतैर्भानुना शशिना तथा।
प्राणिभिश्च द्विरेफाद्यैः पौष्पैरेव न संशयः॥

अतो निर्माल्यमित्युक्तमिति।

अत्र यतीनामादावेवाधिकारः। अगस्त्यः–

द्विविधं स्याल्लब्धामनोर्बाह्यान्तरमुपासनम्।
न्यासिनामान्तरं प्रोक्तमन्येषामुभयं विदुरिति॥

मनसा पूजयेद् योगी पुष्पैरारण्यसम्भवैः।
शिवार्थे पुष्पहिंसायां न भवेत् तत् तु हिंसनम्॥

इति शिवरहस्यवचनमजितेन्द्रियपरम्।

परिवाड् ज्ञानमात्रेण होमदानादिभिर्विना।

सर्वदुःखपिशाचेभ्यो मुक्तो भवति नान्यथा॥

पारिव्राडविरक्तश्च विरक्तश्च तथा गृही।
कुम्भीपाके तु मज्जेते तावुभौ कमलानने॥

पुण्यस्त्रियो गृहस्थाश्च यद्येवं कुर्युरन्वहम्।
संसारान्न निवर्तन्ते विध्यतिक्रमदोषतः॥

इति अगस्त्यसंहितावचनात्। पद्मपुराणे–

स्मरणे कीर्त्तने विष्णोस्तथा मानसपूजने।
सदाधिकारः सर्वेषा महापातकिनामपि॥

न गृही ज्ञानमात्रेण परत्रेह च मङ्गलम्।
प्राप्नोति चन्द्रवदने दानहोमादिभिर्विना॥

गृहस्थो यदि दानादि दद्यान्न जुहुयादपि।
पूजयेद् विधिनाऽनेन कः कुर्यादेतदन्वहम्॥

न ब्रह्मचारिणो दातुमधिकारोऽस्ति भाविनि।
गुरुभ्योऽपि च सर्वेभ्यः को वा दद्यादपेक्षितम्॥

घ्रातपुष्पात् फलं सिध्येदल्पं नो मानसं यथा।
तस्मादपरिहार्यत्वादन्यथा चानुपायतः॥

अनल्पबुद्धितन्द्रीणां बाह्यपुष्पैर्भवेत् क्रिया।

तत्त्वसारसंहितायाम्–

पूजा पञ्चविधा प्रोक्ता पञ्चरात्रादितन्त्रके।
ताश्चाभिगमनं चोपादनेज्याध्याययोगकाः॥

तत्राभिगमनं नाम मन्त्रिभिः परिकीर्त्यते।
संमार्जनोपलेपादिसंस्कारो देवमन्दिरे॥

उपादानं भवेद् देवपूजासाधनमेलनम्।

ततश्चापि भवेदिज्या गन्धपुष्पादिभिः पुनः।
पीठपूजा च देवस्य साङ्गावरणपूजनम्॥

मन्त्रार्थभावनापूर्वं जपो मन्त्रस्य कीर्तनम्।
तच्छास्त्रमननं सम्यक् स्वाध्यायो मन्त्रिभिः स्मृतः॥

गुरुदेवात्मनामैक्यभावना योग उच्यते।
सालोक्यमपि सारूप्यं सामीप्यं सार्ष्टिनामकम्॥

सायुज्यमपि पञ्चानां फलान्येवं विदुः क्रमादिति।

तत्रादौ दैशाः फेत्कारिणीये–

एकलिङ्गेश्मशाने च शून्यागारे चतुष्पथे।
तत्रस्थः साधयेद् योगी विद्यां त्रिभुवनेश्वरीम्॥

एकलिङ्गमुक्तं तत्रैव–

पञ्चक्रोशान्तरे यत्र न लिङ्गन्तरमीक्षते।
तदेकलिङ्गमाख्यातं तत्र सिद्धिरनुत्तमा॥

श्मशानादिकमुक्तं त्रिशक्तिरत्ने–

दह्यते व्यसवो यत्र शवकीलकसङ्कुले।
गृध्रगोमायुकाकाद्यैर्मांसलुब्धैर्यदावृतम्॥

तच्छ्मशानमिति ख्यातं पिशाचगणसेवितम्।
काकादिनीडसंयुक्तं कृत्तिच्छत्रादिसंयुतम्॥

नागरैर्दूरनिर्मुक्तं साध्यसोद्वेगकारकम्।
सौधसंरूढघासाढ्य शूयागारं तदूच्यते॥

चतुर्णां च पथां यत्र संपातो युगप् भवेत्।
तच्चतुष्पथमित्युक्तं रजन्यामिष्टदायकम्॥

पूर्वपूर्वमिदं शस्तं जघन्यं चोत्तरोत्तरम्।

कुमारीतन्त्रे–

कामरूपे पूर्णगिरौ दिव्ये चोड्डानके तथा।
वाराणस्यां च लौहित्ये करतोयानदीजले॥

आर्यावर्ते प्रयागे च ब्रह्मावर्ते तथैव च।
अनन्तफलदा पूजा सर्वत्रैवं जले स्थले॥

तदभावे पुण्यगेहे सिन्दूरादिभिरङ्कते।
खड्गशूलगदाकर्त्रीचामरव्यजनादिभिः॥

वितानध्वजसंकीर्णे कृष्णागुरुसुधूपिते।
युवतीनां सुरापीनां वेश्यागणसुशोभिते॥

शङ्खघण्टारवाकीर्णे दीपावलिविराजिते।
एवम्भूते गृहे पूजा कालिकायाः सुशोभना॥

कामरूपादिविधिर्गुणफलः। रुद्रयामले–

एकलिङ्गे श्मशाने च शून्यागारे चतुष्पथे।
शवोपरि चितास्थो वा कुलपादपमूलके॥

यौनो वा योनियन्त्रे वा योनिपुष्पैर्विशेषतः।
सुद्रव्यैः पूजयेद् विद्यां जवापावकसिन्दूरैः (?)॥

मत्स्यमांसैर्धूपदीपैर्नैविद्यैर्विविधैस्तथा।
षट्सहस्त्रप्रमाणेन प्रतिसन्ध्यं जपेन्नरः॥

महाविद्याविशेषेण जपमात्रेण सिद्धिदा।
तत्रस्थः साधयेद् योगी विद्यां त्रिभवमोचनीम्॥

हरगौरीसंवादे–

पूजनीया प्रयत्नेन शून्यागारे चतुष्पथे।
शिवालये बिल्वमूले सर्वदा कुलमण्डले॥

वीरतन्त्रेऽपि–

सर्व एव शुभः कालो नाशुभो विद्यते क्वचित्।
न विशेषो दिवा रात्रौ सन्ध्यायामथवा निशि॥

फेत्कारिण्याम्–

बलिपूजादिकं सर्वं रात्रौ तु क्रियते यदि।
तत्तदक्षयतां याति तारदेव्याः प्रसादतः॥

7. अथ पञ्चशुद्धिः

कुलार्णवे–

आत्मस्थानमनुद्रव्य-देवशुद्धिश्च पञ्चमी।
यावन्न क्रियते देवि तावद् देवार्चनं न हि॥

आत्मशुद्ध्यादिर्वक्ष्यते।

सम्मार्जनोपलेपाद्यैर्दर्पणोदरवत् कृतम्।
वितानधूपदीपादिविततध्वजसेवितम्॥

पञ्चवर्णरजश्चित्रं स्थानशुद्धिरितीरिता।
ततश्च साधकश्रेष्ठो हृदि मन्त्रं परामृशन्॥

अबहिर्मानसो योगी यागभूमिमथाविशेत्।

कुमारीकल्पे–

तारवज्रोदके हूं फट् स्वाहामन्त्रेण मन्त्रवित्।
जलमानीय सव्ये तु आसनं शोधयेत् ततः॥

सव्ये वामदिशीत्यर्थः। तथा–

प्रणवं पूर्वमुद्धृत्य लज्जाबीजं तथैव च।
ततो विशुद्धान्ते सर्वपापानि शमयेति च॥

अशेषान्ते विकल्पं स्यादपनय ततः परम्।
कूर्चबीजं भवेन्मन्त्रः पादप्रक्षालने प्रिये॥

वेदाद्यं च तथा माया स्वाहेत्याचमनं मतम्।

तारारहस्यवृत्तौ– पादप्रक्षालनाचमनमन्त्रयोर्वैपरीत्यमुक्तम्। प्रथममन्त्रे च विशुद्धशब्दात् पूर्वं सुकारान्ते धर्मगात्रीति पदं कूर्चबीजनन्तरं फट् स्वाहेति चोक्तम्। तदनुसार्येव सम्प्रदायः। फेरवीये–

द्विराचम्य शिखां बद्ध्वा ततो भूमिविशोधनम्।

अत्र च मणिधरि वज्रिणि शिखरिणि सर्ववशङ्करिणि हुं फट् स्वाहेति मन्त्रेण शिखाबन्धनं मत्स्यसूक्ते उक्तम्। भूमिशोधनमग्रे वक्ष्यते। भैरवतन्त्रे–

ताराभेदैस्त्रिभिः पीत्वा मायया क्षालयेत् करम्।

स्त्रीं हूं ओष्ठौ द्विरुन्मृज्य फट्कारैः क्षालयेत् करम्॥

आस्यनासेक्षणश्रोत्र-नाभिवक्षःशिरोभुजान्।
वैरोचनादिभिः स्पृष्ट्वा सर्वपापैः प्रमुच्यते॥

आचम्य भैरवो भूत्वा वत्सरात् तां प्रपश्यति।

ताराभेदैः। तारैकजटानीलसरस्वतीरूपैः। उत्तरतन्त्रे–

आचान्तः शुचितां प्राप्तः सुस्नातो देवपूजने।
पूजावेद्या बहिः स्थित्वा चतुर्हस्तान्तरे धिया॥

गृहे चेद् द्वारदेशस्थः प्रणम्य शिरसा गुरुम्।
प्रणमेदिष्टदेवं स्वं दिक्पालानपि चेतसा॥

यत् पापमर्जितं पूर्वं तद्दिनेऽन्यादिनेऽपिवा।

प्रायश्चित्तैर्न लुप्येत तद्धि पापं स्मरेद् धिया॥

तत्पापस्यापनेयार्थं श्लोकद्वयमुदीरयेत्।
देवि त्वं प्राकृतं चित्तं पापाक्रान्तमभून् मम॥

तन्निःसारय चित्तान् मे पापं हूं फट् च ते नमः।
सूर्यः सोमो यमः कालो महाभूतानि पञ्च च॥

एते शुभाशुभस्येह कर्मणो नव साक्षिणः।
ततः पुनार्हूं फडिति पार्श्वमूर्ध्वमधस्तथा॥

आत्मनः क्रोधदृष्ट्याऽथ निरीक्षन् सुमना भवेत्।
एवं कृते प्रथमतः पापोत्सारणकर्मणि।
यत् स्याद् दृढतरं पापं तद् दूरे चावतिष्ठते॥

अतीते पूजने स्थानं स्वं प्रयाति पुनश्च तत्।
यत् स्यादल्पतरं पापं तन्नाशमुपगच्छति॥

पूजने त्यक्तपापस्य काममिष्टं क्षणाद् भवेत्।

स्वतन्त्रे–

भूमिव्योमस्थितान् सर्वान् विघ्नजातान् सहाक्षतैः।
सिद्धार्थैस्तिलसंमिश्रैः प्रोत्सार्य चासने विशेत्॥

यामले–

भूतापसारणं कुर्यान्मन्त्रेणाऽनेन साधकः।
यस्मिन् कृते स्थले भूता दूरं यान्ति सुरार्चने॥

स्थितेषु तत्र भूतेषु नैवेद्यं मण्डलं तथा।
विलुम्पन्ति सदा लुब्धा न गृह्णन्ति च देवताः॥

ॐ अपसर्पन्तु ते भूता ये भूता भुवि संस्थिताः।
ये भूता विघ्नकर्त्तारस्ते नश्यन्तु शिवाज्ञया॥

भैरवतन्त्रे–

तत आचमनं कृत्वा सामान्यार्घ्यं प्रकल्पयेत्।
त्रिकोणवृत्तभूबिम्बमण्डलं रचयेत् ततः॥

आधारशक्तिं सम्पूज्य तत्राधारं विनिक्षिपेत्।
अस्त्रेण पात्रं संशोध्य हृन्मन्त्रेण च पूरयेत्॥

निक्षिपेत् तीर्थमावाह्य गन्धादीन् प्रणवेन च।
दर्शयेद् धेनुमुद्रां वै सामान्यार्घ्यविधिर्मतः॥

सामान्यार्घ्येण देवेशि पूजयेद् द्वारदेवताः।
गणेशं क्षेत्रपालं च वटुकं योगिनीमपि।
गङ्गा च यमुनां चैव लक्ष्मीं वाणीं ततो विशेत्॥

तन्त्रे–

गां बीजाद्यं गणेशं च वामाद्यं वटुकं तथा।
क्षामाद्यं क्षेत्रपालं च यामाद्यां योगिनीं तथा॥

ऊर्ध्वे वामे च दक्षे च अधश्चैव यथाक्रमम्।

ऊर्ध्वादिकं देहल्याः प्रकरणात्। एवं गां गङ्गा यां यमुना श्रीं लक्ष्मीं ऐं सरस्वतीं पूजयन्ति। तथा दूर्वादिकं गृहे परितो विकीर्य विघ्नानपसृतान् ध्यायेत्। तन्मन्त्रः

कुमारोके–

प्रणवं पूर्वमुद्धृत्य सर्वविघ्नांस्ततःपरम्।
उत्सारयद्वयं हूं फट् स्वाहा च तदनन्तरम्॥

अनेनैव च मन्त्रेण विघ्नानुत्सारयेत् सुधीः।
प्रणवं पूर्वमुद्धृत्य रक्ष रक्षेत्यनन्तरम्॥

हूं फट् स्वाहेति मन्त्रेण भूमिं च परिशोधयेत्।

शोधनं जलसेकरूपमिति तान्त्रिकाः। इदं च भूमिशोधनं फेरवीये विघ्नोत्सादनात् पूर्वमुक्तम्। तथा–

ततः पवित्रवज्रादौ प्रणवं पूर्वमुद्धरेत्।
रक्षद्वयमतो हूं फट् स्वाहा चदनन्तरम्॥
अनेनैव च मन्त्रेण कुर्याद् भूम्यभिमन्त्रणम्॥

8. अथासनविधिः

स्वतन्त्रतन्त्रे–

भूमौ त्रिकोणमालिख्याधारशक्त्यादिपूजनम्।
मेरुपृष्ठ ऋषिः प्रोक्तः सुतलं छन्द ईरितम्॥

कूर्मोऽत्र देवता देवि आसनोपनिवेशने।
विनियोगश्च कथितः पठेद् धृत्वासनं मतः॥

पृथ्वि त्वया धृता लोका देवि त्वं विष्णुना धृता।
त्वं च धारय मां भद्रे पवित्रं कुरु चासनम्॥

इति धृत्वा तु देवेशि कुशांस्तत्रैव पादयेत्।

कुशानिति। वक्ष्यमाणपक्षप्राप्तानुवादः। तथा–

मायाबीजं समुच्चार्य आधारशक्तये ततः।
कमलासनमुल्लिक्ष्य ङेनमोऽन्तं च पूजयेत्॥

ङेनमोऽन्तमिति। कमलासनपदं चतुर्थ्यन्तं नमस्कारेण योजयेदित्यर्थः।

मन्त्रचूडामणौ–

तत्र शृद्धासनं पीठं पीठमन्त्रेण पूजयेत्।
ॐ ऐं क्लीं कामपीठाय हृदयान्तोऽयमीरितः॥

तत्र बद्ध्वासनं वीर आत्मानं शोधयेत् ततः।

उत्तरतन्त्रे–

आत्ममन्त्रेणोपविशेत् तदा तस्मिन् वरासने॥

दुःशिल्पिरचितत्वादि यद् यदासनदूषणम्।

अज्ञातं विलयं याति उपवेशे तु मन्त्रितम्॥

स्वनामाद्यक्षरं पुंसः सोमसामिसमन्वितम्।
आद्यावर्णं विजानीयादात्ममन्त्रं तु साधकः॥

सोमसामि चन्द्रार्धम्। यामले–

आत्मानं रक्षयेत् तत्र वह्निप्राकारयोगतः।
वह्निबीजेन परितः प्राकारं भावयेद् धिया॥

आकारन्ते सुरेखे च वज्ररेखे ततः परम्।
हूं फट् स्वाहेति कुर्यात् तु मण्डलं वै शवासने॥

आसनविशेषो मत्स्यसूक्ते–

मृदुकम्बलमासीनोऽन्येषु कोमलकेषु वा।
विष्टरे वा समासीनः साधयेत् सिद्धिमुत्तमाम्॥

संग्रामपतितं वापि व्यापादितमचूडकम्।
षणमासनिःसृतं प्राप्य चितायां वा तदन्तिके।
कृष्णसारं द्वीपिचर्म अचूडं कम्बलं तथा।
पीतं च श्वेतवर्णं वा आसनाय प्रकल्पयेत्॥

षणमासनिःसृतपदेन मृदुकम्बलस्य पुनरभिधानमादरातिशयार्थम्। तदन्तोक्तिः प्रसङ्गात्। श्रीक्रमेऽपि–

षणमासानन्तरं यावद् दशमासाच्च पूर्वकम्।
गर्भच्युतं मृतं बालं गर्भाष्टमात् परं शवम्॥

बालमित्यन्तोक्तमेव मृदुपदेन मत्स्यसूक्ते उक्तम्। तन्त्रे–

निवृत्तचूडको बालो हीनोपनयनः पुमान्।
यो मृतः पञ्चमे वर्षे तमेव कोमलं विदुः॥

पञ्चवर्षाभ्यन्तरं यावद् भवेद् बालमचूडकम्।

अत्र नपुंसकलिङ्गता तान्त्रिकी। वीरतन्त्रे–

शवाभावे विष्टरं तु शवरूपं प्रकल्पयेत्।
पञ्चशद्भिर्भवेत् ब्रह्मा तदर्धेन तु विष्टरम्॥

कालीतन्त्रे–

मृताभावे शवरूपं विष्टरं परिकल्पयेत्।

"मृताभाव" इति वचनात् पशोः शवानुकल्पकुशविष्टरमपि नास्ति। मुख्येऽधिकारिण एवाऽनुकल्पेऽधिकारात्। स्वतन्त्रतन्त्रे–

कम्बले लोहिते वापि कृष्णे वा व्याघ्रचर्मणि।
सन्यासी ब्रह्मचारी तु विशेत् कृष्णस्य चर्मणि॥

व्याघ्राजिनं सर्वसिद्ध्यै ज्ञानसिद्धिर्मृगाजिने।
वस्त्रासनं रोगहरं वेत्रजं प्रीतिवर्धनम्॥

कौशेयं पुष्टिदं प्रोक्तं कम्बलं सर्वसिद्धिदम्।
शुक्लं वा यदि वा कृष्णं विशेषाद्रक्तकम्बलम्॥

मृदु कोमलमास्तीर्णं संग्रामपतितं च यत्।
जन्तुव्यापादितं वापि मृतं वानरमासनम्॥

गर्भच्युतञ्च नारीणामथवा योनिजां त्वचम्।
तत्तच्छरीराकारं वा कुर्याच्छिवे ततोऽर्चनम्॥

ऋतुरक्ताक्तवस्त्रं वा आसनाय प्रकल्पयेत्।
श्मशानकाष्ठघटितं पीठं वा यज्ञदारुजम्॥

नादीक्षितो विशेज् जातु कृष्णसाराजिने गृही।

तथा–

एकहस्तं द्विहस्तं वा चतुरङ्गुलमुच्छ्रितम्॥
विशुद्धे आसने कुर्यात् स्थापनं पूजनं बुधः।

केचित् तु स्वतन्त्रादौ कम्बलादिविधिर्न स्वातन्त्र्येण किन्तु वीरासनावगुणठनत्वेन वीरासनस्यावश्यकत्वात्। तदुक्तम्–

कालीतन्त्रे–

मृतासनं विना देवि यो जपेत् कालिकां नरः।
तावत् स नारकी ज्ञेयो यावदाहूतसंप्लवम्॥

वस्तुत इदं वीरपरम्। अत्र शवासनेष्वैच्छिको विकल्पः। काष्ठासनं विहितेतरं निषिद्धम्। ब्रह्मयामले–

तृणपल्लवकाष्ठानि पाषाणं मृण्मयं तथा।
वंशासनं च वस्त्रं च केवलं क्षितिमासनम्॥

एवमष्टविधं देवि चासनं परिवर्जयेत्।

वस्त्रासनविधिः काम्ये। वाराहीतन्त्रे–

तृणपल्लवकाष्ठानि पाषाणं मृण्मयं तथा।
वंशासनं च वस्त्रं केवलं क्षितिमासनम्॥

एवमष्टविधं देवं चासनं परिवर्जयेत्।

वस्त्रासनविधिः काम्ये। वाराहीतन्त्रे–

उत्तराभिमुखो भूत्वा विशेन्मृद्वासनोपरि।
कम्बले सत्वरा सिद्धिः श्रीमोक्षौ व्याघ्रचर्मणि॥

अजिने श्रीर्भवेत् काम्ये वश्यं च पीतवाससि।
दारवे सिद्धिनाशः स्याद् भूतले कुलनाशनम्॥

त्वचि पत्रे दरिद्रः स्यात् तृणे चापि हतश्रियः।
कुशस्य कटके मोक्षः काष्ठे श्रीपर्णी शस्यते॥

अभावे चूतबिल्वाना मत्तके (?) पिचुमर्दके।
आम्रनिम्बकदम्बानामासनं सर्वनाशनम्॥

आम्रमाम्रातकम।

पनसे किंशुके चापि वकुले च हतश्रियः।

कुमारीकल्पे–

वीरासनेनोपविशेतृ संपूज्यासनमेव तु।
तत्रोपविश्य विधिना भुवा द्रव्य सहेतुकम्॥

वीरासमनुक्तं गोरक्षसंहितायाम्

एकपादमथैकस्मिन् विन्यस्योरुणि संस्थितः। इति।

यामले–

रात्रावुदङ्मुखः कुर्यात् पूर्वोत्तरमुखो दिवा।
सदोत्तरमुखः कुर्याच्छिवपूजां विचक्षणः॥

फेत्कारिण्याम्–

पद्मासनेन विद्यार्थी कुर्यात् सर्वं समाहितः।
प्राङ्मुखोदङ्मुखो वापि वक्ष्यमणक्रमेण तु॥

श्रीकामः स्वस्तिकेनेह पश्चिमाभिमुखः स्थितः।

कालिकापुराणे–

दिग्विभागेषु कौबेरी दिक् शिवाप्रीतिदायिनी।
तस्मात् तन्मुख आसीनः पूजयेच्चण्डिकां सदा॥

अत्र हेतुग्रहणमप्युक्तं भावचूडामणौ–

विना हेतुकमास्वाद्य क्षोभयुक्तो महेश्वर।
न पूजामासानं कुर्यान्न च ध्यानं च चिन्तनम्॥

तस्माद् भुक्त्वा च पीत्वा पूजयेत् परमेश्वरीम्।

कुलार्णवेऽपि–

विना द्रव्याधिवासेन न स्मरेन्न जपेत् प्रिये।
ये स्मरन्ति महादेवि तेषां दुःखं पदे पदे॥

नासवेन विना मन्त्र न मन्त्रेण विनासवम्।
परस्परविरोधित्वात् कथं पूजा विधीयते॥

तत्संशयनिवृत्तिं च ज्ञात्वा गुरुमुखाद् यजेत्।
वीक्षणप्रोक्षणध्यान-मन्त्रमुद्राविभूषितम्॥

द्रव्यं तर्पणयोग्यं स्याद् देवताप्रीतिकारणम्।

वीक्षणं दिव्यदृष्ट्या। प्रोक्षणं मूलाभिमन्त्रितजलेन। ध्यानममृतत्वेन। मन्त्रमष्टावारजप्तम्। मुद्रा धेन्वाख्येति सम्प्रदायविदः इदमुपलक्षणम्। अग्रे वक्तव्यः सकलसंस्कारोऽपिज्ञेयः। पूर्वदिवसीयपूजावशिष्टतत्सत्त्वेनैतत्। समाचरणमिति। तर्पणमात्र पानमेव। इदं तु ब्राह्मणेतरविषयम्। ब्राह्मणस्य तदुपादान-निषेधात्।

ननु–

ब्रह्मणैस्तु सदा पेयं क्षत्रियैस्तु रणागमे।
वैश्यैर्धनप्रयोगे च शूद्रैर्नैव कदाचनेति॥–कुलार्णवे–

सौत्रामण्यां कुलाचारे ब्राह्मणः प्रपिबेत् सुरामिति–समयाचारे–

सत्ये क्रमाच्चतुर्वर्णैः क्षीराज्यमधुपिष्टजैः।
त्रेतायां पूजिता देवी घृतेन सर्वजातिभिः।

मधुभिः सर्ववर्णैस्तु पूजिता द्वापरे युगे।
पूजनीया कलौ देवी केवलैरासवैरिति॥ यामले–

चोक्तत्वात् कथं ब्राह्मणस्यानधिकार इति चेत्। उच्यते। ''विप्राः क्षैणीभुजो विशस्तदितरे क्षीराज्यमध्यवासवै'' रिति लघुस्तवे–''वर्णानुक्रमभेदेन द्रव्यभेदा भवन्ति वै'' इति ज्ञानर्णवे– ''द्रव्येण सात्त्विकेनैव ब्राह्मणः पूजयेच्छिवा'' मिति आसवभेदमुक्त्वा–

एवं दद्यात् क्षत्रियोऽपि पैष्टिकीं न कदाचन।
नारिकेलोदकं कांस्ये ताम्रे गव्यं तथा मधु॥

राजन्यवैश्ययोर्दानं न द्विजस्य कदाचन।
एवं प्रदानमात्रेण हीनायुर्ब्राह्मणो भवेदिति॥

महाकालसंहितायाम्–

क्षीरेण ब्राह्मणैस्तर्प्या घृतेन नृपवंशजैः।
मक्षिकैर्वैश्यवर्णैस्तु आसवैः शूद्रजातिभिः॥ इति

भैरवीतन्त्रे–

यत्रावश्यं विनिर्दिष्टं मदिरादानपूजनम्।
ब्राह्मणस्ताम्रपात्रेषु मधु मद्यं प्रकल्पयेत्॥ इति

कुलचूडामणौ–

ब्राह्मणो मदिरां दत्त्वा ब्राह्मण्यादेव हीयते।
स्वगात्ररुधिरं दत्त्वा स्वात्महत्यामवाप्नुयात्॥इति

9. अथ प्राणायामः

प्राणायामैर्विना यद् कृतं कर्म निरर्थकम्।
अतो यत्नेन कर्त्तव्याः प्राणायामाः शुभार्थिभिः॥

तन्त्रे–

प्राणायामत्रयं कुर्यान्मूलेन प्रणवेन वा।
अथवा मन्त्रवीजेन यथोक्तविधिना सुधीः॥

तथा–

पूरयेत् षोडशभिर्वायुं कुम्भयेच्च चतुर्गुणैः।
रेचयेत् कुम्भकार्धेन अशक्तस्ततुरीयतः॥

अन्यत्रापि–

तदशक्तौ तच्चतुर्थैः स्यादेवं प्राणसंयमः।
प्राणायामं विना नैव पूजनादिषु योग्यता॥

विशुद्धेश्वरे–

प्राणायामत्रयं कुर्याद् विद्यया तदनन्तरम्।

समयाङ्कमातृकायाम्–

इडया पूरयेद् वायुं सकृच्च मूलविद्यया।
मध्यनाड्या कुम्भयेच्च वेदसंख्यावराननें॥

नेत्रसंख्याक्रमेणैव रेचयेत् पिङ्गलाध्वना।
पुनः पुनः क्रमेणैव यथा वारत्रयं भवेत्॥

कुमारीतन्त्रे–

ततः षोडशवर्षीयां नारीमानीय यत्नतः।
युवतीं कामदोन्मत्तां सुवेशां चारुहासिनीम्॥

सदारते साभिलाषां सिन्दूराङ्कितभालिकाम्।
साधके प्रेमशीलां तां वामे संस्थापयेद् बुधः॥

वाम इत्युपलक्षणम्। वीरचूडामण्युक्तपूजितयन्त्रोपरीत्यपि द्रष्टव्यम्।

समयाचारे–

वामस्कन्धे करं दत्त्वा तदङ्के देहमात्मनः।
दत्त्वा चालस्यभावेन पूजा कार्या यथाविधि॥

फेरवीये–

अथाचमनमन्त्रपुष्पाधिष्ठानमेव च।
ग्रन्थिबन्धनमन्त्रं च कायवाक् चित्तशोधानम्॥

अत्र मन्त्रमुखेन कर्मण एवाभिधानम्। आचमनमन्त्रः पूर्वमेव लिखितः। पुष्पाधिष्ठानमन्त्रश्च कुमारीकल्पे–

अधिष्ठाने तु पुष्पस्य प्रणवं पूर्वमुच्चरेत्।
शताभिषेकेति पदं शताभीति ततः परम्॥

षेकेति च पदं प्रोक्तं फट् स्वाहा ततः परम्।
प्रणवं पुष्पकेतुश्च तथा राजार्हतेऽपि च॥

पुष्पे पुष्पे महापुष्पे सुपुष्पे पुष्पसम्भवे।
पुष्पचयावकीर्णेच हूं फट् स्वाहा ततः परम्॥

मनुनानेन देव्यास्तु पुष्पशुद्धिमथाचरेत्।

ग्रन्थिबन्धनं च उत्तरीयाञ्चले विकिरद्रव्यैः सन्ध्यावन्दनोक्त-शिखाबन्धनमन्त्रेणिेति सम्प्रदायः। कायादिशोधनमन्त्र–

कुमारीतन्त्रे–

प्रणवं पूर्वमुद्धृत्य तदनन्तरमेव च।
हूं फट् स्वाहा मनुः प्रोक्तः कायवाक्चित्तशोधने॥

रक्ष रक्ष हूं फट् स्वाहा मन्त्रः स्यादात्मरक्षणे।

अथ करशुद्धिं कुर्यात्। तत्प्रकार उत्तरतन्त्रे–

कृताञ्जलिपुटो भूत्वा वामदक्षिणपार्श्वयोः।
नत्वा गुरुं गणेशानं पुरतः स्वेष्टदेवताम्॥

स्रग्गन्धपुष्पाण्यादाय चन्दनाक्तानि मन्त्रवित्।
मर्दयित्वा करौ सम्यक् सुरभीकृत्य साधकः॥

वामहस्ते समादाय निर्मथ्याघ्राय तत्पुनः।
वक्ष्यामाणेन मन्त्रेण चैशान्यां दूरस्त्यजेत्॥

मन्त्रस्तु–

ते सर्वे विलयं यान्तु ये मां हिंसन्ति हिंसकाः।
मृत्युरोगभयक्लेशाः पतन्तु रिपुमस्तके॥इति।

त्यागश्च नाराचमुद्रया। 'त्यजेदुत्तरतः पुष्पं मन्त्री नाराचमुद्रये' सारसंग्रहात्। उत्तरतन्त्रे–

कुसुमं विष्णुमन्त्रेण स्वाङ्गुल्यग्रेण साधकः।
विमर्दनार्थं गृह्णीयात् करशोधनकर्मणि॥

प्रासादेन तु मन्त्रेण कराभ्यां पुष्पमर्दनम्।
निर्मच्छेत् कामबीजेन जिघ्रेद् ब्राह्मेण तत् पुनः॥

प्रासादेन परित्यागो दिश्यैशान्यां विशेषतः।
संमृज्य सव्यहस्तेन घ्रात्वा वामकरेण तु॥

ऐशान्यां निःक्षिपेदेतत् पुष्पं हस्ततलस्थितम्।
एवं कृतेतु तलयोर्विशुद्धिरतुला भवेत्॥

अङ्गुल्यग्राणि शुद्धानि पुष्पाणां ग्रहणाद् विदुः
तलद्वयं विमर्दाक्तविशुद्धमभिजायते॥

निर्मच्छनात् पाणिपृष्टं घ्राणान्नासाग्रमुत्तमम्।
तीर्थानि च समायान्ति नासिकाग्रं करं प्रति॥

तस्माद् यत्नेन कार्याणि कर्माण्येतानि भैरव।
उपान्त आदौ चन्द्रेण रञ्जितः शून्यसंयुतः॥

रुद्रान्तोपरिसंपृष्टो मन्त्रोऽयं वैष्णवो मतः।

उपान्तो हकारः। आदौ मस्तके। चन्द्रेण अर्धचन्द्रमनुस्वारः। रुद्रान्तो दीर्घ उकारः। तेन हूं।

प्रान्तादिर्वासुदेवेन वर्णेनापि च संयुतः॥
शम्भुचूडाशिखाबिन्दुयुक्तः प्रासाद उच्यते।

प्रान्तादिर्हकारः। वासुदेव ओकारः। ततः सन्धिः। तेन हौ। शम्भुचूडाशिखा अर्धचन्द्रः।

कामबीजं तु विज्ञेयं वासुदेवेन्दुबिन्दुना।
व्यञ्जनं चाद्यदन्त्यं च प्रान्तदन्त्यार्णपूर्वकम्॥

आद्यदन्त्यद्वयं पश्चाद् व्यञ्जनं प्रणवोत्तरम्।
ब्रह्मबीजमिदं प्रोक्तं सर्वपापप्रणाशनम्॥

विज्ञेयं तन्त्रान्तरादिति शेषः। ब्रह्मबीजमुद्धरति–वासुदेव ओकारः। इन्दुरर्धचन्द्रः। बिन्दुरनुस्वारः तेन ॐ। आद्यदन्त्यः तकारः। व्यञ्जनं स्वशून्यम्। प्रान्तदन्त्यार्णः सकारः। स एव पूर्वं यस्य तेन सत्। प्रणवोत्तरं प्रणवान्ते।

आद्यदन्त्यद्वयं तकारद्वयम्। तत्र विशेषमाह–पश्चात् द्वितीयतकारः। व्यञ्जनं स्वरशून्यः। तेन ॐ तत्सदिति निष्पणणम्।

करशुद्धिं समाप्याऽथ कुर्यात् तालत्रयं ततः।
ऊर्ध्वाधं मूलमन्त्रेण दिग्बन्धमपि देशिकः॥

तेन संजनितं तेजो रक्षा कुर्यात् समन्ततः।

नीलतन्त्रे–

कुल्लुकां च न जानाति मम मन्त्रं जपन्नरः।
पञ्चत्वं जायते तस्य अथवा वातुलो भवेत्॥

तारिणीकुल्लुकायाश्च मन्त्रः कुल्लुकवर्जितः।
मतिमान् सद्विजातीनां नोपस्थेयः कदाचन॥

कुल्लुकां च शिरे धृत्वा सर्वपक्षफलं लभेत्।
नान्यो विचारः सर्वत्र विरूपाक्षस्य सम्मतम्॥

कुल्लुकावर्जिते पुंसां यज्ञेनोपस्थितिर्भवेत्।
मम पूजा सदा व्यर्था मम यज्ञस्तथैव च॥

तारामन्त्रस्य कुल्लुकं त्र्यक्षरं मन्त्रमुत्तमम्।
महोग्रायाः सदा पूजा पूजने कुल्लुका परा॥

स्तोत्र मन्त्रव्रतादीनामनुष्ठाने च सर्वदा।
अनुष्ठानतस्तस्याः सर्वं तन्निष्फलं भवेत्॥

मत्स्यसूक्ते–

षडक्षरं ब्रह्म यो जपेत् तु नराधमः।
तारिणी चण्डिकायाश्च मन्त्रं कुल्लुकवर्जितम्॥

स ब्रह्म स्तेयकृत् तेन नरके पूर्णशोणिते।
कुम्भीपाके महाघोरे पच्यते पितृभिः सह॥

षडक्षरे तु कुल्लुकां जानीयान्मन्त्रवित् सदा।
धारयेत्तु शिरोदेशे सर्वकामप्रदायकम्॥

कुल्लुकां च शिरे धृत्वा सर्वयज्ञफलं लभेत्।
अस्याधिकारः सर्वत्र विरूपाक्षस्य सम्मतम्॥

कुल्लुके वर्जिते पुंसां यज्ञेनोपस्थितिर्भवेत्।
सर्वे ते निष्फल यज्ञा भवेयुर्नरकं व्रजेत्॥

अज्ञात्वा कुल्लुकां देवीं ये जपन्ति च तारिणीम्।
कुलक्षयं तु ते यान्ति नरकं च व्रजन्ति ते॥

देवीपूजा सदा व्यर्था देवीयागस्तथैव च।

कुल्लुकामन्त्रश्च मन्त्रोद्धारप्रकरणे एवोक्तः। तेन त्र्यक्षरीनील-सरस्वती-रूपकुल्लुकामन्त्रं च विलिख्य शिरसि धृत्वा नित्यार्चनं कुर्यादिति पर्यव्यसि-तोऽर्थः। ब्रह्मसंहितायान्तु–तारिणी कुल्लुका प्रोक्ता सर्वसिद्धिप्रदा सदा।

तस्योद्धारमहं वक्ष्ये शृणुष्वैकमना मुने॥

प्रणवं पूर्वमुद्धृत्य पद्मयुग्मं तथैव च।
महापद्मेपदं पश्चात् पद्मावतिपदं शुभम्॥

माये स्वाहेति मन्त्रोऽयं सप्तदशाक्षरो मनुः।
रक्षाकारी च सा प्रोक्ता सदा परमसाधकः॥

तथा–

अथवा त्र्यक्षरं मन्त्रं कुल्लुकातारिणी भवेत्।
कुल्लुकां च विना पूजां कृत्वाऽन्ते दुर्गतिं व्रजेत्॥

देवीपूजा सदा व्यर्था .... ॥इति

नानावचनेनास्य क्रत्वर्थतावगमात्। 'सर्वयज्ञफलं लभेदि' त्यर्थवादः। वस्तुतस्तु यथा संयोगपृथकत्वाधिकरणन्यायेन 'दध्ना जुहोती' त्येनेन क्रत्वर्थत्वं 'दध्नेन्द्रियकामस्ये' त्यनेन पुरुषार्थत्वञ्चावगम्यते। तथाऽत्राप्युभयार्थत्वमिति ध्येयम्।

तन्त्रचूडामणौ–

मन्त्रविद्यां च संधार्य वासुदेवं च योऽर्चयेत्।
प्राप्नोति तत्फल सम्यग् हरिसायुज्यतां व्रजेत्॥

वासुदेवो हरो ब्रह्मा तारिणी प्रकृतिः सदा।
एकमूर्तिः सदा चिन्त्या एकमूर्तिः सदा स्थिता॥

तथा फेत्कारिण्याम्–

सुविमलनखदन्तपाणिपादो मुदितमनाः परदूषणेषु मौनी।
हरिहरचरणारबिन्दभक्तौ चिरायुः सरस्वतीनिवासः॥

इत्यादिना कुल्लुकाविद्याधारणोत्तरं हरिपूजनस्याङ्गताऽत्रावगम्यते। एकवीराकल्पे पुरश्चरणप्रकरणे–

मन्त्रकाले तु सततं भार्यां यत्नेन वर्जयेत्।
वर्जयेद् वैष्णवं कल्पं वर्जयेत् तुलसीदलम्॥

तथा हरगौरीसम्वादे–सहस्त्रनामस्तोत्रकथनानन्तरम्–

यानि नामानि सन्त्यत्र प्रसङ्गन्मुख्यवैरिणः।
ग्राह्याणि तानि कल्पानि नान्यानि तु कदाचन॥

इत्यादिना तत्पूजनादेर्वैगुण्यापादकत्वमवधार्यते। तेन 'अतिरात्रे षोडशिनं गृह्णाति' 'नातिरात्रे षोडशिनं गृह्णाती' त्यादिवत् विकल्पोऽवधार्यते। अतिरात्रे षोडशिग्रहणपक्षे फलभूमाकल्पनवदत्रापि फलसिद्धौ तदनुष्ठानलक्षणाप्रामाण्यापत्तेः। अत एवं 'प्राप्नोति तत्फलं सम्यगि' त्यभिधानं संगच्छते। वस्तुतस्तु 'मन्त्रकालं' इति वचनाद् भार्यावचनसमाभिव्याहारात् पुरश्चणवैगुण्यापादकतैव तत्पूजनस्य न तु नित्यपूजावैगुण्यापादकतापि। तन्त्रचूडामणिवचनविरोधात्। एवं स्तोत्रप्रकरणाम्नानात् पाठाङ्गतैव तन्नामग्रहणादेरित्यूह्यम्। तेन नित्यपूजायां प्रसक्ततत्पूजनस्य पुरश्चरणादौ निषेधः सम्भवत्यन्यथाऽ-

प्रसक्ततत्प्रतिषेधापत्तेः। न च पञ्चायतनदीक्षापक्षप्राप्ततत्पूजन-निषेधोऽयं नित्यपूजायामेवेति वाच्यम्। तन्त्रचूडा-मणिविरोधात्। अत्र पञ्चायतनदीक्षाया निषेधाच्च। अत एवाधिकारिनिन्दार्थ-मप्रसक्तस्यापि तत्पूजनस्य निषेधः। अयज्ञीयवैभाषा इतिवदिति परास्तम्।

किंच–'वर्जयेद् वैष्णवं कल्पमि' त्यनेन न तत्पूजायां निषेधोऽपितु तत् कल्पस्येतिकर्त्तव्यता। तथा च विष्णुमन्त्रोक्तेतिकर्तव्यतया देवीपूजनं वर्जयेदित्यर्थः। अत एवान्यमन्त्रेतिकर्तव्यतयाऽन्यमन्त्रोपासनस्स्यसम्भवमाशङ्क्य तत्रैवोक्तम्–'वर्जयेत् तुलसीदममि'ति। तथाच तुलसीदलादिना पूजैव तत्कल्पपदार्थः। स च नासम्भावित इति तस्मिन्निषेधः शक्यः कर्तुमिति तदभिप्रायः। एवं च नित्यार्चनकाले नैमित्तिकपुरश्चरणाद्यर्चनकालेऽपि हरिपूजनमङ्गम्। तदभावे देवीपूजाफलाभाव इति पर्यवसितम्। एवं च 'यानि नामानी'त्यादिना अनङ्गव्यवायदोषपरिहारार्थं स्तोत्रपाठसमये हरेरपि नाम मध्ये न ग्राह्यम्। कितुतान्यस्य। प्राप्रोतीत्यादिसम्भावनायामाचमनानु-कल्प-विष्णुनामस्-ग्राहणप्राप्तौ च यान्येव प्रसङ्गादत्रोपनिबद्धानि तान्येव ग्राह्यानि न त्वन्यानि। एं च 'वेदो वे'ति न्यायान् 'न गृह्णीयाद्धरेर्नाम' इत्यत्रापि स्त्रोत्रानुपात्त-हरिनामग्रहणनिषेधः। अथवा अर्थवादमात्रस्यानर्थक्यात् नामसम्भावनायां हरेः स्वत्त्वास्पदीभूतं तुलसीदलमपि न गृह्णीयात्। न स्वीकुर्यान्न स्पृशेदपीत्यर्थः।

यद्वा–साधकास्त्रिविधा दिव्यवीरपशुभेदात्। तत्र पशुपरतया तन्त्रचूडामण्यादिवाक्यानि हरिपूजाङ्गताप्रतिपादकानि। वीरपरतया चैकवीरा-कल्पादिवाक्यानि हरिपूजानिषेधकानि नियोज्यानीति सिद्धान्तरहस्यम्।

10. अथ भूतशुद्धि

भैरवतन्त्रे–

अङ्केपाणियुगं कृत्वा वियद्बिन्दुयुतो भृगुः।
सर्गवानिति मन्त्रेण सतत्वं कुण्डलीयुतम्॥

जीवं चक्राणि भित्त्वाऽथ शिरस्थकमले शिवे।
संयोज्य चित्कलां रक्तां नाभौ ध्यायन् पठन् शनैः॥

वामनासेरितं वायुं ज्वलितेनापि वह्निना।
संशोष्य देहं संदह्य सपापं दक्षया ततः॥

रेचयेत् तु वधूबीजं पीताभं वायुरूपिणम्।
हृदि ध्यायंन् पठन् दक्षनासया पूरितानिलैः॥

वामनासापुटेनैव भस्म प्रोत्सारयेद् बहिः।
हूंकारं पूर्णचन्द्राभं ललाटे शशिमण्डले॥

भीत्वैतस्य जपादस्मान्निपात्य चामृतं ततः।
तदस्थि प्लावितं कृत्वा देहमुत्पादयेत् ततः॥

सोऽहं मन्त्रेण तत्त्वानि जीवं कुण्डलिनीं क्रमात्।
यथास्थानं समानीय निवर्त्य तारिणीमयम्॥

वाराहीतन्त्रे–

मूलाधारोद्गतं प्राणं ब्रह्ममार्गेण तान्त्रिकः।
हंसेन पुष्करस्थाने परमात्मनि योजयेत्॥

रुद्रयामले–

वर्णसंहारकं कुर्यात् क्षाद्यकारान्तवर्णकम्।
प्रतिलोमेनसंहृत्य परमात्मनि योजयेत्॥

पञ्चभूतं ततः पश्चाद् यो जपेत् परमात्मनि।

स्वतन्त्रे–

संहारक्रमयोगेन पञ्चतत्त्वं समुद्धरेत्।

पञ्चतत्त्वं पञ्चभूतानि। तदुद्धारप्रकारो ज्ञानोन्नयने–

पादयोर्जानुपर्यन्तं चतुरस्रं सवज्रकम्।
लंयुतं पीतवर्णं च भूस्थानं च विचिन्तयेत्॥

जान्वोरानाभिचन्द्रार्धनिभं पद्मेन लाञ्छितम्।
शुक्लवर्णं स्वबीजेन युक्तं ध्यायेदपां स्थलम्॥

नाभितः कण्ठपर्यन्तं त्रिकोणं रक्तवर्णकम्।
स्वस्वस्तिकं स्वबीजेन युक्तं वह्नेस्तु मण्डलम्॥

कण्ठाद् भ्रूमध्यपर्यतं कृष्णं वायोस्तु मण्डलम्।
षट्कोणं बिन्दुभिः षड्भिर्युक्तं बीजेन चिन्तयेत्॥

भ्रूमध्याद् ब्रह्मरन्ध्रान्तं वर्तुलं ध्वंजलाञ्छितम्।
धूम्रवर्णं स्वबीजेन युक्तं ध्यायेन्नभः स्थलम्॥

एवं ध्यात्वा ततस्तानि भूतानि प्रविलोपयेत्।
पृथ्वीमप्सु च ता वह्नौ वह्निं वायौ समीरणम्॥

प्रविलाप्य तथाकाशे आकाशं प्रकृतौ ततः।
अपरब्रह्मरूपां तां मायाशक्तिं परात्मनि॥

एवं समस्तदेहादिप्रपञ्चं परमात्मनि।
प्रविलाप्य परब्रह्मरूपे तिष्ठते् कियत् क्षणम्॥

ततः पुरुषनिभं पापमनादिभवसचितम्।
ब्रह्महत्याशिरसकं च स्वर्णस्तेयभुजद्वयम्॥

सुरापानहृदा युक्तं गुरुतल्पकटिद्वयम्।
तत्संसर्गपदद्वन्द्वमङ्गप्रत्यङ्गपातकम्॥

उपपातकरोमाणं रक्तश्मश्रुविलोचनम्।
खड्गचर्मधरं कुक्षौ कृष्णं दक्षिणतः स्मरेत्॥

तन्त्रान्तरे–

खड्गचर्मधरं पापमङ्गुष्ठपरिमाणकम्।
अधोमुखं कृष्णवर्णं दक्षकुक्षौ विचिन्तयेत्॥

वीरतन्त्रे–

भूतशुद्धिं ततः कुर्यात् स्वमन्त्राक्षरयोगतः।

फेरवीये–

मायां नाभौ रक्तवर्णां ध्यात्वा तज्जातवह्निना।
सूक्ष्मं पापात्मकं देहं दग्धं विचिन्तियेत् ततः॥

त्रीकारं हृदि पीताभं तदुद्भूतेन वायुना।
भस्म प्रोत्सारितं कृत्वा ललाटे चिन्तयेत् ततः॥

कुर्चं तुषारवर्णाभं तदुद्भूतामृतेन च।
तदस्थि प्लावितं बुद्ध्वा तत्रात्मानं विचिन्तयेत्॥

सर्वव्यथाविनिर्मुक्तं निर्मलं देवात्मकम्।
विश्वव्यापकतोयान्तः श्वेताब्जेद्भवकर्णिके॥

रुद्रयामले–ताराभूतशुद्धिप्रकरणे–

यं मन्त्रं वायुबीजेन इडया पूरयेत् तनुम्।
षोडशस्वरवर्णेन् .... इति॥

अनयोर्विकल्पः। साम्प्रदायिकस्तु प्राक्तन एव पन्थाः।

यामले–

भूतशुद्धिं ततः कुर्यात् स्थिरचित्तस्तु साधकः।
विनिधाय निजाङ्के तु समुत्तानौ करो स्वयम्॥

मूलाधारे मूलविद्यास्वरूपां कुलकुण्डलीम्।
प्रसुप्तभुजगाकारां सार्धत्रिवलयात्मकाम्॥

नीवारशुकवत् तन्वी सर्वविद्यास्वरूपिणीम्।
विद्युत्कोटिप्रतीकाशां स्वयम्भूलिङ्गवेष्टिनीम्॥

ध्यात्वा तां हंसमन्त्रेण प्रणवेनाऽथवा पुनः।
कूर्चबीजेन वा देवि दृढं विभावयेद् गुरुः॥

एकीभावं तयोः कृत्वा जीवात्मपरमात्मनोः।
विचिन्त्य शून्यं परमं पार्थिवाशं जलैर्गतम्॥

जलं च तेजसा कृष्णं तेजोरूपं विचिन्तयेत्।
निर्वाणं वायुना वह्निं वायुरूपं विभावयेत्॥

आकाशेनाहतो वायुः खं वै मनसि लीयते।
मनोऽहंकारवशगमहं तु महदाहतम्॥

प्रकृत्या च महत्तत्त्वं प्रकृतिं योजयेदथ।
प्रकाशरूपिणी नित्या ब्रह्माविद्यास्वरूपिणी॥

कैवल्या केवला शान्ता निर्गुणा परमात्तिका।
सैषा च परमा ज्योतिः परमं च निरामयम्॥

सहस्त्रदलमध्यस्थं शून्यरूपं परं पदम्।

तथा–

नाभिदेशे च यंकारं धूम्रं वायुं विचिन्तयेत्।
तेनैव शोषयेल्लिङ्ग तनुं षोडशमात्रया॥

कर्मात्मकं चतुःषठ्या कुम्भयित्वा समाचरेत्।
द्वात्रिंशन्मात्रया दक्षे रेचनं तेन वा पुनः॥

रक्तवर्णं वह्निबीजं मेढ्रमूले विचिन्तयेत्।
मलासनात्मकं लिङ्ग शरीरं तेन दाहयेत्॥

पूर्वोक्तक्रमयोगेन दक्षनासाक्रमेण तु।
देशिकस्तु तथा संख्या वामनासेन रेचयेत्॥

वंकारं वारुणं बीजं घटिकायां विभाव्य च।
तेनामृतं समुत्पाद्य सहस्त्रदलपङ्कजात्॥

प्लावयेत् पूरकादीनि कृत्वा पादतलावधि।
लंकारं पृथिवीबीजं गुदमूले विभावयेत्॥

तेनैव क्रमयोगेन धिया संप्लावयेद् बुधः।
पापपुण्यविनिर्मुक्तं शरीर शाम्भवं परम्॥

तेनैव पूर्णमार्गेण सम्पादयेदनन्तरम्।
सोहंमन्त्रेण जीवं तु हृत्सरोजे समानयेत्॥

पुनस्तां कुण्डलीं देवीं मूलाधारे समानयेत्।

फेत्कारिण्याम्–

लिङ्गकार्यहृदिस्थं तु चैतन्यं सर्वसाक्षिणम्।
प्रणवेन विनिःसार्य ब्रह्मरन्ध्राद् बहिर्बुधः॥

तेनैव संपुटीकृत्य मस्तकोपरि धारयेत्।
चैतन्यरहितं देहं बाह्यमभ्यन्तरं तथा॥

नाभिमण्डलमध्यस्थ–वायुमण्डलमध्यगम्।
यं बीजं धूम्रवर्णं च ध्यात्वा तेन विशोधयेत्॥

अग्निमण्डलसंस्थेन रंबीजोनाऽग्निरूपिणा।
निर्दहेदथ तद् भस्मराशिर्देहाकृतिर्भवेत्॥

भ्रूमध्यस्थं हृदिस्थं वा ध्यायेद् वरुणमण्डलम्।
अर्धचन्द्राकृतिश्चेत पद्मद्वयपदाङ्कितम्॥

ततस्तेन प्रकारेण प्लावयेन्मनुरूपिणीम्।
बीजं न पार्थिवं न्यस्य चिन्तयेद्धेममण्डलम॥

प्रणवेन द्विधा कृत्वा तत्र चैतन्यरूपिणम्।
आत्मानं चिन्तयेन्मन्त्रदेवतारूपिणं ततः॥

प्राणायामरूपां भूतशुद्धिमुक्त्वा उड्कीशे–

अथवा कुण्डलीदेवीं पञ्चभूतादिन सह।
परमात्मनि संयोज्य तयोरैक्यं विभावयेत्॥

ध्यानयोगेन मनसा सोहं सोहं विभावयेत्।

इदं चाशक्तपरम्। शारदायामप्ययमेव क्रमः उक्तः। नीलतन्त्रे–

भूतशुद्धिं विधायेत्थं शून्यं विश्वं विचिन्तयेत्।
निर्लेपं निर्गुणं शुद्धमात्मानं तारिणीमयम्॥

भूयस्तस्योपरि ध्यायेत् टङ्कारे श्वेतपङ्कजम्।
तस्योपरि पुनर्ध्यायेद् धङ्कारं नीलसन्निभम्॥

ततो हुंकारबीजेन कर्तृता बीजभूषिताम्।
कर्त्त्र्युपरिगतं ध्यायेद् देहञ्च परमात्मनः॥

शब्दब्रह्मात्मिका माया मातृका प्रकृतिः परा।
अजायत जगन्मातुराकाशं नभसोऽनिलः॥

समीरणादभूदग्निरग्नेरापस्ततो मही।

स्वीयमेभ्योऽपि भूतेभ्यस्तेजोरूपं कलेवरम्॥
देवताराधने योग्यं समुत्पन्नं विभावयेत्।

वशिष्ठसंहितायाम्–

सोहं मन्त्रेण तामाद्यां नादान्ते सिद्धभाविताम्।
ध्यात्वैवं ब्रह्मरन्ध्रात् तु हृदि जीवकलां न्यसेत्॥

तन्त्रे–

ततो जीवं प्रविन्यस्येत् प्राणमन्त्रेण देशिकः।

शारदायाम्–

ब्रह्मविष्णुशिवाः प्रोक्ता मनुयस्तन्त्रवेदिभिः।
उक्तमृग्यजुषोः साग्नश्छन्दोविशारदैः॥

चैतन्यरूपा प्राणात्मा देवता शक्तिरीरिता।
कवर्गेण वियत्पूर्वभूतैर्हृदयमीरितम्॥

शिरश्चवर्गशब्दाद्यैरीरितं तदनन्तरम्।
ज्ञानेन्द्रियैष्टवर्गाद्यैस्तच्छिखा परिकीर्तिता॥

कर्मेन्द्रियैस्तवर्गाद्यैः कवचं परिकीर्तितम्।
वचनाद्यैः पवर्गाद्यैर्विलोचनमुदीरितम्॥

बुद्ध्याद्यैर्यादिसंयुक्तैरस्त्रमस्य समीरितम्।
आत्मनेऽन्ताः समाख्याता अङ्गमन्त्राः सजातयः॥

नाभेश्चरणपर्यन्तं पाशबीजं प्रविन्यसेत्।
हृदयान्नभिपर्यन्तं शक्तिबीजं ततः परम्॥

मूर्ध्वादि हृदयं यावदङ्कुशं विन्यसेत् सुधीः।
हृदये धातुषु न्यसेतद् यादीन् सप्त यथाक्रमम्॥

प्राणे जीवे ततो न्यस्येद्धंसवर्णद्वयं पृथक्।
कुर्याद् व्यापकमेतेन समस्तेन विधानवित्॥

वीरचूडामणौ तु–षडङ्गन्यासादीनन्यथोक्तः। यथा–

अआ मध्ये कवर्गं च इई मध्ये चवर्गकम्।
उऊ मध्ये टवर्गं च एऐ मध्ये तवर्गकम्॥
ओ औ मध्ये पवर्गं च शेषमध्ये यवर्गकम्।
न्यासं कुर्यान्महेशानि हृदयादिषडङ्गकम्॥

तथा–

एवं न्यासविधिं कृत्वा वर्णन्यासमथाचरेत्।
नाभौ नारायणः प्रोक्तो माया तूदरमध्यतः॥

वामांशे मेदो विन्यस्य मज्जास्थिनी करे न्यसेत्
शुक्रं वै दक्षिणे पादे वियद् वामे प्रविन्यसेत्॥

न्यसेत् क्रोधं महादेवि मस्तकाच्चरणावधि।

नारायणः आंक्रर। शारदायाम्–

ततो विचिन्तयेद् देवीं जीवभूतां जगन्मयीम्।

रक्ताब्धिपोतारुणमध्यसंस्था
पाशाङ्कुशाविक्षुशरासबाणान्।
शूलं कपालं दधतीं कराब्जै रक्तां त्रिनेत्रां प्रणममि
देवीम्॥

ततो वक्ष्यमाणलेलिहानमुद्राया हृदयं स्पृशन् प्राणमन्त्रं जपेत्।
मन्त्रस्तु तत्रैव–

पाशादित्र्यक्षरात्मान्ते स्यादमुष्यपदं ततः।
क्रमात् प्राणा इह प्राणास्तथा जीव इह स्थितः॥

अमुष्य सर्वेन्द्रियाणि भूयाऽमुष्यपदं भवेत्।
वाङ्मनोनयनश्रोत्र-घ्राणप्राणपदान्यथ॥

पश्चादिहागत्य सुखं चिरं तिष्ठन्तु ठद्वयम्।
अयं प्राणमनुः प्रोक्तः सर्वजीवप्रदायकः॥

अत्रामुष्यपदस्थाने देवतानाम देयम्। तदुक्तं रुद्रयामले–

अमुकपदं यद्रूपं यत्र मन्त्रे च दृश्यते।
साध्याभिधानं तद्रूपं तत्र स्थाने नियोजयेत्॥ इति।

वशिष्ठसंहितायाम्–

ततो जन्मादिकद्वयष्टक्रिया संस्कारसिद्धये।
षोडशप्रणवावृत्तीः कृत्वा शक्तिं परां स्मरेत्॥

11. अथ मातृकान्यासः

फेत्कारिणीतन्त्रे–

मन्त्रा मूकत्वमायान्ति विन्यासेन विना लिपेः।
सर्वमन्त्रप्रसिद्ध्यर्थं तस्मादादौ लिपिं न्यसेत्॥

तन्त्रान्तरे–

इडया पूरयेत् प्राणं स्वरैः स्पर्शैश्च कुम्भयेत्।
रेचयेद् यादिकैरुष्मैस्ततः पिङ्गलया पुनः॥

तथैव पूरणं वायोः कुम्भनं रेचनं पुनः।
इडया स्यात् ततो द्वाभ्यां पूरणादित्रयं पुनः॥

प्राणायामत्रयं कृत्वा पश्चाद् व्यापकमाचरेत्।
अकाराद्यैः क्षान्तवर्णैरापादतलमस्तकम्॥

शारदायाम्–

ऋषिर्ब्रह्मा समुद्दिष्टो गायत्री छन्द ईरितम्।
सरस्वती समाख्याता देवता देशिकोत्तमैः॥

अक्लीबह्रस्वदीर्घान्तर्गतैः षड्वर्णकैः मात्।
षडङ्गानि विधेयानि जातियुक्तानि देशिकैः॥

पञ्चाशल्लिपिभिर्विभक्तमुखदोःपन्मध्यवक्षस्थलां
भास्वन्मौलिनिबद्धचन्द्रशकलामापीनतुङ्गस्तनीम्।
मुद्रामक्षगुणं सुधाढ्यकलशं विद्यां च हस्ताम्बुजे-
र्बिभ्राणां विशदप्रभां त्रिनयनां वाग्देवतामाश्रये॥

मन्त्रतन्त्रप्रकाशे–

आदावभ्यन्तरे न्यस्य षडाधारेषु पार्वति।
अकारादिक्षकारान्तान् स्थूलदेहे बहिर्न्यसेत्॥

दक्षिणामूर्तिः–

कलापत्राम्बुजे कण्ठे स्वरान् सम्यक् प्रविन्यसेत्।
हृद्यर्कपत्रे तद्वर्णान् नाभौ दशदले न्यसेत्॥

दशवर्णान् लिङ्गमूले षड्दले षड् दलेश्वरि।
चतुर्दले तथाधारे चतुर्वर्णांस्ततो न्यसेत्॥

भ्रूमध्य द्विदले हक्षावित्यन्तर्मातृकां न्यसेत्।

वैष्णवे तु गौतमीये–

एकैकं वर्णमुच्चार्य मूलाधाराच्छिरोऽन्तकम्।
नमोऽन्तमिति विन्यास आन्तरः परिकीर्तितः॥

तथा–

मूलाधारे चतुर्दले तथान्तर्मातृकां न्यसेत्।
षड्दले विद्युदाकारे स्वाधिष्ठानेऽनलत्विषि।
बभमैर्यरलैर्युक्ते वर्णैः षड्भिश्च सुव्रते॥

मणिपूरे दशदले नीलजीमूतसन्निभे।
डादिफान्ताक्षरैर्युक्ते बिन्दूभूषितमस्तकैः॥

अनाहते द्वादशारे प्रवालरुचिसन्निभे।
कादिठान्ताक्षरैर्युक्ते योगिनीहृदयङ्गमे॥

विशुद्धे षोडशदले धूम्राभे स्वरभूषिते।
आज्ञाचक्रे च चन्द्राभे द्विदले हक्षलाच्छिते॥

सहस्त्रारे हेमनिभे सर्ववर्णविभूषिते॥

अकथादित्रिरेखासु हलक्षत्रयभूषिते।
तन्मध्ये परबिन्दुं च सृष्टिस्थितिलयात्मकम्॥

एवं समाहितमना ध्यायेन् न्यसोऽयमान्तरः।
मूलादिब्रह्मरन्ध्रान्तु विष्णु ध्यायेत् चिदात्मकम्॥

बिन्दुस्त्रुतसुधासारैस्तर्पयन् मातृकां न्यसेत्।
एकैकं वर्णमुच्चार्य मूलाधाराद् भ्रुवान्तकम्॥

नमोऽन्तमिति विन्यास आन्तरः परिकीर्तितः।

अन्तर्मातृकान्यासो मनसैव कार्यः। 'पुष्पैरनामया वापि मनसा वा न्यसेदमूनि'ति मन्त्रतन्त्रप्रकाशवचनात्। अनमया साङ्गुष्ठया।

अङ्गुष्ठानामिकाभ्यां तु न्यासः सर्वत्र सम्मतः।

इति पद्यवाहिनी (?) वचनात्। अत्रैवं व्यवस्था–पुष्पैर्देवतामूर्तौ, अनमया स्वदेहे, मनसा मूलाधारादिषु। इदञ्च ऋष्यादिकरषड-

ङ्गन्यासबहिर्मातृकादि-व्यतिरिक्तेषु तत्र मुद्रान्तरविधानात्।

कुलार्णवे–

यतिवैखानसैः कार्यः संहारान्तः कुलेश्वरि।
न्यासो गृहस्थैः स्थित्यन्तः सृष्ट्यन्तो वर्णिनां भवेत्॥

तन्त्रे–

इत्यन्तर्मातृकां न्यस्य बहिस्तां तु प्रविन्यसेत्।

12. अथमातृकान्यासस्थानानि

गौतमीये–

ललाटमुखवृत्ताक्षि-श्रुतिघ्राणेषु गण्डयोः।
ओष्ठदन्तोत्तमाङ्गस्ये दोःपत्सन्ध्यग्रकेषु च।

पार्श्वयोः पृष्ठतो नाभौ जठरे हृदयेंऽशके।
ककुद्यंसे च हृत्पूर्व-पाणिपादयुगे ततः॥

जठराननयोर्न्यस्येन् मातृकार्णान् यथाक्रमात्।
त्वगसृङ्मांसमेदोऽस्थि-मज्जाशुक्रात्मकान् विदुः॥

यादीन् हादीन् न्यसेदात्मपरमज्ञानपूर्वकान्।

वीरचूडामणौ तु–

मूर्ध्नि वक्त्रे तथा नेत्रे कर्णयोर्नासिकापुटे।
कपोले ओष्ठदन्ते च जिह्वाग्रे कण्ठदेशतः॥

कादिं दक्षिणहस्ते च चवर्गं वामहस्तके।
टवर्गं दक्षिणे पादे तवर्गं वामतो न्यसेत्॥

कुक्षौ पृष्ठेऽथ नाभौ च उदरे पादिपञ्चकम्।
त्वगसृङ्मांसमेदोऽस्थि-मज्जाशुक्राणि धातवः॥

जीवात्मा परमात्मा च न्यसेद् यादींस्ततः क्रमात।
हृदये दक्षिणांसे च ककुद्वामांसतो न्यसेत्॥

हस्तयोः पादयोः पश्चादाचरणं मस्तकावधि।
मूर्धादिचरणपर्यन्तं न्यसेत् साधकसत्तमः॥

इत्युक्तम्। तदबयोर्विकल्पः। कुलावतारे–

पञ्चाशदक्षरन्यासः क्रमेण परिकीर्तितः।
ओमाद्यन्तो नमोऽन्तो वा सबिन्दुर्बिन्दुवर्जितः॥

पञ्चाशद्वर्णविन्यासः क्रमादुक्तो मनीषिभिः।
सविसर्गः सोभश्च रहस्यं तत् तु कथ्यते॥

वित्तप्रदो बिन्दुयुतो विद्यादौ बिन्दुवर्जितः।
पुत्रप्रदः सविसर्गः सोभयो भक्तिदायकः॥

मायालक्ष्मीबीजपूर्वो वाग्भवाद्योऽथवा पुनः।
त्रिबीजाद्यो रमाद्यो वा न्यस्तव्यः साधकोत्तमैः॥

अथ सृष्ट्यादिन्यासः

वीरचूडामणौ–

मातृकात्रितयं कुर्यात् सृष्टिसंहारकस्थितिम्।
न्यासं कुर्यान्महेशानि कल्पोक्तं च विशेषतः॥

कुलावतारे–

सृष्टेस्तु सुतपुष्ट्यादि स्थितेस्तत्पालनं भवेत्।
संहृतेर्दोषसंहारस्तस्मात् त्रितयमाचरेत्॥

शारदायाम्–

न्यसेत् सर्गान्वितान् सृष्ट्या ध्यात्वा देवीं यथाविधि।

बिन्दुयुक्तामिमां न्यस्येत् संहृत्या प्रतिलोमतः॥

विद्यात् पूर्वोदितान् विद्वान् ऋष्यादीनङ्गसंयुतान्।
ध्येया वर्णमये पीठे देवी वाग्वल्लभा शिवा॥

अक्षस्रजं हरिणपोतमुदग्रटङ्क विद्यां करैरवितरतं दधतीं त्रिनेत्राम्।
अर्धेन्दुमौलिमरुणामरविन्दवासां वर्णेश्वरीं प्रणमत स्तनभारनम्राम्॥

सर्गबिन्द्वन्तिकान् न्यस्य डार्णाद्यान् स्थितिवर्त्मना॥

फेत्कारिणीतन्त्रे–

उदरोपक्रमान् न्यासो हृदयान्तुं स्थितिर्मता।

इत्युक्तम्। इदं चान्तर्मातृकारीत्योक्तमिति फलतो न कश्चिद् विशेषः।

त्रिशक्तिरत्ने–

अकथादित्रिभेदेन विभज्य मनुविल्लपिम्।
कवर्गं प्रथमं न्यस्येदवर्गं च ततः परम्॥

तवर्गं विन्यसेत् पश्चात् स्थितिरेषा प्रकीर्त्तिता।
तकाराद्यं तथा तं च अमारभ्य ममान्तकम्।
यथास्थानं प्रविन्यस्येत् स्थितिर्यद्वेयमीरिता॥

भमारभ्य क्षकारान्तमकाराद्यं प पश्चिमम्।
पूर्वस्थानेषु विन्यस्येदथवेऽयं स्थितिर्भवेत्॥

शारदायाम्–

विद्यात् पूर्वोदितान् विद्वान् ऋष्यादीनङ्गसंयुतान्।
ध्यायेद् वर्णेश्वरीमत्र वल्लभेन समन्विताम्॥

सिन्दूरकान्तिममिताभरणां त्रिनेत्रां
विद्याक्षसूत्रमृगपोतवरान् दधानाम्।
पार्श्वस्थितां भगवतीमपि काञ्चनाङ्गीं
ध्यायेत्कराब्जधृतपुस्तकवर्णमालाम्॥

13. अथ मातृकान्यासमुदायः

तन्त्रान्तरे–

ललाटेऽनामिकामध्ये न्यसेच्च मुखवृत्तके।
तर्जनीमध्यमानामा विन्यसेच्चैव नेत्रयोः॥

तर्जन्यनामे संयुज्य न्यसेत् साधकसत्तमः।
अङ्गुष्ठं कर्णयोर्न्यस्य कनिष्ठाङ्गुष्ठकौ नसोः॥

मध्यमां गण्डयोर्न्यस्य मध्यमामोष्ठयोर्न्यसेत्।
अनामां दन्तयोर्न्यस्य मध्यमामुत्तमाङ्गके॥

मुखेऽनामां मध्यमां च हस्ते पादे च पार्श्वयोः।
कनिष्ठानामिकामध्या न्यस्तव्याः पृष्ठतस्तथा॥

ताः सागुष्ठा नाभिदेशो सर्वाः कुक्षौ च विन्यसेत्।
हृदये साधकः सर्वा अंसयोश्च ककुत् स्थले॥

हृत्पूर्वहस्तपत् कुक्षि-मुखेषु तलमेव च।
एतास्तु मातृकामुद्राः क्रमेण परिकीर्तिताः॥

अज्ञात्वा विन्यसेद् यस्तु न्यासः स्यात् तस्य निष्फलः।

अत्र केचित्–'न्यासं निर्वर्त्तयेद् देवि षोढान्यासपुरःसरमि'ति तन्त्रचूडामणिवचनात् सर्वादौ षोढान्यासविधानात्–

अङ्गन्यासकन्यासौ कुर्यादत्रैव केवलम्।
अत्रोक्तमाचरेदस्मिन्नान्यत् संचारयेद् बुधः॥

इति फेत्कारिणीवचनाच्च मातृकान्यासं नास्तीति वदन्ति।

तन्न–

मन्त्रा मूकत्वमायान्ति विन्यासेन विना लिपेः।
सर्वमन्त्रप्रससिद्ध्यर्थं तस्मामददौ लिपिं न्यसेत्॥

इति फैत्कारिणीतन्त्रवचनात्–

मातृकात्रितयं कुर्यात् सृष्टिसंहारकस्थितिम्।
न्यासं कुर्यान्महेशानि कल्पोक्तं च विशेषतः॥

इति ताराप्रकरणीयवीरचूडामणिवचनाच्च। तेनादौ मातृकैव न्यसनीया। षोढान्यासपुरःसरता तु न्यासान्तरावपक्षयैव सम्भवतीति तन्त्रचूडामणिवचनं विनिगकम्॥

14. अथ षोढान्यासः

तन्त्रयूडामणौ–

ताराषोढां प्रवक्ष्ययामि सर्वतन्त्रेषु गोपिताम्।
सर्वविघ्नोनपशमनां सर्वपापप्रणाशिनीम्॥

महादारिद्र्यर्शमनीं सर्वसम्पत् प्रदायिनीम्।
सर्वकामप्रदां नित्यां सर्वसाम्राज्यदायिनीम्॥

शिष्याय भक्तियुक्ताय विनीताय महात्मने।
वदान्याय कुलीनाय शुद्धाचाररताय च॥

एवं विधाय देवेशि साधकाय प्रकाशयेत्।
अन्यथा सिद्धिहानिः स्यादित्याज्ञा शम्भुना कृता॥

रुद्रैस्तु प्रथमो न्यासो द्वितीयस्तु ग्रहैर्मतः।
लोकपालैस्तृतीयः स्याच्छिवशक्त्या चतुर्थकः॥

तारादिभिः पञ्चमः स्यात् षष्ठः पीठैर्निगद्यते॥

15. अथ रुद्रन्यासः

एकेन सहिता रुद्राः पञ्चाशत् परिकीर्त्तिताः।
बिन्दुयुक्तैर्मातृकार्णैस्त्र्यक्षरीबीजपूर्वकैः॥

डेन्तैर्नमोन्तैर्देवेशि विन्यसेत् तान् क्रमात् सुधी।
तारिणी त्रयक्षरी प्रोक्ता भवबन्धविनाशिनी॥

नीलवर्णां त्रिनयनां शवासनसमायुताम्।
बिभ्रतीं विविधाकल्पान् मौलावक्षोभ्य (र्धेन्दु) भूषिताम्॥
एवं ध्यात्वा तारिणीं तु समाहितमनाश्चिरम्।

एकेन सहिता इति। तेन शारदायानाम्–

श्रीकण्ठोऽनन्तसूक्ष्मौ च त्रिमूर्त्तिरमरेश्वरः।
अर्घीशो भारभूतीशस्तिथीशः स्थाणुको हरः॥

झिण्टीशो भौतिकः सद्योजातश्चानुग्रहेश्वरः।
अक्रूरश्च महासेनः षोडश स्वरमूर्तयः।

पश्चात् क्रोधीशचण्डेश-पञ्चान्तकशिवोत्तमाः।
अथैकरुद्रकूर्मैक-नेत्राह्वचरातुननाः॥

अजेशसर्वसोमेशास्तथा लाङ्गलिदारुकौ।
अर्धनारीश्वरश्चोमा-कान्तश्चाषाढिदण्डिनौ॥

स्युरदिगमीनमेषाख्य-लोहिताश्च शिखी तथा।
छगलण्ड-द्विरण्डेशौ महाकालाख्यबालिनौ॥

भुजङ्गेश-पिनाकीश-खड्गीशाख्यवकास्तथा।
श्वेतभृग्वीशनकुलिशिवाः संवर्त्तकस्तथा॥

एते रुद्राः स्मृता रक्ता धृतशूलकपालकाः। इति।

बिन्दुयुक्तैरित्यादि। तेन ह्रीं त्री हूं अं श्रीकण्ठेशाय नमः। ह्रीं त्रीं हूं आं अनन्तेशाय नमः इत्यादयः प्रयोगाः। केचित् तु पूर्णोदर्यादिशक्तिसहितानेतान् न्यसन्ति। शक्तयश्च शारदायाम्–

पूर्णोदरी स्याद् विरजा शाल्मली तदनन्तरम्।
लोलाक्षी वर्त्तुलाक्षी च दीर्घघोणा समीरिता॥

सुदीर्घमुखी-गोमुख्यौ दीर्घजिह्व तथैव च।
कुण्डोदर्यूर्ध्वकेशी च तथा विकृतमुख्यपि॥

ज्वालामुखी ततो ज्ञेया पश्चादुल्कामुखी तथा।
सुश्रीमुखी च विद्यामुख्येताः स्युः स्वरशक्तयः॥

महाकाली-सरस्वत्यौ सर्वसिद्धिसमन्विते।
गौरी त्र्यैलोक्यविद्या स्यान्मन्त्रशक्तिस्ततः परम्॥

आत्मशक्तिर्भूतमाता तथा लम्बोदरी मता।
द्राविणी नागरी भूयः खेचरी चापि मञ्जरी॥

रूपिणी वीरिणी पश्चात् काकोदर्यपि पूतना।
स्याद् भद्रकाली-योगिन्यौ शङ्खिनी गर्जिनी तथा॥

कालरात्रिश्च कुब्जिन्या कपर्दिन्यापि वज्रिणी।
जया च सुमुखेश्वर्या रेवती माधवी तथा॥

वारुणी वायवी प्रोक्ता पश्चाद्रक्षोविदारिणी।
ततश्च सहजा लक्ष्मीर्व्यापिनी माययाऽन्विता॥

एता रुद्राङ्कपीठस्थाः सिन्दूरारुणविग्रहाः।
रक्तोत्पल-कपालाभ्यामलङ्कतकराम्बुजाः॥

16. अथ ग्रहन्यासः

स्वरैर्हृदि न्यसेत् सूर्यं रक्तं त्र्यक्षरपूर्वकैः।

भ्रुवोर्मध्ये यवर्गेण सोमं शुक्लं तु विन्यसेत्॥

नेत्रत्रये कवर्गेण मङ्गलं लोहितं न्यसेत्।
चवर्गेण बुधं श्यामं न्यसेद् हृदयमण्डले॥

टवर्गेण कण्ठकुपे पीतवर्णं बृहस्पतिम्।
गलदेशे तवर्गेण पाण्डरं भार्गवं न्यसेत्॥

नाभिदेशे पवर्गेण नीलवर्णं शनिं न्यसेत्।
शवर्गेण धूम्रवर्णं राहुं वक्त्रे न्यसेत् ततः॥

ल-क्षाभ्यां गुददेशे तु केतुं धूम्रं वरानने।
कामरूपधरान् सर्वान् सर्वाभरणभूषितान्॥

17. अथ लोकपालन्यासः

इन्द्रमग्निं यमं रक्षो वरुणं पवनं विभुम्।
ईशानमात्मनो मूर्ध्नि दिक्षु चाष्टसु च क्रमात्॥

अधोऽनन्तं मूर्ध्निदेशे ब्रह्माणं च तथा न्यसेत्।
ह्रस्वदीर्घस्वरैश्चाष्टवर्गैस्त्र्यक्षरपूर्वकैः॥

ह्रस्वेत्यादि। तेन ह्रीं त्रीं हूं अं इं उं ऋं लृं एं ओं अं इन्द्राय नमः इति पूर्वललाटे। ह्रीं त्रीं हूं आं ई ऊं ॠं लॄं ऐं औं अ अग्नये नमः इत्याग्नौ दक्षिणकर्णोपरि। अष्टवर्गाः कचटतपयशलाः।

18. अथ शिवशक्तिन्यासः

ब्रह्मा विष्णुश्च रुद्रश्च ईश्वरश्च सदाशिवः।
ततः परशिवो देवि षट् शिवाः परिकीर्तिताः॥

मूलाधारे तु ब्रह्माणं डाकिनीसहितं न्यसेत्।
सर्वत्र त्र्यक्षरीयुक्तं वादिसान्तं सबिन्दुकम्॥

स्वधिष्ठानाख्यचक्रे तु सविष्णुराकिणीं तथा।
वादिलान्तं प्रविन्यस्य नाभौ तु मणिपूरके॥

डादिफान्तार्णसहितं रुद्रं च लाकिनीं तथा।
अनाहते कादिठान्तमीश्वरं काकिनां न्यसेत्॥

विशुद्धाख्ये महाचक्रे षोडशस्वरसंयुतम्।
सदाशिवं शाकिनीं तु विन्यस्य पूर्ववत् ततः॥

आज्ञाचक्रे तु देवेशि हक्षवर्णसमन्वितम्।
परं शिवं ब्रह्मरूपं हाकिनीसहितं न्यसेत्॥

19. अथ तारादिन्यासः

तारा चोग्रा महोग्रा च वज्रा काली सरस्वती।
कामेश्वरी च चामुण्डा इत्याष्टौ तारिणी मताः॥

सर्वत्रादौ त्र्यक्षरीं तु समुच्चार्य क्रमेण तु।
स्वरयुग्मेन वर्गेण भूषितेन च बिन्दुना॥

ङेन्ता नमोऽन्तास्ताराद्या न्यस्तव्या ध्यानपूर्विका:।
ब्रह्मरन्ध्रे ललाटे च भ्रूमध्ये कण्ठगह्वरे॥

हृदये नाभिदेशे च लिङ्गे चाधारके न्यसेत्।

ह्रीं त्रीं हूं अं आं कं खं गं घं ङ तारायै नमः इत्यादयः प्रयोगाः।

20. अथ पीठन्यासः

मूलाधारे कामरूपं हृदि जालन्धरं ततः।
ललाटे पूर्णगिर्याख्यमुड्डियानं तदूर्ध्वके॥

वाराणसीं भ्रुवोर्मध्ये चाव (ज्वल)न्तीं लोचनत्रये।
मायावतीं मुखवृत्ते कण्ठे मधुपुरीं ततः॥

अयोध्यां नाभिदेशे तु कट्यां काञ्चीं विनिर्दिशेत्।
दशैतानि प्रधानानि पीठानि क्रमतो विदुः॥

ह्रस्वदीर्घैश्चाष्टवर्गैर्नमोऽन्तैः क्रमतो न्यसेत्।

21. अथ नीलतन्त्रोक्ततारषोढान्यासः

नीलतन्त्रे–

मन्त्रेणाऽन्तरितां कृत्वा षड्वारं मातृकां न्यसेत्।
क्रमोत्क्रमाद् वारारोहे ताराषोढा प्रकीर्तिता॥

कृते तु न्यासमात्रे तु सर्वपापं विनश्यति।
योगिनीनां भवेत् पूज्यः स देवो न तु मानुषः॥

यं नमन्ति महेशानि षोढा रचितविग्रहाः।
अल्पायुः स भवेत् सद्यो देवता कम्पते भिया॥

नास्त्यस्य पूज्यो लोकेषु पितृमातृमुखोज्जवलः।

षड्वारं सृष्टिस्थितिसंहारक्रमात्। तेन सृष्टिस्थितिसंहार-संहारस्थितिसृष्टय इति क्रम इति केचित्। अन्ये तु–संहार-सृष्टि-स्थितयःपुनरपि तथैवेति वदन्ति। वस्तुतः क्रमोत्क्रमयोरेव वचनारूढत्वात् अकारादिक्षकारान्तान् क्षकाराद्यकारान्तान् मन्त्रान्तरितान् वारत्रयं न्यसेत्। एवं षोढान्यासो भवतीति मम प्रतिभाति।

22. अथ रुदयामलोक्ततारषोढान्यासः

रुद्रयामले–

शृणु देवि प्रवक्ष्यामि गुह्यषोढा त्वियं प्रिये।
न प्रकाश्यमिदं क्वापि मन्त्रिणः कायरक्षणे॥

प्रणवं मातृकावर्णैः पुटितं मातृकास्थले।
तेनैव पुटितं वर्णं न्यसेत् तत्रैव पार्वति॥

मायाबीजं तथा देवि न्यस्तव्यं तु प्रयत्नतः।
वधूबीजं तथा चैव विन्यसेत् सुसमाहितः॥
कूर्चबीजं तथा देवि न्यसनीयमशेषतः।
अस्त्रं चैव तथा न्यस्त्वा सकलं तदनन्तरम्॥

गुह्यषोढा त्वियं देवि न प्रकाश्या कदाचन।
अवश्यं प्रत्यहं कार्या ध्यानं पूजा जपस्तथा॥

अत्र अं ॐ अं ॐ अं ॐ नमः इति ललाटे। एवं प्रथमन्यासः। अं ह्रीं अं ह्रीं अं ह्रीं नमः इति ललाटे इति द्वितीयक्रमः। अं त्रीं अं त्रीं नमः इति तृतीयक्रमः। अं हूं अं हूं अं हूं इत्यादि चतुर्थे। अं फट् अं फट् नमः इत्यादि पञ्चमे। अ ॐ ह्रीं भीं हूं फट् अं ॐ ह्रीं त्रीं हूं फट् अं ॐ ह्रीं त्रीं हूं फट् नमः इत्यादि षष्ठक्रमः।

23. अथ तारकान्यासः

वीरतन्त्रे–

अकादिक्रमतो न्यस्येद्रोहिण्यादिक्रमेण तु।
व्युत्क्रमेण च तत्त्वानि शेषं शेषेण योजयेत्॥

रोहिण्यादिमहान्यासं कृत्वा नरवरः सुधीः।
रोहिणीसुतवत् सृष्ट्यामशोच्यो भवति ध्रुवम्॥
गद्यपद्यमयी वाणी कथायां तस्य जायते।
अदृष्टश्रुतशास्त्रणां व्याख्याता भवति ध्रुवम्॥
अकृत्वा तारकान्यासं तारिणी प्रजपेद् यदि।
शतलक्षप्रजप्तोऽपि न मन्त्रः सिद्धिदायकः॥

तत्र सम्प्रदायानुसारी प्रयोगः। अं कं आकाशतत्त्वात्मिकायै रोहिणीरूपायै नमः शिरसि। आं खं वायुतत्त्वात्मिकायै मृगशिररूपायै नमो मुखे। इं गं तेजस्तत्त्वात्मिकायै आर्द्रारूपायै नमो हृदि। ई घं जलतत्त्वात्मिकायै पुनर्वसुरूपायै नमो गुह्य। उं ऊं पृथिवीतत्त्वात्मिकायै पुष्यरूपायै नमः पादयोः। ऊं चं घ्राणतत्त्वात्मिकायै अश्लेषारूपाये नमो नसोः। ऋं छं रसनातत्त्वात्मिकायै मघारूपायै नमो जिह्वायाम्। ॠं जं चक्षुस्तत्त्वात्मिकायै पूर्वफल्गुनीरूपायै नमश्चक्षुषोः। लृं झं त्वक्तत्त्वात्मिकायै उत्तरफल्गुनीरूपायै नमः सर्वाङ्ग। लॄं ञं श्रोत्रतत्त्वात्मिकायै हस्तारूपायै नमः श्रोत्रयोः। एं टं गन्ध तत्त्वात्मिकायै चित्रारूपायै नमो नसोः। ऐं ठं रसतत्त्वात्मिकायै स्वातीरूपायै नमो जिह्वायाम्। ओं डं रूपतत्वात्मिकायै विशाखारूपायै नमश्चक्षुषोः। औं ढं रसतत्त्वात्मिकायै स्वातीरूपायै नमः सर्वाङ्गे। अं णं शब्दतत्त्वात्मिकाये ज्येष्ठारूपायै नमः श्रोत्रयोः। अ तं उपस्थतत्त्वात्मिकायै मूलारूपायै मूलारूपायै नमो लिङ्गे। अं थं पायुतत्त्वात्मिकायै पूर्वाषाढारूपायै नमो गुह्ये। आं दं पादतत्त्वात्मिकायै उत्तराााषाढारूपायै नमः पादयोः। इं धं पाणितत्त्वात्मिकायै श्रवणारूपायै नमो हस्तयोः। ई नं वाक्तत्त्वात्मिकायै धनिष्ठारूपायै नमो मुखे। उं पं आनन्दतत्त्वात्मिकायै शतभिषारूपायै नमो लिङ्गे। ऊं फं विसर्गतत्त्वात्मिकायै पूर्वभाद्रपदरूपायै नमो गुह्ये। ऋं बं गतितत्त्वात्मिकाये उत्तरभाद्ररूपायै नमः पादयोः। ॠं भं आदानतत्त्वात्मिकायै रेवतीरूपायै नमो हस्तयोः। लृं मं वचनतत्त्वात्मिकायै अश्विनीरूपायै नमो मुखे। लॄं एं ऐं ॐ यं रं लं वं अधस्तत्त्वात्मिकायै भरणीरूपायै नामे नाभ्यादिपादपर्यन्तं न्यसेत्। औं अं अ शं षं सं हं लं क्षं ऊर्ध्वतत्त्वात्मिकायै कृत्तिकारूपायै नमो नाभ्यादि-मस्तकपर्यन्तं न्यसेत्।

24. अथ ऋष्यादिन्यासः

तन्त्रे–

ऋषिच्छन्दो देवतानां विन्यासेन विना यदा।
जप्यते साधितोऽप्येष तस्य तुच्छं फलं भवेत्॥

मन्त्र चूडामणौ–

अक्षोभ्य ऋषिरेतस्या बृहती छन्द ईरितम्।
नीलसरस्वती देवी त्रिषु लोकेषु गोपिता॥

हूं बीजमस्त्रं शक्तिः स्याच्चतुवर्गफलमप्रदा।

शिरो-वदन-हृदय-लिङ्ग-पादसर्वाङ्गेषु तेषां न्यासः।

तदुक्तं तन्त्रे–

ऋषिन्यासो मूर्ध्निदेशे छन्दस्तु मुखपङ्कजे।
देवता हृदये चैव बीजं गुह्यप्रदेशके॥

शक्तिं च पादयोश्चैव सर्वाङ्गे कीलकं न्यसेत्।

योगितन्त्रे–

ऋष्यादीन् विन्यसेद् देवि चतुर्थीहृदयान्तकान्।

चतुर्थी विभक्तिः। हृदयं नमः।

सारसंग्रहे–

ऋषिच्छन्दोदेवतानां न्यासे त्वङ्गुलयः स्मृताः।
चतुस्त्रोऽङ्गुष्ठरहिताः शक्त्यन्तं विन्यसेत् ततः॥ इति।

बीजशक्तिन्यासोऽप्येवमेव। कीलकन्यासो व्यस्तहस्ताभ्यां सर्वाङ्गे। तदुक्तम्–

कीलकं व्यस्तहस्ताभ्यां सर्वाङ्गे साधकाग्रणीः।

25. अथ कराङ्गन्यासः

फेत्कारिण्याम्– षड्दीर्घाद्याद्यबीजेन कराङ्गन्यसनं ततः। करन्यासे विशेषस्तत्रैव–

वृद्धाङ्गुष्ठं समारभ्य कनिष्ठान्तं तथा पुनः।
उत्पत्तिसंज्ञको न्यासः संहारोऽस्य विपर्ययः॥

मध्यमामूलमारभ्य चोभयोरपि हस्तयोः।
तर्जन्यन्तं चरेन् न्यासं स्थितिर्नामकृतोदयः।

सिद्धसारस्वते–

अखिलवाग्रूपिणीं प्रोच्य हृदयाय नमो वदेत्॥
अखण्डवाग्रूपिणीं च शिरसे वह्निवल्लभा॥

ब्रह्मवाग्रूपिणीमुक्त्वा शिखायै वषडित्यपि।
विष्णुवाग्रूपिणीमुक्त्वा कवचाया हुमुच्चरेत्॥

रुद्रवाग्रूपिणीं नेत्रत्रयाय वौषडित्यपि।
सर्ववाग्रूपिणीमुक्त्वा चास्त्राय फडिति स्मरेत्॥

षड्दीर्घमायया बीजं बीजान्ते तानि योजयेत्।

तन्त्रचूडामणौ–

बीजान्ते एकजटायै हृदयं परिकीर्त्तितम्।
तारिण्यै शिरसे तद्वद् वज्रेदके शिखां तथा॥

उग्रजटे च कवचं महापरिसरे तथा।
पिङ्गोग्रैकजटे तद्वन् नेत्रास्त्रे परिकीर्त्तिते॥

इत्युक्तम्। तेन फेत्कारिणीवचनमन्यभागोपलक्षणपरम्। सिद्धसारस्वत-तन्त्रचूडामणिप्रोक्तप्रकायो विकल्पः।

सिद्धसारस्वतप्रोक्तषडङ्गन्यासो नीलसर-स्वत्यां तन्त्रचूडामणिप्रोक्तषडङ्गन्यासप्रकारस्तारैकजटयोरित्यपि वदन्ति।

तन्त्रे–

हृदये मध्यमानामातर्जनीभिर्न्यसेद् बुधः।
मध्यमातर्जनीभ्यां च शिरसि न्यासमाचरेत्॥

अङ्गुष्ठेन शिखायां च दशभिः कवचे न्यसेत्।
नेत्रेषु तिसृभिश्च स्यादस्त्रमूर्ध्वौगं त्रिशः॥

मध्यमातर्जनीभ्यां स्यादङ्गमुद्राः स्मृता अपि।

मध्यामातर्जनीभ्यामूर्ध्वोर्ध्वक्रमेण तालत्रयं कुर्यादित्यर्थः।

स्वतन्त्र–

अनुक्ताङ्गेषु मन्त्रेषु पदशो वर्णशोऽपि वा।
स्वेनैवाङ्गानि कल्यानि मूलेन सकलेन वा॥

26. अथ व्यापकन्यासः

भैरवतन्त्रे–

पञ्चधा नवधा वापि मूलेन सप्तधा तथा।

व्यापयेदिति शेषः। स्वतन्त्रतन्त्रेऽपि–

मूलेन व्यापकं न्यासं नवधा कारयेत् प्रिये।

अत्र योगपीठन्यासो नास्ति। तारातन्त्रे क्वचिदप्यभिधानादर्शनात्। 'नान्यत् सञ्चारयेद् बुध' इत्याभिधानाच्च। यदि कालीतन्त्रातिदेशेन तत्प्राप्तिरुचिता तदाग्रे वक्ष्यमाणपीठपूजाक्रमेण तन्न्यासोऽवगन्तव्यः।

कुमारीतन्त्रे—

ततः स्त्रीवेधारी स्यात् सिन्दूराङ्कितभालकः।
शृङ्गारोज्ज्वलभूषाढ्यस्ताम्बूलपूरिताननः॥

एवं वेशादिकं सर्वं वनितामपि कारयेत्।

आदिपदेन भूतशुद्ध्यादिव्यापकान्तं पञ्चमयोगोक्तन्यासादिकं चोच्यते।

कुलर्णवे—

यो न्यासकवचच्छन्नो मन्त्रं जपति तं प्रिये।
विघ्ना दृष्ट्वा पलायन्ते सिंहं दृष्ट्वा यथा गजाः॥
अकृत्वा न्यासजालं यो मूढात्मा प्रजपेन् मनुम।
सर्वविघ्नैः स बाध्येत व्याघ्रैर्मृगशिशुर्यथा॥

स्वतन्त्रतन्त्रे—

इत्थं विन्यस्तदेहः सन् चक्रराजं समालिखेत्।
स्वर्णे वा राजते तामे पाषाणे चाष्टधातुषु॥

स्वयम्भुकुसुमं कुण्डगोलोत्थरोचना गुरुः।
काश्मीरं मृगनाभिश्च कुलं च मलयोद्भवम्॥

एष गन्धः समाख्यातः सर्वदा चण्डिकाप्रियः।
एतेन गन्धयोगेन योनिचक्रं समालिखेत्॥

अत्र गन्धानमैच्छिकग्रहणम्। कुमारीतन्त्रे—

एतत् विलिखेत् ताम्रे कुण्डगोलविलेपिते।

रुद्रयामले—

ततः कुङ्कुमसिन्दूरैः कार्यं यन्त्रं तु योगिना।
सौवर्णे राजते ताम्रे स्फटिके वैद्रुमे तथा॥

चक्रे यथोक्तविधिना पूज्या देवी नरोत्तमैः।

स्फाटिकादौ स्थिररेखारूपमपि यन्त्रं प्रशस्तम्। अत एव सारसंग्रहे–

ताम्रे द्वादशकं वर्षं स्फाटिकादौ तु सर्वदा।
तेषां मध्ये स्फाटिकं तु सर्वसिद्धिप्रदं भवेत्॥

तन्त्रान्तरे–

यावज्जीवं सुवर्णं स्याद् रौप्यं द्वाविंशतिः प्रिये।
ताम्रे द्वादशकं वर्षं तदूर्ध्वं भूर्जपत्रके॥

रुद्रयामले–

एकतोलं द्वितोलं वा त्रितोलं वेदतोलकम्।
स्वेच्छातोलं नरः कृत्वा प्रत्यवायं समश्नुते।

तथा–

ताम्रे लक्षगुणं प्रोक्तं रौप्ये कोटिगुणं भवेत्।
सौवर्णेऽनन्तफलदं मण्यादौ किं वदामि ते॥
विद्रुमे रचिते यन्त्रे पद्मरागेऽथवा प्रिये।
इन्द्रनीलेऽथ वैदुर्ये स्फाटिके मरकरेपि वा॥

धनं पुत्रं तथा दारान् यशांसि लभते वम्।

रत्नसागरे–

अब्ध्यङ्गुलेन हेमस्य रजतस्य तथैव च।
ताम्रस्य पूर्वसंख्यैव माणिक्यादौ यथेच्छया॥

गौरीयामले–

चातुर्विध्यं हिं चक्रस्य प्रस्ताराश्च भवन्ति हि।
भूकूर्मपद्मप्रस्तारा मेरुश्चापि तथाविधः॥

निम्नरेखासमायोगे भूप्रस्तारो मयोदितः।
कूर्मपद्मकप्रस्तार ऊर्ध्वरेखं मयोदितम्॥

सौत्रामणितन्त्रे–

ऋजुरेखे भवेल्लक्ष्मीर्वक्ररेखे दरिद्रता।

कुलार्णवे–

आभिरूप्याच्च बिम्बस्य पूजायाश्च विशेषतः।
साधकस्य च विश्वासाद् देवतासन्निधिर्भवेत्।

फेरवीये–

अष्टपत्रं लिखेत् पद्मं त्रिकोणोज्ज्वलकर्णिकम्।
मायां पूर्वदले न्यस्य याम्ये बीजं द्वितीयकम्॥

तथोत्तरे पश्चिमे च फट्कारो विलिखेत् ततः।
मध्ये बीजं लिखित्वा तु भूतशुद्धिं समाचरेत्॥

भूतशुद्धिमिति मकारपञ्चकशुद्धिमित्यर्थः। भूतपदस्य पञ्चसंख्यार्थकत्वात्। अन्यथा–'इत्थं विन्यस्तदेहः सन् चक्रराजं समालिखेदि' त्यनेन विरोधापत्तेः।

केचित् तु–

भूतशुद्धियन्त्रलिखनयोः पौर्वापर्यविकल्पमेवेच्छन्ति।

वीरतन्त्रे–

षट्कोणं विलिखेत् पद्ममष्टपत्रं सलक्षणम्।

फेत्कारिणेतन्त्रे–

सयोनि गोमयेनाष्टपत्रमब्जं सुशोभनम्।
भूपुरं वसुवज्राढ्यं यन्त्रमेकजयात्मकमिति॥

भूपुरमप्यधिकमुक्तम्। एवं च षट्कोणत्रिकोणयोर्विकल्पः। समुच्चय एवेति वीरचूडामणिमतं वक्ष्यते।

नीलतन्त्रे–

व्योमेन्दौ रसनार्णकर्णिकमचां द्वन्द्वैः सफुरत्केशरं
वर्गोल्लासिवसुच्छदं वसुमतीगेहेन संवेष्टितम्।
ताराधीश्वरवारिवर्णविलसद् दिक्कोणसंशोभितं
यन्त्रं नीलतनोः परं निगदितं सर्वार्थसिद्धिप्रदम्॥

अत्र नीलतनोरित्यभिधानात् त्र्यक्षरोपासकेनास्मिन् यन्त्रे पूजा चतुरक्षरपञ्चाक्षरोपासकेन तु फेत्कारिण्याद्युक्तयन्त्रे। व्योमेन्दावित्यादिना धारणयन्त्रमुक्तमित्यापि वदन्ति।

मत्स्यसूक्ते–

अनुक्तकल्पे यन्त्रं तु लिखेत् पद्मं दलाष्टकम्।
षट्कोणकर्णिकं वृत्तं वेदद्वारोपशोभितम्॥

तन्त्रे–

आ सुरेखे वज्ररेखे हूं फट् च वह्निवल्लभा।
मन्त्रेणानेन विलिखेत् पद्मपत्रं मनोहरम्।

कुमारीतन्त्रे–

स्वयम्भुपुष्पसंयुक्ते कुङ्कुमारुणसेविते।
शुद्धासने च पशुभिरदृष्टे पुरतो न्यसेत्॥

दक्षिणामूर्तिसंहितायाम्–

श्रीखण्डरक्तश्रीखण्ड-श्रापर्णीसम्भवे पटे।
चक्रं संस्थापयेद् देवि नान्यत्र वरवर्णिनि॥

कुलार्णवे–

यन्त्रे सा पूजिता देवि सहसैव प्रसीदति।
कामक्रोधादिदोषोत्थसर्वदुःखनियन्त्रणात्॥

यन्त्रमित्याहुरेतास्मिन् देवः प्रीणाति तत्त्वतः।
शरीरमिव जीवस्य दीपस्य स्नेहवत् प्रिये॥

सर्वेषामपि देवानां तथा यन्त्रं प्रतिष्ठितम्।
तस्माद् यन्त्रं लिखित्वाऽथ ध्यात्वा वासावृतिं शिवम्॥

ज्ञात्वा गुरुमुखात् पूर्वं पूजयेद् विधिना प्रिये॥

तथा–

न रात्रावङ्कयेद्, यन्त्रं साधकस्तु कदाचन।
प्रमादादङ्किते चैव देवताशापमाप्नुयात्॥

सिद्धेश्वरीतन्त्रे–

संस्थाप्य पुरतो देवि शुभे पीठे सुरेश्वरि।
दद्यात् पुष्पाञ्जलिं तत्र मूलमन्त्रेण साधकः।

योगिनीतन्त्रे–

योगिनीमूलमन्त्रेण तत्र पुष्पाञ्जलिं क्षिपेत्।
अशून्यं कुसुमैः कुर्याच्छून्यं विघ्नं विनिर्दिशेत्॥

योगिनीमूलमन्त्रो यथा–भैरवतन्त्रे–

ह्रस्वः साक्षिभयं श्वेतो भगवान् मदनो वकः।
ताभिषेकं तथा चोक्त्वा भृगुः काली मरुत् प्रिये॥

कूर्चास्त्रं वह्निभार्येति यन्त्रे पुष्पाञ्जलिं क्षिपेत्।

ह्रस्वोऽकारः। भयं भकारः। साक्षि ह्रस्वेकारयुक्तम्। श्वेतो मूर्धन्यषकारः। भगवान् एकारयुक्तः। मदनः ककारः। वकः

तालव्यशकारः। ताभिषेकेतिस्वरूपम्। भृगुर्दन्त्यसकारः। काली मकारः। मरुत् यकारः। कूर्चं हूंकारः। अस्त्रं फट्। वह्निभार्या स्वाहा। कुमारीतन्त्रे–

पीठन्यासं ततः कुर्यादाधारशक्तिपूर्वकम्।
प्रकृतिं कमठं चैव शेषं पृथ्वीं तथा पुनः॥

सुधाम्बुधिं मणिद्वीपं चिन्तामणिगृहं तथा।
श्मशानं पारिजातं च तन्मूले रत्नवेदिकाम्॥

तस्योपरि मणेः पीठं न्यसेत् साधकसत्तमः।
चतुर्दिक्षु मुनीन् देवान् शवांश्च शवमुण्डकान्॥

धर्मादींश्चाप्यधर्मादीन् पादगात्रचतुष्टये।
हृदि पद्मं तथा पद्मे सूर्यसोमौ महेश्वरि॥

वैश्वानरं, तथा सत्त्वं रजश्चैव तमस्तथा।
आत्मानं चैव विन्यस्य शक्तीर्हृत्पद्मके न्यसेत्॥

अत्र 'पीठन्यासं ततः कुर्यादि'त्यत्र न्यासपदोपादानं कालिकाक्रमाभिप्रायेण कुमारीतन्त्रस्य तदीयत्वादिति वदन्ति। अत्र च बाह्यपीठार्चनाक्रमे तदुपयोगः। धर्मादीनिति। तेन कोणचतुष्टये धर्मज्ञानवैराग्यैश्वर्याणि दिक्चतुष्टये अध र्माज्ञानवैराग्यानैश्वर्याणि पूजयेदित्यर्थः शक्तीः पीठशक्तीः। तारार्णवे–

षट्कोणान्तर्गतं पद्मं भूबिम्बद्वितयं पुनः।
तन्मध्ये पूजयेद् देव्या वाहनं शवमेव च॥

श्मशानं तत्र संचिन्त्य तत्र कल्पमुद्रा स्मरेत्।
तन्मूले मणिपीठं च नानामणिविभूषितम्॥

नानालङ्कारभूषाढ्यं मुनिदेवैश्च भूषितम्।

शिवाभिर्बहुमांसास्थिमोदमानाभिरन्ततः।
चतुर्दिक्षु शवान् मुण्डान् चिताङ्गारास्थिविभूषितान्॥

केशरेषु पीठशक्तयः पूज्याः। ताश्च सिद्धसारस्वते–

लक्ष्मीः सरस्वती चैव रतिः प्रीतिस्तथैव च।
कीर्ति शान्तिश्च पुष्टिश्च तुष्टिरित्यष्टशक्तयः॥

सारसंग्रहे–

पीठशक्तिरथाभ्यर्च्येत् केसरेषु समन्ततः।
वरदाभयधारिण्यः पीठं पीठाणुना यजेत्॥

वीरचूडामणौ तु–

पीठशक्तिविधानेन नवशक्तीः प्रपूजयेत्।
रतिः प्रीतिः प्रिया कान्तिः कामिनी काममालिनी॥

कन्दर्पदलिनी दुर्गा भाविनी नवशक्तयः।
वियद् भृगुं समुच्चार्य मनुं बिन्दुकलान्वितम्॥

महाप्रेतपदं पश्चात् हृदयान्तमयो मनुः।

मनुः पीठमनुः। कुमारीतन्त्रे– पीठमन्त्रं तन्त्रान्तमुक्तम्।

यथा–

वाग्भवं प्रथमां चोक्त्वा परायै तदनन्तरम्।
अपरायै परापरायै ह्सौर्वाच्यमतः परम्॥

सदाशिवमहाप्रेतङेन्तं पद्मासनं तथा।
नम इत्येव मन्त्रोऽयं पीठन्यास उदाहृतः॥

यद्यपि कुमारीतन्त्रं कालीप्रधानम् तथाप्यतिदेशादत्रापि तदन्वेतीति वदन्ति। वशिष्ठसंहितायाम्–

ततस्तु कारयेद् विद्वान् सप्रच्छदवृत्तिं द्विजः।
ह्रींकारसम्पुटं कृत्वा ॐकारेण समन्वितम्॥

पूजादौ प्रत्यहं विप्रः सप्तकृत्वो जपेन्मनुम्।
अनेन तु विधानेन सरक्षा मन्त्रतेजसः॥

देवीभूतानि सर्वाणि तथा च साधकोत्तमाः।
भैरवस्तु स्वयं देवो मन्त्रतेजसि लोलुपाः॥
हरन्ति सर्वे तेजांसि रक्षां सप्तछदं विना।

27. अथ मन्त्रशुद्धि

कुलार्णवे–

ग्रथित्वा मातृकावर्णैर्मूलमन्त्राक्षराणि च।
क्रमोत्क्रमात् द्विरावृत्त्या मन्त्रशुद्धिरियं भवेत्॥

28. अथ द्रव्यशुद्धिः

कुलार्णवे–

पूजाद्रव्याणि संप्रोक्ष्य मूलास्त्राद्भिर्विधानतः।
दर्शयेद् धेनुमुद्रां च द्रव्यशुद्धिः प्रकीर्त्तिता॥

29. अथ विशेषशुद्धिः

कुलार्णवे– कुलद्रव्यशक्तिशुद्धिरग्रे वाच्या। ॐ प्रतद्विष्णु स्तुवते वीर्येण मृगोन भीमः कुचरो गरिष्ठाः यस्योरुषु त्रिषु विक्रमणेष्वधि क्षियन्ति भुवनानि विश्वा इति मन्त्रेण मांसं शोध येत्। 'प्रतद् विष्णुरिति मन्त्रं मांसशुद्धौ नियोजयेदि'ति वचनात् ॐ त्र्यम्बकं यजामहे सुगन्धिं पुष्टिवर्धनम्। उर्वारुकमिव बन्ध नान्मृत्योर्मुक्षीय मा मृतात्। इति मन्त्रेण मत्स्यं शोधयेत्।

त्र्यम्बकस्य तु मन्त्रेण मत्स्यशुद्धि समाचरेदिति वचनात्। ॐ तद् विष्णोः परमं पदं सदा पश्यन्ति सूरयः। दिवीच चक्षुराततम्। तद्विप्रासो विपण्यवो जागृवां स समिन्धते विष्णोर्यत् परमं पदम्। इति मन्त्रेण मुद्रां शोधयेत्। 'तद्विष्णोरि'ति मन्त्रेण तद्विप्रासोऽणुना तथा। मुद्रां तु शोधयेन्मन्त्री देवताकारिकामिति वचनात्। ॐ विष्णुर्योनि कल्पयतु त्वष्टा रूपाणि पिंशतु आसिंचतु प्रजापतिर्धाता गर्भं दधातु वै गर्भं देहि सिनीवालि गर्भं देहि सरस्वति गर्भं धेह्यश्विनौ देवा बाधत्तां पुष्करस्त्रजौ। आभ्यां मन्त्राभ्ययां कुण्डगोलोत्थौ शोधयेत्। 'विष्णुर्योनिममुं मन्त्रं गर्भं धेहीति वै तथा। कुण्डगोलोत्थयोः शुद्धौ साधको विनियोजयेत्।'। इति वचनात्।

तन्त्रे–

तारं कूर्चास्त्रमुद्धत्य शिवादित्रयबिन्दुयुक्।
वह्निजाया तारामाया श्रीबीजं सुरतप्रिये॥

तारामायारमास्त्रं च वह्निजायां च वर्त्तुलम्।
ततो मृतोद्भवायेत्यमृतवर्षिणि तत्परम्॥

प्रिये देविपदं युक्तं शापं मोचय युग्मकम्।
अमृतं स्रावयद्वन्द्वं अमृतं कुरुयुग्मकम्।
वह्निजायान्तमन्त्रेण शुक्रशुद्धिं समाचरेत्॥

वर्त्तुलं मकारः। रुद्रयामले–

मासं तु त्रिविधं प्रोक्तं जलखेचरभूचरम्।

तथा–

गोनरेभाश्च महिषवराहात्रमृगोद्भवान्।
महामांसाष्टकं प्रोक्तं देवताप्रीतिकारकम्।

कुलार्णवे–

मत्स्यं च त्रिविधं प्रोक्तमुत्तमाधममध्यमम्।
उत्तमं त्रिविधं देवि क्षालपाठानरोहिताः॥

प्रवीणं कण्टकैर्हीनं तैलकं स्वादुसंयुतम्।
देव्याः प्रीतिकरं चैव मध्यमं तदुदाहृतम्॥

क्षुद्राणि तानि सर्वाणि अधमान्याहुरुत्तमाः।

तथा–

व्रैहेयं मण्डलाकार चन्द्रविम्बनिभं शुभम्।
चारुपक्वं मनोहारि शर्कराद्यैः प्रपूरितम्॥

पूजाकाले च देवीनां मुद्रैषा परिकीर्त्तिता।

तन्त्रान्तरे तु–

मुद्रा तु देवि संप्रोक्ता भर्जितं चणकादिकम्।
भृष्टधान्यादिकं यावच्चर्वणीयं प्रकल्पयेत्।
तस्य संज्ञा कृता मुद्रा महामोदप्रवर्धिनी॥ इत्युक्तकम्।

मुण्डमालायाम्–

साधवारतिसम्भूतं कुण्डमुत्तभूतिदम्।
विधवारतिसम्भूतं गोलं सिद्धिप्रदं भुवि॥

कुलार्णवे–

कुलद्रव्यैर्विना कुर्याज्जप-यज्ञ तपो-व्रतम्।
निष्फलं तद् भवेद् देवि भस्तनीव हुतं यथा॥

अथानुकल्पः

तत्रैव–

मद्याभावे तु वटिकां जले संलोड्य तर्पयेत्

गुडमिश्रेण तक्रेण तच्च वा मधुभाजनम्॥
सौवीरेणाथवा कुर्यादेतत् कर्म न लोपयेत्।

वटिकाप्रकारस्तु तत्रैवोक्तः–

मद्यं मांसं च विजयां चाष्टगन्धैः सुमिश्रिताम्।
समर्च्य वटिकां कृत्वा परिगृह्याद् विचक्षणः॥

इति मधुभाजनं कुर्यादित्यनुषङ्ग। सौवीरं काञ्जिकम्।

कुमारीतन्त्रे–

नालिकेरोदकं कांस्ये ताम्रे वा विसृजेन् मधु।
गव्यं च ताम्रपात्रस्थं सुरातुल्यं घृतं विना॥

समयाचारे–

तक्रं क्षीरं गुडं क्षौद्रं मध्वाज्यतिलशर्कराः।
तैलं मज्जारनालं च द्रव्यं दशविधं स्मृतम्।

द्वितीयानुकल्पस्तत्रैव–

मांसाभावे तु लसुनमार्द्रकं नागरं तु वा।
आदाय पूजयेद् देवीमन्यथा निष्फलं भवेत्॥

तथा–

लवर्णार्द्रपियालं च गोधूमं माषपञ्चमम्।
लसुनं च महादेवि मांसप्रतिनिधौ स्मृतम्॥

पञ्चमानुकल्पो भावचूडामणौ–

यदि विप्रो भवेत् त्रस्तः कुलपूजापरायणः।
तदानेन विधानेन कुर्यात् कुलसमुद्भवम्॥

अपरापुष्पगर्भे तु कुलस्थानं मनोहरम्।
हयारिकुसुमे देव स्वयमस्ति सदाशिवः॥

तन्मध्ये लघुमाधाय पुष्पमध्ये तु चन्दनम्।
रक्तं वा कुसुमं दत्त्वा ध्यात्वामानं शिवात्मकम्॥

योजयेच्छिवशक्त्योस्तदैक्यं सम्भावयन् धिया।
क्षणं विचिन्त्य तत्रैव संचिन्त्य परमेश्वरीम्॥

जप्त्वा तदेव कुण्डाख्यं द्रव्यं परमदुर्लभम्।

लघुमार्त्तवम्। रक्तं वा कुसुममित्यार्तवालाभे पुष्पमाध्ये करवीरपुष्पमध्ये। चन्दनं श्वेतचन्दनम्। भैरवीतन्त्रे–

स्वयम्भूकुसुमाभावे रक्तचन्दनकं क्षिपेत्।
इदं सर्वं वीरमात्रपरमिति बोध्यम्।

30. अथ सादनम्

कुलचूडामणौ–

नानाविधानि पुष्पाणि गन्धानि विविधानि च।
कर्पूरजातिधूपादिवासितं पटवासितम्।
ताम्बूलं देयद्रव्यं च धूपदीपादिकं च यत्॥

सर्वालङ्कारभूषाभिर्भूषितः कौलिकेश्वरः।
मूलमन्त्रेजप्ततोयैः प्रोक्षितं स्थापयेत् ततः॥

सर्वं स्वदक्षिणे स्थाप्यं वामे चर्व्यं निवेशयेत्।
पश्चिमे देवतायाश्च कुलद्रव्याणि धारयेत्।

कालिकापुराणे–

मदिरां पृष्ठतो दद्यादन्यत् पानं तु पृष्ठतः।

तुकारोप्यऽर्थः। तथा–

प्रक्षालनाय करयोः पश्चात् पात्रं निधापयेत्।

घृतादिज्वलितान् दीपान् स्थापयेत् परितः शुभान्।
ओड्रपुष्पैर्विशेषण वज्रपुष्पेण मिश्रितम्।
सर्वं पुष्पं प्रदद्याच्च भक्तियुक्तेन चेतसा।।

पुष्पभेदा मत्स्यसूक्ते–

सुगन्धिश्वेतलैहित्य-कुसुमैर्चयेत् कुलैः।
बिल्वैर्मरुवकाद्यैश्च तुलसीवर्जितैः शुभैः।।

यामले–

पुष्पैर्देवाः प्रसीदन्ति पुष्पे देवाश्च संस्थिताः।
किञ्चातिबहुनोक्तेन पुष्पस्योक्तिर्मतल्लिका।।

परंज्योतिः पुष्पगतं पुष्पेणैव प्रसीदति।
त्रिवर्गसाधनं पुष्पं पुष्टिश्रीस्वर्गमोक्षदम्।
पुष्पमूले वसेद् पुष्पमध्ये तु केशवः।।

पुष्पाग्रे च महादेवः सर्वे देवाः स्थिता दले।
तस्मात् पुष्पैर्यजेद् देवान नित्यं भक्तियुतो नरः।।

पूजनीया सदा भक्त्या नृणां शीघ्रफलप्रदा।
कुलैर्वज्रपुष्पाद्यैः। मुण्डमालायाम्–

पुष्पाण्यपि तथा दद्याद्रक्तकृष्णासितानि च।
श्वेतपुष्पं जवापुष्प करवीरं तथा प्रिये।।

तगरं मालती जाती सेवन्ती यूथिका तथा।
धुस्तूराशोकवकुल-श्वेतकृष्णापराजिताः।।

बकपुष्पं बिल्वपत्रं चम्पकं नागकेशरम्।
मल्लिका झिण्टिका काञ्ची रक्तं यत् परिकीर्तितम्।।

अर्कपुष्पं बर्वरं च बन्धूकं च प्रियंवदा।
अष्टम्यां च विशेषेणं तुष्टा भवति पार्वति॥

पद्मपुष्पेण रक्तेन सन्तुष्टाः सर्वदेवताः।
कृष्णैर्वा यदि वा शुक्लैः कालिका वरदा भवेत्॥

श्मशानधुस्तूरैणेव तुष्टां धूमावती परा।

वन्यपुष्पैश्च विविधैः सन्तुष्टा देवी पार्वती॥

आमलक्यास्तु पुष्पेण तुष्टा पत्रेण पार्वती।
अष्टम्यां च चतुर्दश्यां नानापुष्पैः समर्चयेत्॥

श्मशाने रात्रिशेषे वा शनिभौमदिने निशि।

मालतीविधिर्देवतान्तरे अत्र निषेधात्। तथाहि हरगौरीसंवादे–

वर्जयेत् मालतीपुष्पं वर्जयेत् तुलसीदलम्। इति।

त्रिशक्तिरत्ने–

वज्रपुष्पेण संमिश्रैरर्चयेत् सिद्धिहेतवे।
अभावाद् वज्रपुष्पस्य स्मरणात् सिद्धिमाप्नुयात्॥

तुलसीमालतीवर्जं पुष्पं दद्यात् प्रसन्नधीः।

कालिकापुराणे–

पुष्पं कोकनंद पद्मं जवा बन्धुकमेव च।
सर्वेषां पुष्पजातीनां रक्तपुष्पं विशिष्यते॥

क्रियासारे–

देवीनामर्कमन्दरावादित्यं तगरं तथा।
गणेशस्य च सूर्यस्य रक्तपुष्पमतिप्रियम्॥

तथा–

बकुलैर्नार्चयेद् देवीमपक्वं न निवेदयेत्।
फलं ज्ञात्वा विशुद्धं च बालपक्वमपि त्यजेत्॥

नाक्षतैरर्चयेद् विष्णुं न तुलस्या विनायकम्।
न दूर्वयाऽर्चयेच्चण्डीं बिल्वपत्रैर्विनायकम्॥

उन्मत्तमर्कपुष्पं च विष्णौ वर्ज्यं सदा बुधैः।
शिवे कुन्दं मदन्तीं च यूथीं बन्धूककेतके॥

गौतमीये–

न रक्तचन्दनं जातु गृह्णीयाद्रक्तपुष्पकम्।
बिल्वपत्रैस्तत्प्रसूनैर्नार्चयेद् देवकीसुतम्॥

शुष्कैश्च नार्चयेद् विष्णुं पुष्पैः पत्रैः फलैरपि।
स्नात्वानीतैः पर्युषितैर्याचितैः कृष्णवर्णकैः॥

स्वयं विकाशितैः पुष्पैः स्वयं च पतितैर्भुवि।
वर्जयेद् बृहतीपुष्पां निर्गन्धं च विशेषतः।
त्रिपन्यूनकुसुमैर्नार्चयेत् तु कदाचन॥

कुसुमं पाटलिञ्चैव शिरीषं परिवर्जयेत्।
भूगतं वर्जयेत् पुष्पं शेफालीं बकुलं विना॥

वासोभिः संवृतैर्नीतं मतिमान् नार्पयेच्छिवे।
कालिकाभिस्तथा त्याज्यो विना चम्पकपद्मके॥

जवां रक्तां त्रिसन्ध्ये द्वे मालतीं केतकीं तथा।
घुसृणं कुमुदं रक्तहयारिं च हरे त्यजेत्॥

बिल्वस्य खदिरस्यैव तथा धात्रीफलस्य च।
तमालस्य च पद्मस्य छिन्नभिन्ने न दूष्यतः॥

पुष्पमालायाम्–

गुञ्जापराजितोन्मत्तं वराहक्रान्तया सह।
आम्रातकमिदं पुष्पं निषिद्धं सूर्यपूजने॥

निषिद्धं विहितं सूर्ये तगरं कण्टकारिका।
मन्दारर्कधुस्तूरं शाल्मलीकञ्चनार्जुनम्॥

निषिद्धं विष्णुपूजायां पुष्पं वेभीतकं तथा।
निषिद्धं विहितं विष्णोः शिरीषं शुक्लपुण्ड्रकम्॥

नरसिंहस्य पूजायां निशिद्धं केतकीद्वयम्।

शिरीषबन्धूकविभीतकानां मदन्तिकाकेतकिपुण्ड्रकाणाम्।
करञ्जसर्जेन्द्रमहीरुहाणां कुन्दस्य पुष्पाणि शिवे
प्रशस्तम्॥

अन्तर्जलक्षालितमाननस्थं स्वयं विशीर्णं भुवि
संविलीनम्।
एतानि पुष्पाणि समस्तदेवपूजाविधावाहुरकर्मकाणि॥

दुर्गान्यदेवीपूजायां मन्दरार्कः सुशस्यते।

निषिद्धानि मत्स्यसूक्ते–

महालक्ष्म्यास्तु तुलसीं झिण्टिकां काञ्चनं तथा।

पुष्पामध्याये–

कुन्देन नार्चयेत् सूर्यं न तुलस्या विनायकम्।
कमलैः कमलां नैव न शङ्खं शङ्खवारिणा॥

याचितं निष्फलं पुष्पं क्रयक्रीतं च निष्फलम्।
तुलस्यगस्त्यबिल्वानां नास्ति पर्युषितात्मता॥

बकस्यामपि न षण्मासाद् यावत् पर्युषितात्मता।
वर्ज्यं पर्युषितं पुष्पं वर्ज्यं पर्युषितं जलम्॥

अवर्ज्यं जाह्नवीतोयमवर्ज्यं तुलसीदलम्।

कालीतन्त्रे–

नानोपहारबलिभिर्नानापुष्पैर्मनोहरैः।
अपामार्गदलैर्भृङ्गैस्तुलसीवर्जितैः शुभैः॥

पूजनीया सदा भक्त्या नृणां शीघ्रफलाप्तये।

तुलसीवर्जितैरिति दिव्यवीरपरम्। यत् कौलावलीये–

तुलसीवर्जिता पूजा न जातु फलेदा भवेत्।

तत्नु पशुभावे। तत्रापि विशेषः–

भैरवी-सुन्दरी-काली ब्रह्म-विघ्न (विष्णु) विवस्वताम्।
तुलसीवर्जिता पूजा सा पूजा सफला भवेत्॥

यामलेऽपि–

तुलस्या गन्धमाघ्राय क्रुद्धा भवति सुन्दरी।

क्रियासारे–

सर्वैः पुष्पैः सदा पूजा विहितावहितैरपि।
कर्त्तव्या सर्वदेवानां भक्तियोगेऽत्रकारणम्॥

देवीपूजा सदा शस्ता जलजैः स्थलजैरपि।
विहितैर्वा निषिद्धैर्वा भक्तियुक्तेन चेतसा।

मालिनीतन्त्रे–

पूजयेत् परमेशानि पुष्पाभावात् तु पत्रकैः।

पत्राणामप्यलाभे तु द्रुमगुल्मोद्भवादिभिः॥

तद्भुवामप्यलाभे तु तत्फलेन प्रपूजयेत्।
अक्षतैर्वा जलैर्वापि तदभावे तु सर्षपैः॥

सितैस्तेषामप्यलाभे मानसं पूजनं चरेत्।

रुद्रयामले–

स्वद्रव्यैः पूजयेद् विद्यां जवापावकसिन्दूरैः।

तथा–

वेदनं रक्तसंज्ञं तु शोणितं समुदाहृतम्।
ओड्रपुष्पं महेशानि योनिपुष्पं निगद्यते॥

वज्रपुष्पत्रैविध्यं मण्डमालायाम्–

आषोडशादनूढाया उत्तमं सर्वसिद्धिदम्।
बलात्कारेण ऊढाया मध्यमं भोगवर्धनम्॥

रजोयोगवशादन्यदधमं सुखदायकम्।
स्वयम्भूकुसुमं देवि त्रिविधं भुवि जायते॥

अनूढाया अनुपभुक्तायाः। ऊढाया उपभुक्तायाः।

31. अथ कलशस्थापनम्

भावचूडामणौ–

स्ववामभागे षट्कोणं तन्मध्ये ब्रह्मरन्ध्रकम्॥

लिखित्वा तत्र कुम्भं वै सौवर्णं राजतं तथा।
ताम्रं भूमिमयं वापि महालौहविवर्जितम्।
स्थापयेत् कलशाधारं कुम्भं सुगन्धवासितम्॥

आधारश्च कुलार्णवे उक्तः–

आधारं त्रिविधं प्राहुः षट्पदं वा चतुष्पदम्।
अथवा वर्त्तुलाकारं कुर्याद् देवि मनोहरम्॥

तथा–

आधारेण विना भ्रंशो न हि तुष्यन्ति देवताः।
तस्माद् विधिवदाधानं कल्पयेत् कुलनायिके॥

तन्त्रे–

पञ्चाशदङ्गुलव्यास उत्सेधः षोडशाङ्गुलः।
कलशानां प्रमाणं तु मुखमाष्टाङ्गुलं भवेत्॥

तथा कलशमुपक्रम्य–

वेष्टितं रक्तवस्त्रेण रक्तमाल्येन भूषितम्।
वामभागे महेशानि मण्डले चतुरस्त्रके॥

तत्र संस्थपयेद् भद्रे देवी कुण्डे वरानने।
मण्डे कलशे द्रव्ये वह्न्यर्कशशिमण्डले॥

पूजयेदिति शेषः। चतुस्त्र इति यथोक्तमण्डलोपलक्षकम्।

तन्त्रे–

योनिद्वयं समालिख्य तदन्तर्ब्रह्मरन्ध्रकम्।
वृत्तेन वेष्टयित्वा तु चतुरस्त्रेण वेष्टयेत्॥

अर्घ्योदकेन संप्रोक्ष्य तत्र संस्थाप्य यन्त्रिकम्।
कलाभिर्दशभिर्व्याप्तं यजेत् तत्राग्निमण्डलम्॥

क्षालितं हेतिमन्त्रेण रक्तमाल्यविभूषितम्।
स्थापयेत् कलशं तत्र सौवर्णादिविभेदतः॥

कलाद्वादशसंयुक्तं भानुबिम्बं यजेदिह।
शुद्धेन हेतुना मन्त्री मूलमन्त्रेण पूरयेत्॥

कलाषोडशसंव्याप्तामिन्दुबिम्बं यजेदिह।
रक्षयेदस्त्रमन्त्रेण तन्मन्त्रेणा वगुण्ठयेत्॥

वीक्षयेन्मूलमन्त्रेण तेनैवाभ्युक्ष्य साधकः।
गन्धादिना समभ्यर्च्य भावयेद्देवतात्मकम्॥

तारभागैस्त्रिभिर्मन्त्री बिम्बत्रितयमर्चयेत्॥

तारभागैरिति। अकार-उकार-मकारैरित्यर्थः। तदयं क्रमः-मं दशकलात्मने वह्निमण्डलाय नमः इत्याधारे। अं द्वादशकलात्मने सूर्यमण्डलाय नमः इति कलशे। उं षोडशकलात्मने चन्द्रमण्डलाय नमः इति द्रव्ये पूजयेत्। अर्घ्यादौ तथा दर्शनात्।

32. द्रव्यशुद्धिः

अथ द्रव्यं शोधयेत्। कुलामृतदीपिकायाम्-

दृष्ट्वा प्रणम्य प्रथमं तद्रूपां वारुणी कलाम्।
तारेण कुसुमं दत्त्वा मूलास्त्रेणाऽभिरक्षयेत्॥

मोचयित्वा शुक्रशापात् पवमानेन पावयेत्।
शोषयेद् वायुमन्त्रेण वह्निना संदहेदनु॥

ऊर्ध्वं संचिन्तयेत् मन्त्री भास्करं चार्कमण्डलम्।
सौरमन्त्रेण देवेशि वारुणीं मनसा स्मरन्॥

अर्कादमामयीं धारां पतन्तीं चिन्तयेदनु।
सोमबीजं पठन् हान्तं सेन्दुखण्डं सुधामयम्॥

जपन् संपूरयेत् पात्रं क्लृप्तया धेनुमुद्रया।
अमृतां प्रजपेन्मंन्त्री सप्तधा कूर्ममुद्रया॥

अमृतं च ततो नीत्वा कर्पूराद्येन वासयेत्।
किञ्चिदुत्थाप्यान्यपात्रेण निःक्षिप्य ज्वलनं क्षिपेत्॥

विद्यातत्त्वेन देवेशि दर्शयेत् योनिमुद्रिकाम्।
सर्वभूतमयीं देवीं तत्र सञ्चिन्तयेदनु।
तानात्मनैक्यं नीत्वा तु योजयेत् तां महात्मना॥

सर्वभूतमयं पश्चादात्मानं परिचिन्तयेत्।

तद्रूपां देवतास्वरूपाम्। सौरमन्त्रो हंस इति। अमामयीम् अमृतमयीम्। सोमबीजं स इति हान्तं हकारान्तम्। अर्धचन्द्रयोगो हकारः एवं सोहमिति सिद्धम्। अमृता कूर्ममुद्रा च वक्ष्यते। ज्वलनं क्षिपेत्। अन्यपात्रस्थामृते। विद्यातत्त्वेनेति विद्यातत्त्वेन सूक्ष्मदेहं शोधयामि स्वाहेति मन्त्रेण। सर्वभूतमयीमिति पूर्ववत् कुण्डलिनीमुत्थाप्य शिवेन सह संयोज्यात्मानं सर्वभूतमयं ध्यायेदित्यर्थः। शुक्रशापमोचनमन्त्रा उक्ताः।

कुमारीतन्त्रे–

अन्यच्च शृणु देवेशि यथा कुलादिकर्मणि।
हानिर्न जायते देवि तान् वै मन्त्रान् शृणु प्रिये॥

एकमेव परं ब्रह्म स्थूलसूक्ष्ममयं ध्रुवम्।
कचोद्भवां ब्रह्महत्यां तेन ते नाशयाम्यहम्॥

सूर्यमण्डलसम्भूते वरुणालयसम्भवे।
अमाबीजमये देवि शुक्रशापाद् विमुच्यताम्॥

देवानां प्रणवों बीजं ब्रह्मानन्दमयं यदि।
तेन सत्येन देविशि ब्रह्महत्यां व्यपोहतु॥

एवं मन्त्रजपेनैव अभिमन्त्र्य कुलं शुभम्।
प्रदद्याच्चण्डिकायै वै नैवेद्यमुदरे हरेत्॥

शापमोचनप्रकारान्तरं तारार्णवे–

प्रणवं पूर्वमुद्धृत्य चन्द्रबीजं वरानने।
षड्दीर्घस्वरसंयुक्तं बिन्दुनादकलान्वितम्॥

शुक्रशापविमोचिकायै सुरादेव्यै नमस्ततः।
जपेद् द्वादशधा मन्त्रं शुक्रशापविमुक्तये॥

वृत्तौ तु–

वेदादिवरुणान्तं च षड्दीर्घस्वरभेदितम्।
शुक्रशापविमोचितायै सुधादेव्यै नमोऽस्तु ते॥

द्वादशधा जपेन्मन्त्रं शुक्रशापविमुक्तये।

इत्युक्तम्। तदनयोः शुक्रशापविमोचनप्रकारयोर्विकल्पः। तुल्यार्थयोः समर्थयोः समुच्चयासम्भवात्। ततः ॐ वां वीं वूं वैं वौं वः ब्रह्मशापविमोचितायै सुधा देव्यै नमः इत्यनेन वा दशवारजनेन ब्रह्मशापविमोचनं ह्रीं श्रीं क्रां क्रूं क्रीं क्रैं क्रौं क्रः सुरे कृष्णशापं मोचय अमृतं स्रावय स्रावय स्वाहा इत्यनेन द्वादशवारजप्तनेन कृष्णशापविमोचनं कुर्यात्। तदुक्तम्–

वेदादिर्वारुणं बीजं षड्दीर्घस्वरभेदितम्।
ब्रह्मशापविमोचितायै सुधादेव्यै नमोऽस्तु च॥

दशकृत्वो जपेन् मन्त्रं ब्रह्मशापविमुक्तये।
मायाश्रियावङ्कुशं च षड्दीर्घस्वरभेदितम्॥

सुरे कृष्णस्वरूपान्ते शापं मोचय तत्परम्।
अमृतं स्रावयद्वन्द्वं वह्निजाया ततः परम्॥

अनेन मनुना मन्त्री कृष्णशापं विमोचयेत्।
पवमानः परानन्दः पवमानः परो रसः॥

पवमानं पवज्ञानं तेन ते पावयाम्यहम्।

इति, पवमानमन्त्रं च लिखित्वा द्रव्यमध्ये भैरवभैरव्योर्ध्यानं कुर्यात्। तदुक्तं तारार्णवे–

सूर्यकोटिप्रतीकाशं चन्द्रकोटिसुशीतलम्।
अष्टादशभुजं देवं पञ्चवक्त्रं त्रिलोचनम्॥

अमृतार्णवमध्यस्थं ब्रह्मपद्मोपरिस्थितम्।
वृषारूढं नीलकण्ठं सर्वाभरणभूषितम्॥

कपालखट्वाङ्गधरं घण्टाडमरुवादिनम्।
पाशाङ्कुशधरं देवं गदामुषलधारिणम्॥

खड्गखेटकपट्टीशमुद्ग रं शूलदण्डकम्।
बिभ्रतं तोमरं मुण्डं वरदाभयपाणिनम्॥

लोहितं देवदेवशं भावयेत् साधकोत्तमः।

एवं ध्यात्वा स्वमन्त्रेण पुष्पाञ्जलित्रयेण पूजयेत्। ततः आनन्दभैरवीं ध्यायेत्।

तत्रैव–

भावयेच्च सुरां देवीं चन्द्राकोट्ययुतप्रभाम्।
हिमकुन्देन्दुधवलां पञ्चवक्त्रां त्रिलोचनाम्॥

अष्टादशभुजैर्युक्तां सर्वानन्दकरोद्यताम्।
प्रहसन्तीं विशालाक्षीं देवदेवस्य सम्मुखीम्॥

अथवा देवदेवेशमर्धनारीश्वरं यजेत्।

एवं ध्यात्वा स्वमन्त्रेण पूजयेत्।

मन्त्रौ चोक्तौ तन्त्रे–

शिवचन्द्रौ मातृकान्तं तथा मलववह्नयः।

वायुश्च वामकर्णेन पूरितो बिन्दुनादतः॥
बीजमेतत् समुच्चार्य तथा चानन्दभैरवम्।
ङेन्तं शिखामन्त्रयुतं पूर्वबीजं सुसंलिखेत्॥

चन्द्रं हित्वादिमं कुर्यात् कर्णे वामाक्षि योजयेत्।
सुरादेव्यै ततो वोषडियमानन्दभैरवी॥

अनेन मनुयुग्मेन ध्यानपूर्वं यजेच्च तौ।

शिवो हकारः। चन्द्रः सकारः। मातृकान्तं क्षकारः। मलवस्वरूपम्। वह्नी रेफः। वायुर्यकारः। वामकर्ण ऊकारः। एतौ युक्तौ कार्यौ। ङन्तं चतुर्थ्यन्तम्। शिखामन्त्रो वषडिति। भैरवीमन्त्रमाह—पूर्वबीजमित्यादि। प्रथमवर्णयोर्व्यत्ययः कार्यः। चरमाक्षरे ऊकारं त्यक्त्वा वामाक्षि ईकारो योज्यः सोऽयमानन्दभैरवीमन्त्रौ भवतीत्यर्थः।

मायया चादिसंयुक्तं वह्निमायेन्दुसंयुतम्।
परमस्वामिनि प्रान्ते परमाकाशशून्य च॥

वाहिनि चन्द्रपदान्ते सूर्याग्निभक्षिणीति च।
पात्रं विश विश स्वाहा दशधा प्रजपेन् मनुम्॥

वाङ्मायाकमलाप्रान्ते आनन्देश्वरि विद्महे।
सुधादेव्यै धीमहीति तन्नोऽर्धनारीश्वरीति॥

प्रचोदयादिति जपेद् गायत्रीं दशधा सुधीः॥

स्वतन्त्रे—

ततश्च भावयेद् द्रव्यममृते रक्तभं (?) प्रिये।
अकथादित्रिपङ्क्त्या तु हलक्षत्रयमण्डितम्॥

पूर्वोक्तयोनिमुद्रायां शिवशक्त्योस्तु संगगम्।

अमृतं चिन्तयेत् द्रव्यमष्टधा चामृतां जपेत्॥

इदं तु कारणं देवि सुरसंघनिषेवितम्।
अत एवमस्य नाम सुधेति भुवनत्रये॥

अस्य गन्धः केशवस्तु तेनागन्धेन कौलिकः।
न पूजयेत् परां देवीं चण्डिकां कालिकां शिवाम्।

अकथेत्यादित्रिकोणे षोडशस्वरान् वामपंक्तौ ककारादिषोडशवर्णानधःपंक्तौ थकारादिषोडशवर्णन् दक्षिणपंक्तौ हलक्षान् मध्ये लिखित्वा पूर्वोक्तविधिना कुण्डलिनीमुत्थाप्य शिवे संयोज्य तद्ग लितामृतधारां वहन्नासापुटेन द्रव्यमध्ये पतितां ध्यात्वा द्रव्यममृतमयं ध्यायेदित्यर्थः। अतृतामन्त्रः कुलार्णवे उक्तः–

वाग्भवं पावनो भूमिः पुष्टिबिन्दुसमनिवता।
स्थितिश्च पावनानुग्रहार्धेन्दुसमलङ्कताम्॥

स्थिराऽर्धीशेन्दुसंयुक्ता श्वेतो बिन्दुयुगान्वितः।
अथामृते पदं ब्रूयात् तत्पश्चादमृतोद्भवे॥

अथामृतेश्वरि प्रोक्त्वा पश्चादमृतवर्षिणि।
अमृतं श्रावययुगं द्विठान्तो द्रव्यशुद्धिकृत्॥

अमृताख्यो मनुः प्रोक्तः पञ्चत्रिंशद्भिरक्षरैः।

वाग्भवमैकारः पावनो पकारः। भूमिर्लकारः। पुष्टिरूकारः। बिन्दुरनुस्वारः। तेन एं प्लूं इति सिद्धम्। स्थितिः सकारः पावनो रेफः। अनुग्रहः औकारः। अर्धेन्दुः अर्धचन्द्रानुस्वारः। तेन स्त्रौं इति सिद्धम्। स्थिरा जकारः। अर्घीशः ऊकारः। इन्दुनुस्वारः। एवं जूमिति सिद्धम्। श्वेतः सकारः। बिन्दुयुगं विसर्गः। एवं सः इति सिद्धम्। द्विठः स्वाहा। सुगममन्यत्। अस्य चाष्टधा जपः

लिखितवचनात्। कुलामृते कुण्डलिन्युत्थानात् पूर्वमयं जप उक्तः। तदत्र यथा सुसम्प्रदायामाचरीणीयम्। तन्त्रे–

नीलं हयं समधिरुह्य परः प्रयान्ती
लीलांशुकाभरणमाल्यविलेपनाढ्या।
निद्रापटेन भुवनानि तिरोदधाना
खड्गान्विता भगवती परिपातु भक्तान्॥

एवं ध्यात्वा जपेद् विद्याद्वयं च साधकोत्तमः।
मायालक्ष्मीद्वयस्यान्ते नमो भगवतीति च॥

महेश्वरि स्वरूपान्ते सर्वपशुजनेति च।
मनश्चक्षुस्तिरस्कारण कुरुद्वन्द्वं च ठद्वयम्॥

तथान्यतिरस्कारिणीं लज्जाकामेश्वरीं ततः।
वाणीं ग्लौतिरस्कारिणीं सकलजनेति च॥

वाग्वादिनीति सकलपशुव्रातजनेति च।
मनश्चश्रोत्रजिह्वाघ्राणोक्तितिरस्करणम्॥

कुरुद्वयं ठत्रयं च सविसर्गं शिरो मनुः।
तस्योपरि स्वमूलं च वरुणं सप्तधा जपेत्॥

इत्यनेन विधानेन द्रव्यशुद्धिं समाचरेत्।

भावचूडामणौ–प्रकारान्तरेण शोधनमुक्तम्। तथाहि–

घटं च हेतुद्रव्येण पूरयेदित्यनुव्रतौ(?)।
तत्र यन्त्रं विलिख्यादौ यद् यत् कुलसमुद्भवम्।
ध्यात्वेष्टदेवतां तत्र जपेदष्टोत्तरं शतम्।
धेनुयोनी विचिन्त्याऽथ प्रसृतं तद् विचिन्तयेत्॥

दृष्ट्वाऽभृतमुपात्तं वै नृत्यन्ति योगिनीगणाः।
नृत्यन्ति भैरवाः सर्वे नृत्यन्ति भैरवीगणाः॥

यद् यत् कुलसमुद्भवमिति यद् देवताया यादृशं यन्त्रमित्यर्थः। धेनुयोनी मुद्रे च–

अन्योन्याभिमुखाश्लिष्टा कनिष्ठाऽनामिका पुनः।
तथा च तर्जनी मध्या धेनुमुद्राऽमृतप्रदा॥

मध्यमे कुटिले कार्ये तर्जन्युपरि संस्थिते।
अनामिके मध्यगते तथैव हि कनिष्ठिके॥

सर्वा एकत्र संयोज्या अङ्गुष्ठपरिपीडिताः।
योनिमुद्रा समाख्याता त्रैलौक्योत्पत्तिमातृका॥ इति तन्त्रोक्तेः

33. अथ पात्रस्थापनम्

समयाचारे–

सामान्यार्घ्यं ततः कृत्वा पयसा साधकोत्तमः।
तज्जलैर्मण्डलं कृत्वा पात्राणि स्थापयेत् ततः।

सामान्यार्घ्यं पूजोपकरणासादनात् प्रागेव स्थापयन्ति। तद्विधिश्च तत्रैव लिखितः। तन्त्रे–

साध्यसाधकयोर्मध्ये षट्त्रिंशदङ्गुलं भवेत्।
द्वादशाङ्गुलमूर्ध्वं च अधोभागे तथाङ्गुलम्॥

द्वादशाङ्गुलमध्यस्थं तत्र संस्थापयेद् बुधः।

तथाङ्गुलं द्वादशाङ्गुलम्। तथा–

द्वाथ च द्वादशं त्यक्त्वा देवार्थं द्वादशं त्यजेत्।
द्वादशाङ्गुलमध्यस्थं तत्र चार्घ्यं निधापयेत्॥

कुमारीकल्पे–

ततोऽर्घ्यं स्थापयेन् मन्त्री स्ववामे सुरसुन्दरि।

त्रिशक्तिरत्ने–

कलशाद् दक्षिणे भागे त्रिकोणं वृत्तसंयुतम्।
षट्कोणं चतुरस्रं च कृत्वा तन्मध्यभागतः।
विलसच्चन्द्रकलं गन्धर्वं च समालिखेत्॥

ओजापूकादिकं पीठं तच्चतुर्दिक्षु पूजयेत्।
अङ्गमन्त्रैश्च षट्कोणे शक्तौ मूलत्रिभेदतः।
आधारशक्तिं सम्पूज्य पूर्ववद् यन्त्रिकामपि॥

महाशङ्खं नालिकेरं सौवर्णं राजतं तथा।
ताम्रं शुक्त्युद्भवं वापि पात्रं तत्र निधापयेत्॥

विलसदिति। गन्धर्वमीकारः। ओजापूकादि ओड्यान-जालन्धर-पूर्णगिरिकामरूपाणि तेषां च पूजनं स्वाग्रादिप्रादक्षिण्येन चतुरस्त्ररेखासु सम्प्रदायात्। अङ्गपूजने तन्मन्त्रेषु सर्वान्ते नमस्कार एव योज्यः न तु जात्यन्तरम्। 'अङ्गमन्त्रैर्नमोऽन्तकै'रित्यादेरावरणपूजायां तथा दर्शनात्। शक्तौ त्रिकोणे। मूलत्रिभेदतः मूलखण्डयेण पूजनम्। आधारशक्तिरीकारः। यन्त्रिका आकारः। तत्पूजनं च दशकलात्मकवह्निपूजनमेव। पात्रभेदः कुलार्णवेऽप्युक्तः–

स्वर्णरूप्यशिलाकूर्म-कपालालावुमृण्मयम्।
नारिकेलं शङ्खमुक्तताम्रशुक्तिसमुभवम्॥

पुण्यवृक्षसमुद्भूतं पात्रं संलोलितं शुभम्।

संलोलितं वर्त्तुलीकृतम्। महाहारवतन्त्रे–

विश्वामित्रकपालं तु सर्वपात्रोत्तमोत्तमम्।

तथा–

ब्रह्महत्यादिपापानि विश्वासघातनं तथा।

दृष्ट्वा पात्रं नारिकेलं सर्वमेव प्रणश्यति॥

कन्याकोटिप्रदानानि तथा होमशतानि च।
यो ददाति महेशानि राहुग्रस्ते दिवाकरे॥

तत्फल कोटिगुणितं नारिकेलार्घ्यपात्रतः।
अलाभे तस्य पात्रस्य अन्यपात्रेण पूजयेत्॥

तथा–

नरपात्रं महाभागे विज्ञेयं चोत्तमोत्तमम्।
नारिकेलाभिधं देवि ज्ञेयं चोत्तममध्यमम्॥

रत्नपात्रं च सुश्रोणि ज्ञेयं चोत्तमकल्पकम्।

त्रिशक्तिरत्ने–पात्रमित्यनुव्रतौ(?)–

समर्च्य पूर्ववन् मन्त्री शङ्ख द्रव्येण पूरयेत्।
जपन् विलोमतो वर्णान् मूलमन्त्रसमुज्ज्वलान्॥

सम्पूज्य पूर्ववत् तत्र वृत्तं षट्कोणमालिखेत्।
अकथादित्रिरेखान्तं त्रिकोणं वृत्तमध्यतः॥

मूलखण्डत्रयेणाऽथ त्रिकोणं परिपूजयेत्।
षट्कोणे च षडङ्गानि ततस्तीर्थमयं स्मरेत्॥

आनन्दभैरवं ध्यात्वा समभ्यर्च्य विधानतः।
पूजयेत् पञ्चरत्नानि कुलद्रव्याणि निःक्षिपेत्॥

रचयेत् पूर्ववच्छेषमयमर्घ्यविधिः स्मृतः।

आनन्दभैरवमित्युपलक्षणम् आनन्दभैरव्यपि पूज्या युगलद्वयावाहित्वात्। पञ्चरत्नपूजनं चार्घ्यस्थद्रव्ये। ग्लूं गगनरत्नाय नमः स्लूं स्वर्गरत्नाय नमः प्लूं पातालरत्नाय नमः म्लूं मर्त्यरत्नाय नमः न्लूं नागरत्नाय नमः इति स्वाग्रादि–चतुर्दिक्षुमध्ये कुर्यात्। कुलद्रव्याणि कुण्डोद्भवादीनि। कुमारीकल्पे–

अर्घ्यद्रव्यं चार्घ्यपात्रे निःक्षिप्य यत्नतः सुधीः।
कुण्डगोलोद्भवं द्रव्यं स्वयम्भूकुसुमं तथा॥

नाधर्मो विद्यते सुभ्रु महामन्त्रस्य साधने।

सारसंग्रहे–

त्रिकोणं वृत्तसंवीतं चतुरस्रेण वेष्टितम्।
गन्धलिप्तेषु वामाग्रे विदध्यान् मत्स्यमुद्रया॥

संपूज्य गन्धैर्देवार्घ्यं देवायान्ते नमोऽणुना।
अङ्गानि चतुरस्रस्य कोणेषु पुरतस्तथा॥

दिक्षु चास्त्रं समभ्यर्च्य शङ्खाधारं प्रविन्यसेत्।
मूलेन क्षालितं शङ्खाधारं संस्थापयामि च॥

कालं सबिन्दुकं तद्वद् भुजङ्गेश समुद्धरेत्।
वह्न्यन्ते मण्डलायेति तथाऽधर्मप्रदेति च॥

दशकलात्मने चोक्त्वा नमो गन्धादिभिर्यजेत्।

त्रिकोणमित्यादि चक्रनिर्माणप्रकारान्तरम्। तत्रैव चतुरस्र-कोणादिषु षडङ्गार्चनम्। तदत्र पक्षद्वये यथास्वगुरूपदेशमाचरणम्। मत्स्यमुद्रा च तन्त्रे उक्ता–

दक्षपाणिपृष्ठदेशे वामपाणितलं क्षिपेत्।
अङ्गुष्ठौ चालयेन् मत्स्यमुद्रेयं मत्स्यरूपिणी॥

कालं मकारम्।बिन्दुनुस्वारः भुजङ्गेशो रेफः। तद्व बिन्दुयुतम्। अत्र प्रत्येकं वह्निकला अपि पूज्या अन्यत्र तथा दर्शनात्। तथा–

अस्त्रेण क्षालितं शङ्ख तत्र संस्थाप्य पूजयेत्।
अर्घमानं तु प्रादेशं चतुरङ्गुलमुच्छ्रितम्॥

अर्घपात्रमिति प्रोक्तं स्थापयामीति मन्त्रतः।
अमर्कमण्डलायेति वदेद् द्वादश इत्यथ॥

कलात्मने पदं चोक्त्वा अर्घ्यपात्राय हृन्मनुः।
अनेन शङ्खमभ्यर्च्य कलाः सूर्यस्य पूजयेत्॥

तन्त्रान्तरे–

क्रोधबीजास्त्रबीजाभ्यामाधारे क्षालितं शुभम्।
महाशङ्खं तथा मन्त्री स्थापयेत् स्त्रीं पठन् ततः॥

शिवां दीर्घत्रयोपेतां कालीब्रह्मारमान्विताम्।
दीर्घः शचीपतिर्वायुर्हृदयं मन्मथान्तिमम्॥

दीर्घत्रयसमोपेतं तारिणी पूर्ववत् पुनः।
शिवं दीर्घत्रयोपेतं लीलाशब्दात् तु पूर्ववत्॥

मायाशरान्तिमं शम्भुं वामकर्णेन्दुसंयुतम्।
सर्वकामः कालरात्रिः दीर्घा लायपदात् ततः॥

सर्वाधाराय सर्वाय सर्वोद्भवाय सर्वतः।
सर्वशुद्धिमयायाऽथ सर्वासुरपदात् ततः॥

रुधिरारुणकान्तिक्षुत् शुभ्राय सुरभाजन।
आय देवीकपालाय हृदयान्तो मनुर्मतः॥

एभिश्चतुर्भिर्मनुभिर्महाशङ्खं प्रपूजयेत्।

क्रोधबीजास्त्रबीजाभ्यां हूं फडिति बीजाभ्याम्। स्त्रीमिति स्वरूपम्। शिवां ह्रींकारम्। दीर्घत्रयम् आ-ई-ऊ-रुपम्। कालीति स्वरूपम्। ब्रह्मा ककारः। रमा पकारः। आयुता आकारयुक्ता। दीर्घ आकारयुक्तः। शचीपतिर्लकारः। वायुर्यकारः। हृदयं नमः। तेन ह्रां ह्रीं ह्रूं कालीकपालाय नमः इति प्रथमो मन्त्रः।

मन्मथान्तिमं स्त्रींकारम्। दीर्घत्रयं आ-ई-ऊ रूपम्। तारिणीति स्वरूपम्। पुनः पूर्ववत् कपालाय नमः इति। तेन स्त्रां स्त्रीं स्त्रूं तारिणीकपालाय नमः इति द्वितीयो मन्त्रः। शिवं हकारः। दीर्घत्रयोपेतं आ-ई-ऊ-युतम्। लीलाशब्दात् लीलेत्यक्षरद्वयानन्तरं पूर्ववत् कपालाय नमः इति। तेन हां हीं हूं लीलाकपालाय नमः इति तृतीयो मन्त्रः। माया ह्लींकारम्। शरान्तिमं स इति बीजम्। शम्भुं हकारम्। कालरात्रिः पकारः। दीर्घा आकारयुक्ता। लायेति स्वरूपम्। कान्तिराकारः। क्षुत् यकारः तेन ह्लीं सः हूं सर्वकपालाय सर्वाधाराय सर्वाय सर्वोद्भवाय सर्वशुद्धिमयाय सर्वासुररुधिरारुणाय शुभ्राय सुरभाजनाय देवीकपालाय नमः इति चतुर्थो मन्त्रः।

तत्र सम्पूजयेन् मन्त्री मण्डलं तिग्मरोचिषः।
मूलेन पूरयेन् मन्त्री सुधाबुद्ध्या विधानवित्॥

गन्धपुष्पाक्षतान् क्षिप्त्वा त्रिखण्डां दर्शयेत् पुनः।
पीयूषरोचिषो मन्त्री मण्डलं तत्र पूजयेत्॥

तारं शक्तिरमेशक्तिमनुस्वारविभूषिताम्।
मूलं तृतीयं भैरव्याः क्रोधबीजसमुज्ज्वलम्॥

अनेन मनुना मन्त्री भावयेदष्टशो जलम्।

शक्तिरेकारः।

शक्त्या सुधां विनिक्षिप्य शङ्ख्योनी प्रदर्शयेत्।
वृत्ताष्टदलषट्कोणे मूलगर्भे मनोहरे॥

वक्ष्यमणप्रकारेण संविचिन्त्य कुलेश्वरीम्।
उपचारैः प्रपूज्यैनां मूलमन्त्रेण मन्त्रवित्॥

अङ्ग्गुष्ठानामिकायोगात् तर्पयेत् तेन तारिणीम्।

तर्जन्यङ्गुष्ठयोगेन मध्यमाङ्गुष्ठयोगतः।
अनामाङ्गुष्ठयोगेन कनिष्ठाङ्गुष्ठयोगतः॥
तर्पयेद् वेदवारं तां मूलमन्त्रेण देवताम्।

तथान्यत्रापि–

ततः सुधामैस्तोयै मूलान्तां मातृकां पठन्।
विलोमां पूरयेत् तस्मिन् पूजको मनुनाऽमुना॥
अर्घ्यपात्रं पूरयामीत्युक्त्वा संपूरयेत् ततः।
कर्णचन्द्रौ बिन्दुयुक्तौ कामप्रदपदात्ततः॥

षोडशान्ते कलाशब्दमात्मेन नाम इत्यथ।
गन्धपुष्पैः समभ्यर्च्य कलाषोडशकं यजेत्॥

कर्ण उकारः। चन्द्रोऽर्धचन्द्रः बिन्दुनुस्वारः। तेन उँ।
कलास्तूक्ताः–

कुलार्णवे–

धूम्रार्चिरुष्णा ज्वलिनी ज्वालिनी विस्फुलिङ्गनी।
सुश्रीः स्वरूपा कपिला हव्यकव्यवहे अपि॥

आग्नेया यादिवर्णोत्था दश धर्मप्रदाः कलाः।
तपिनी तापिनी धूम्रा मरीचिर्ज्वालिनी रुचिः॥

सुषुम्णा भोगदा विश्वा बोधिनी धारिणी क्षमा।
कभाद्या वसुदाः सौराः ठडान्ता द्वादशेरिताः॥

अमृता मानदा पूषा तुष्टि पुष्टी रतिर्धृतिः।
शशिनी चन्द्रकान्तिश्च ज्योत्स्ना श्रीः प्रीतिरङ्गदा॥

पूर्णा पूर्णमृता चेति कथिताः कुलनायिके।
सौम्याः कामप्रदायिन्यः षोडशस्वरजाः कलाः॥

यादिवर्णोत्थेति। बिन्दुयुतान् यादिदशवर्णान् पूर्वं दत्त्वा अग्निकलाः कादिठान्तान् भादिडान्तान् प्रतिलोमवर्णांश्च बिन्दुयुक्तानादौ दत्त्वा सूर्यकलाः। अकारादिषोडशस्वरान्-बिन्दुयुतान् आदौ दत्त्वा चन्द्रकलाश्च पूज्या इत्यर्थः।

तथा (मेरुतन्त्रे)–

प्राग्वत् तीर्थं समावाह्य तीर्थमन्त्रेण तत्र च।
संयोज्य नेत्रमन्त्रेण पुष्पं न्यस्य शिखाणुना॥

प्रदर्श्य गालिनीमुद्रां मुद्रया धेनुसंज्ञया।
अमृतीकृत्य विधिवत् सुधाबीजेन साधकः॥

ध्यात्वेष्टदेवतां तत्र सकलीकृत्य साधकः।
अङ्गन्यासेन चास्त्रेण कलयेच्च दिशो दश॥

नेत्रामन्त्रेण संवीक्ष्य मुद्रया शङ्खसंज्ञया।
अवष्टभ्य ततो दीप्य मुद्रया धेनुसंज्ञया॥

गन्धपुष्पादिभिस्तत्र पूजयेदिष्टदेवताम्।
षडङ्गानि च सम्पूज्य मन्त्रयेन् मूलमन्त्रतः॥

अष्टकृत्वस्ततश्चार्घं दापयेन् मत्स्यमुद्रया।
आभिचारिककार्येषु विलोमेन जपेदिति॥

इति कर्मोपदेशिन्यां मूलमन्त्रजपे विशेष उक्तः। तथा–

तच्छङ्खस्थं जलं किञ्चित् कुम्भतोये विनिःक्षिपेत्।

प्राग्वदङ्कुशमुद्रया तीर्थमन्त्रेण 'गङ्गे चे'त्यादिमन्त्रेण। संयोज्य तीर्थानि। गालिनीमुद्रा मन्त्रतन्त्रप्रकाशे उक्ता–

कनिष्ठाङ्गुष्ठकौ युक्तौ करयोरितरेतरम्।
तर्जनीमध्यमानामाः संहता भुग्नवर्जिताः॥

मुद्रैषा गालिनी प्रोक्ता शङ्खस्योपरि चालिता।

सुधाबीजं वमिति। सकलीकृत्याऽङ्गन्यासेनेत्यन्वयः। कलयेत् तालत्रयं दत्त्वा छोटिकाभिर्बन्धयोदित्यर्थः शङ्खमुद्रा तन्त्रे उक्ता–

वाममुष्ट्यन्तरेऽङ्गुष्ठं निवेश्य सरलाङ्गुलीः।
दक्षिणस्य करस्यैव वामाङ्गुष्ठेन संस्पृशेत्॥

शङ्खमुद्रेयमाख्याता मन्त्रविद्भिरनुत्तमा।

त्रिशक्तिरत्ने–

कलशोक्तविधानेन स्थापयेत् पात्रासन्ततिम्।

स्थापनक्रमश्चोक्तस्तन्त्रे–

श्रीपात्रघटयोर्मध्ये सर्वपात्राणि स्थापयेत्।
गुरुपात्रं घटस्यान्ते तदन्ते भागपात्रकम्॥

तदन्ते शक्तिपात्रं च योगिनीनां तदन्तिके।
तदन्ते वीरपात्रं च बलिपात्रं तदन्तिके॥

पाद्यं चाचमनीयं च पात्राणि स्थापयेत् क्रमात्।
उत्तमं नव पात्राणि सप्त पात्राणि मध्यमम्।
अधमं त्रीणि पात्राणि एकपात्रं न कारयेत्॥

मेरुतन्त्रे–

एकैकपात्रं मूलेण ह्यष्टकृत्वोऽभिमन्त्रयेत्।
प्रदर्शयेत् धेनुमुद्रां .... ॥

अन्तशब्दः सन्निधिवाचकः। पाद्यं चाचमनीयं चेत्युपलक्षणम्। अर्घ-स्नानीयमधुपर्क-पुनराचमनीयपात्राण्यत्रैव स्थापनीयानि। तावदशक्तौ त्रिशक्तिरत्ने–

अथवा कलशं शङ्ख शक्तिपात्रत्रयं भवेत्।

अत्रादिकल्पे पाद्यादिपात्राणि स्थापनीयानि पूजोपयुक्तत्वात्। नवरत्नेश्वरे—

पात्रद्वयमभावाद्वा कुर्यात् न्यूनं न चाचरेत्।
एकपात्रं न कर्तव्यं यदि साक्षान् महेश्वरः॥

मन्त्राः पराङ्मुखा यान्ति आपदश्च पदे पदे।
इह लोके च दारिद्र्यं मृते च पशुतां व्रजेत्॥

जलेनैव च पाद्यादिपात्राणि पूरयेदिति॥

साम्प्रदायिकाः। अयं क्रमो वीरकल्पे। पशुकल्पे तु—

स्वदक्षे प्रोक्षणीपात्रमाधायाद्भिः प्रपूरयेत्।
किञ्चिदर्घ्याम्बु संगृह्य प्रोक्षण्यम्भसि योजयेत्॥

ततः साधारकं पात्रं पुरतः स्थापयेद् बुधः।
तत्पार्श्वे पाद्यदानं च तत्पर्श्वेऽर्घप्रदानकम्॥

आचमनीयं तत्पर्श्वे तद्वामे मधुषर्ककम्।
पुनराचमनीयं च स्नानीयं तत्क्रमान् न्यसेत्॥

इति क्रमः। पाद्यादिद्रव्याण्युक्तानि फेंकारिण्याम्—

उशीरं रोचनं चैव पाद्यपात्रे तु कल्पयेत्।
कुशाग्रानक्षतं चैव तिलव्रीहियवानपि॥

आज्यसिद्धार्थपुष्पाणि क्षिपेदर्घ्यस्य पात्रके।
जातीकर्पूरकक्कोल-बहुमूलतमालकाम्॥

चूर्णयित्वा यथान्यायं क्षिपेदाचमनीयके।
माक्षिकं शर्करा सर्पिर्दधिक्षीरयुतं तथा॥

मधुपर्कं कल्पयित्वा प्रदद्याद् दधिपूर्वकम्।

स्नानीयं शुद्धसुगन्धिजलेन। 'गन्धाद्भिः कारयेत् स्नानमि'ति

पुरश्चरण- चन्द्रिकावचनात्। पुनराचमनीयमाचमनीयवदेव। त्रिशक्तिरत्ने–

पुष्पादिना समुद्धृत्य बिन्दुं शङ्खामृतस्य च।
निक्षिपेत् सर्वपात्रेषु सर्वं दिव्यं विचिन्तयेत्॥

34. अथ तर्पणम्

तन्त्रे–

एवं पात्राणि संस्थाप्य तेनैव तर्पणं चरेत्।

अत्र गुरुतर्पणादि प्राग् भैरवभैरव्योर्वामहस्तेन तत्त्वमुद्रया तर्पयन्ति। तत्प्रकारस्तत्त्वार्णवे उक्तः पूर्वोक्तध्यानमुक्त्वा–

ध्यात्वैव तर्पयेत् मूर्ध्नि तावुभौ साधकः सुधीः।

तावुभौ भैरव्यौ। ताभ्यां पूर्वोक्तमन्त्राभ्यामन्ते स्वनाम संयोज्य तौ तर्पयेदिति पर्यवसितम्।

त्रिशक्तिरत्ने–

ब्रह्मरन्ध्रे स्वके मन्त्री मुद्रया तत्त्वसंज्ञया।
तर्पयेद् गुरुपात्रीय-द्रव्येणौघत्रयं सुधीः॥

स्वगुरूनपि सन्तर्प्य त्रिः सकृत् वा विशेषतः।
आत्मनो हृदयाम्भोजे परिवारगणावृताम्॥

देवीपात्रामृतेनापि तर्पयेत् कुलनायिकाम्।

तत्त्वमुद्रा तर्पणेऽनामाङ्गुष्ठयोगेन भवति। तथाहि ज्ञानार्णवे–

तर्पणानि पुनर्दद्यात् त्रिवारं तत्त्वमुद्रया।
अङ्गुष्ठानामिकाभ्यां तु तत्त्वमुद्रेयमीरिता॥ इति॥

या तु–

तर्जन्यङ्गुष्ठयोगेन तत्त्वमुद्रा प्रकीर्त्तिता। इति।

तत्रोक्ता, सा ध्तर्पणादन्यत्र यानादौ। ओघत्रयं च ताराया भावचूडामणावुक्तम्–

अथ तारागुरून् वक्ष्ये दृष्टदृष्टफलप्रदान्।
ऊर्ध्वकेशो व्योमकेशो नीलकण्ठो वृषध्वजः॥

दिव्योघाः सिद्धिदा वत्स सिद्धौघान् शृणु तत्त्वतः।
वशिष्ठः कूर्मनाथश्च मीननाथो महेश्वरः॥

हरिनाथो मानवौघानथ वक्ष्यामि सद्गुरून्।
तारावती भानुमती जया विद्या महोद (हेश्व)री॥

सुखानन्दः परानन्दः पारिजातः कुलेश्वरः।
विरूपाक्षः केरवी च कथितं तारिणीकुलम्॥

आनन्दनाथशब्दान्ता गुरवः सर्वसिद्धिदाः।
स्त्रियोऽपि गुरुरूपाश्च देव्यन्ताः परिकीर्त्तिताः॥

स्वगुरून् परमगुरून् परापरगुरून् परमेष्ठिगुरून्।

कुलचूडामणौ–

अज्ञाने गुरुनाम्नां वै गुरुत्रितयमर्चयेत्।
चतुष्टयं वा संकोचो न कर्त्तव्यस्ततः परम्॥

भावनिर्णये–

आदौ सर्वत्र देवेशि मन्त्रदः परमो गुरुः।
परापरगुरुस्त्वं हि परमेष्ठिरहं यतः॥

परापरस्त्वद्रूपत्वेन परमेष्ठी गुरुर्मद्रूपत्वेन ध्यात्वा तर्पणीय इति भावः।

चतुष्टयमाह–

गुरुः परमगुरुश्चैव परापरगुरुस्तथा।
परमेष्ठी गुरुश्चैव कथिता गुरवस्तव॥

गुरूणां लौकिकं नाम श्रीपूर्वकमुच्चार्य शेषे गुरु-परमगुर्वादिपदं योजयित्वा अमुकपादुकां तर्पयामीत्येवं तर्पयेदिति साम्प्रदायिकाः। देवीपात्रं विशेषार्घपात्रमेव। तद्रव्येण साङ्गा सपरिवारां सायुधां सवाहनां श्री अमुकदेवीं तर्पयामीत्येवं तर्पयेदित्यर्थः। आवाहनात् प्राग् भोगपात्रामृतेन वा तर्पयन्ति।

समयाचारे–

शुद्धं द्रव्यं समादाय तर्पणं तत्त्वमुद्रया।
अङ्गुष्ठतर्जनीमध्ये शुद्धिं संगृह्य वामतः॥

वामेन दक्षिणेनाऽपि देवीं सन्तर्पयेत् सुधीः।

वामेन दक्षिणेनाऽपीत्यभिधानाद्, देवीतर्पणे करयोरैच्छिको विकल्प इति केचित्। अन्ये तु वामेन शुद्धिं संगृह्य दक्षिणहस्ततत्त्वमुद्रया देवीं तर्पयेत्। अङ्गुष्ठतर्जनीमध्य इति। शुद्धिग्रहणमात्रा त्वियम्। तर्पणे तत्त्वमुद्रायाः प्रकारान्तरेणोक्तत्वा-दित्याहुः

35. अथ तत्त्वशुद्धि

अथ तत्त्वशुद्धिं कुर्यात्। तत्र श्रुतिः ॐ प्राणापानव्यानो-दानसमाना मे शुद्ध्यन्तां ज्येतिरहं विरजा विपाप्मा भूयासं स्वाहा। ॐ पृथिव्यप्तेजो-वाय्वाकाशानि में शुद्ध्यन्तां ज्योतिरित्यादि ॐ प्रकृत्य-हङ्कार-बुद्धि-मनःश्रोत्राणि मे शुध्यन्तामित्यादि। ॐ त्वक्-चक्षुर्जिह्वा-घ्राण-वचांसि मे शुध्यन्तामित्यादि ॐ पाणि-पाद पायूपस्थ-शब्दा मे शुध्यन्तामित्यादि। ॐ

स्पर्शरूपरसगन्धाकाशानि में शुध्यन्तामित्यादि। ॐ वायुतेजःसलिलभूम्यात्मानो मे शुध्यन्तामित्यादि सप्तमन्त्रान् परामृशन् हस्ताभ्यां सप्तधा सर्वाङ्गे स्पृशेदिति तत्त्वशुद्धिः।

36. अथ बलिदानम्

अथ बहुकादिबलिं दद्यात्। तथाहि कुलार्णवे–

यावन्नो बटुके दद्यात् तावन्नैव कुलेश्वरि।
तृप्यन्ति देवताः सर्वाः स्मरणाद् यजनादपि॥

वटुकादीन् यजेत् तस्माद् गन्धपुष्पासवामिषैः।
तत्तन्मत्रविधानेन देवताप्रीतिमाप्नुयात्॥

यत्किञ्चिदद्द्रव्यसंघातं पूजार्थं भोगहेतुना।
आनीतं दीयतां भक्त्या क्षेत्रेशे (त्रपे)भ्यः कुलेश्वरि॥

वटुक इत्युपलक्षणम्। वटुकादिष्वित्यर्थः। ज्ञानवर्णवे–

ईशानवह्निनैऋत्य-वायुकोणेषु पूर्ववत्।
मण्डलानि विधायाऽथ पूर्ववत् पूजयेत् प्रिये॥

पूर्ववद् बलिदानं च दद्यात् सर्वसमृद्धये।
वटुकाय महेशानि योगिनीभ्यश्च वल्लभे॥

गणेश-क्षेत्रपालाभ्यां पूर्ववद् बलिमुत्सृजेत्।

समयाचारे तु–

दक्षिणे वटुके दद्यादुत्तुरे योगिनीबलिम्।
पूर्वे भूतबलिं दद्यात् क्षेत्रपालाय पश्चिमे॥

तथा–

अङ्गुष्ठानामिकाभ्यान्तु वटुकाय बलिर्मतः।

कनिष्ठाङ्गुष्ठयोगेन योगिनीबलिमाहरेत्॥
अङ्गुष्ठतर्जनीभ्यां तु क्षेत्रपालबलिं हरेत्।
अङ्गुलीभिश्च सर्वाभिरुक्तो भूतबलिः प्रिये॥

ज्ञानार्णवे–

तथा मुष्टेस्तु मध्यस्थामङ्गुलीं दण्डवत् कुरु।
गजदन्तमहामुद्रा गणपस्य बलौ भवेत्॥

मन्त्रास्तु ज्ञानार्णव एव–

एह्येहि देवीपुत्रान्ते वटुकान्ते च नाथ च।
कपिलान्ते जटाभार-भास्वरान्ते त्रिनेत्र च॥

ज्वालामुखं च सर्वान्ते विघ्नान् नाशय नाशय।
सर्वोपचारसहितं बलिं गृह द्विधा पदम्॥

वह्निजायान्तितो मन्त्रो वटुकस्य समीरितः।
अनेन मनुना देवि वटुकस्य बलिं हरेत्॥

उर्ध्वं ब्रह्माण्डतो वा दिवि गगनतले भूतले निष्कले वा
पाताले वाऽनले वा सलिलपवनयोर्यत्र स्थिता वा।

क्षेत्रे पीठोपपठादिषु च कृतपदा पुष्पधूपादिकेन
प्रीता देव्यः सदा नः शुभबलिविधिना पान्तु देवेन्द्रतुल्याः॥

एतदन्ते महेशानि यां बीजं योगिनी ततः।
भ्यः स्वाहा सर्ववर्णास्ते योगिनीपदमालिखेत्॥

कवचं चास्त्रमालिख्य वह्निजायां पुनर्लिखेत्।
अनेन मनुना देवि योगिनीबलिमाहरेत्॥

तथा–

षड्दीर्घस्वरसंभिन्नं क्षकारं पुनरालिखेत्।

क्षकारे बिन्दुराचारात्।

पुनः क्षेत्रपदं पालधूपदीपादि चालिखेत्।
सहितं बलिमालिख्य गृह्ण गृह्ण ततो वदेत्॥

वह्निजायान्वितो मन्त्रं क्षेत्रपालस्य सुन्दरि॥

अनेन मनुना देवि क्षेत्रपालबलिं हरेत्।
गां गीं गूं त्रयमालिख्य ङेन्तं गणपतिं वदेत्॥

वरान्ते वरदान्ते च सर्वान्ते जनमालिखेत्।
मे वशं चानयेत्युक्त्वा बलिं गृह्ण द्विधा पदम्॥

वह्निजायान्वितो मन्त्रो गणपस्य बलिं हरेत्।

ज्ञानार्णवे–

वामभागे कृतस्याथ मण्डलस्योपरि क्षिपेत्।
आधारं पूजयेत् तत्र पात्रं चान्नोदकान्वितम्॥

सकारणं मन्त्रयित्वा सर्वभूतबलिं हरेत्।
पोशशार्णेन त्रिवारं वीरवन्दिते॥

तारं च भुवनेशानि सर्वविघ्नपदं ततः।
कृद्भ्यश्च सर्वभूतेभ्यो हूंकारं वह्निवल्लभाम्॥

समुच्चरन् बलिं दद्यान् मुद्रया तत्त्वसंज्ञया॥

इदं च सम्प्रदायानुरोधेनोक्तम्। वस्तुतः। पुरश्चरणप्रकरणे वक्ष्यमाण- वीरचूडामणयुक्तमन्त्रैरेव वटुकादिबलिदानं युक्तम्। तस्यैवात्रासाधरणत्वात्।

37. अथावाहनम्

तदुक्तं कुमारीकल्पे–

ततो हृदयपद्मान्तः स्फुरन्तीं विद्युदाकृतिम्।
सुषुम्णा वर्त्मना नीत्वा शिरःस्थाने महेश्वरि॥

वामया नासया देवि वायुबीजेन मन्त्रवित्।
देवेशीत्यादिमन्त्रेण चक्रादावाहयेत् सुधीः॥

ध्यात्वा कामकलामादौ ध्यायेद् देवीमतः परम्।

देवेशीति मन्त्रस्तु–

देवेशि भक्तिसुलभे परिवार–समन्विते।
यावत् त्वां पूजयिष्यामि तावत्त्वं सुस्थिरा भव॥

इति। चक्रात् शिरस्थपद्मात्। स्वतन्त्रतन्त्रे–

ततः कामकलाध्यानादावाह्य कालिकां ततः।
कूर्माख्यमुद्रया पुष्पं चक्रमध्ये निधापयेत्॥

कूर्ममुद्रा तन्त्रे उक्ता–

वामहस्तस्य तर्जन्यां दक्षस्य च कनिष्ठिका।
तथा दक्षिणतर्जन्यां वामाङ्गुष्ठं नियोजयेत्॥

उन्नतं दक्षिणाङ्गुष्ठं वामस्य मध्यमादिकाः।
अङ्गुलीर्योजयेत् पृष्ठे दक्षिणस्य परस्य च॥

वामस्य पितृतीर्थेन मध्यमानामिका तथा।
अधोमुखे ततः कुर्याद् दक्षिणस्य च हस्ततः॥

कूर्मपृष्ठसमं कुर्याद् दक्षिणस्य च मण्डलम्।
एवंविधः सर्वसिद्धिं ददाति करकच्छपः॥

कामकलाध्यानं तन्त्रचूडामणौ–

मुखं बिन्दुवदाकारं तदधः कुचयुग्मकम्।
तदधः सपरार्धं च सपरिष्कृतमण्डलम्॥

एतत् कामकलाध्यानं सुगोप्यं साधकोत्तमैः।

एतद्रहस्यं स्वगुरुमुखादवगन्तव्यम्।

38. अथ ध्यानम

गन्धर्वतन्त्रे–

श्मशानं तत्र संचिन्त्य तत्र कल्पमुद्रमं स्मरेत्।
तन्मूले मणिपीठं च नानामणिविभूषितम्॥

शिवाभिर्बहुमांसास्थि-मोदमानाभिरन्ततः।
चतुर्दिक्षु शवा मुण्डाश्चिताङ्गारास्थिभूषिताः॥

तन्मध्ये भावयेद् देवीं यथोक्तध्यानयोगतः।

नीलतन्त्रे–

प्रत्यालीढपदां घोरां मुण्डमालाविभूषिताम्।
खर्वां लम्बोदरीं भीमां व्याघ्रचर्मावृतां कटौ॥

नवयौवनसम्पन्नां पञ्चमुद्राविभूषिताम्।
चतुर्भुजां ललज्जिह्वां महाभीमां वरप्रदाम्॥

शङ्गकर्त्रीधरां सव्ये वामे मुण्डोत्पलान्विताम्।
पिङ्गोग्रैकजटां ध्यायेन् मौलावक्षोभ्यभूषिताम्॥

बालार्कमण्डलाकार-लोचनत्रयभूषिताम्।
प्रज्वलत्पितृभूमध्यगतां दंष्ट्राकरालिनीम्।
सावेशस्मेरवदना-मस्थ्यलङ्कार भूषिताम्।

विश्वव्यापकतोयान्तः श्वेतपद्मोपरिस्थिताम्॥

मन्त्रचूडामणौ–

तस्योपरि गृहे देवीं खर्वां नीलमणिप्रभाम्।
लम्बोदरीं व्याघ्रचर्म-समावृतनितम्बिनीम्॥

पीनोन्नतपयोभारां रक्तवर्त्तुललोचनाम्।
ललज्जिह्वां महाभीमां द्रंष्ट्राकोटिसमुज्ज्वलाम्॥

नीलोत्पललसन्मालां बद्धजूटां भयङ्करीम्।
श्वेतास्थिपट्टिकायुक्त-कपालपञ्चशोभिताम्॥

ललाटे रक्तनागेन कृतकर्णावतंसकाम्।
अतिशुभ्रमहानाग-कृतहारमहोज्ज्वलाम्॥

दूर्वादलश्यामनाग-कृतयज्ञोपवीतिनीम्।
चतुर्भुजां रक्तमांस-खण्डखण्डितमुष्टिना॥

जटाजुटाक्षसूत्रेण शोभितां तीक्ष्णधारया।
खड्गेन दक्षिणस्योर्ध्वे शोभितां वीरनादिनीम्॥

तदधःस्थात् बीजवृन्त-कर्किालङ्कतां पराम्।
वामोर्ध्वे रक्तनालेन दिगम्बरमनोहराम्॥

दधतीं नीलपद्मं च तदधःस्थात् कपालकम्।
जगतां जाड्यसंयुक्तं दधतीं कुन्दसन्निभम्॥

धूम्राभनागसंदोह-कृतकेयूरसत्वाराम्।
सुवर्णवर्णनागेन कङ्कणोज्ज्वलपाणिकाम्॥

शुभ्रवर्णमहादेव कृतसद्विमलासनाम्।
निर्यन्त्रणभिया तद्वत् संकुचत्प्रदात्मिकाम्॥

शवपादद्वयारूढ वामपादां महोन्मुखीम्।
कुन्दाभनागसंशोभि-कटिसूत्रां त्रिलोचनाम्॥

असृग्रक्तेन नागने कृतनूपुरपल्लवाम्।
सद्यश्छिन्नगलद्रक्तमुण्डै रक्तविभूषणैः॥

अन्योन्यकेशग्रथितैः पादपद्मविलम्बितैः।
पञ्चशद्भिर्महामाला-शोभितां परमेश्वरीम्॥

ज्वलच्चितामध्यसंस्था द्वीपिचर्मोत्तरांशुकाम्।
अक्षोभ्यनागसम्बद्ध-जटाजूटां वरप्रदाम्॥

एवम्भूतां महादेवी-मात्मानं यागवस्तु च।
विज्ञापयेन् महादेव पण्डितोऽहं महाकविः॥

तारोपनिषदि–

विरुद्धवाक्यार्थशरीरमण्डले नवाम्बुदाभां गुरुमुन्नतोदरीम्।
अतीव खर्वां नवयौवनस्था-मधःस्थशार्दूलककृत्तिमूर्धजाम्॥

अनैक्यमाहत्य शवोपरिस्थितां शवार्धमालीढपरीतमध्यमाम्।
विशीर्णवर्णां नृशिरः स्त्रजोद्भवां
त्रयीविवर्त्तारुणलोचनत्रयाम्॥

अभेदपिङ्गैजटाविराजितां विभूषणच्छिन्नसितास्थिभीषणाम्।
महाष्टसिद्धिप्रकराहिभूषण-मट्टाट्टहासैर्जगतामभीतिदाम्॥

जजस्वनन्तः श्रवसोश्च तक्षको महाहिपद्मो हृदि हारभूषणाम्।
तथैव कर्कोटकृतोपवीतिकां सुमेखलायामथ देववासुकिः॥
सशङ्खपालः किल कङ्कणो मतः पदेषु किल नूपुरश्रियम्।
भुजेषु नागः कुलिकोङ्गदो मतो भुजोऽर्धमालामहता
स्थितिः स्थिता॥

सितश्च रक्तो धवलश्च मेचकस्तथैव नागोऽथ सितश्च पाण्डरः।
भुजङ्गमानामिह वर्णजातयो भवन्ति सर्वे मुनिभिर्ज्वलच्चिताम्॥

कपालकर्त्री ग्रथितोग्रमूर्धजां
सनालमिन्दीवरकान्तिमालिकाम्।
विकोशखड्गं सततं च दक्षिणे स्वपौरुषोत्थैर्दधतीं भुजैः सदा॥

पदार्थदंष्ट्राद्वयपञ्चमुद्रया विराजमानामसितोत्पलस्त्रजम्।
विचिन्तयेत् तां च कवित्वकारिणीं मनोगतार्थं प्रजपेच्च तारिणीम्॥

फेत्कारिणी तन्त्रेऽपि–

प्रत्यालीढपदार्पिताङ्घ्रिशवहृद्घोराट्टहासा वरा
खड्गेन्दीवरकर्त्रीखर्परभुजा हूंकारबीजोद्भवा।
शर्वा नीलविशालपिङ्गलजटाजूटोग्रनागैर्वृता
जाड्यं न्यस्य कपालके त्रिजगतां हन्त्युग्रतारा स्वयम्॥

प्रत्यालीढलक्षणं तु सङ्गीतरत्नाकरे–

वामो यत्र निषण्णोरुन्तरे पूर्वमानतः।
दक्षिणं चरणं चाग्रे पञ्चतालप्रसारितम्॥
अस्त्रौ द्वावपि तद्विन्द्यादालीढं तु सदैवतम्।
आलीढाङ्गविपर्यासात् प्रत्यालीढमुदाहृतम्॥

तालं वितस्तिः। 'तालमात्रं वितस्तिका' इति तत्रैवोक्तेः। अस्त्रौ वक्रौ। 'मौलावक्षोभ्यभूषितामि'त्यत्र अक्षोभ्यो नागः। 'अक्षोभ्यो देवीमूर्धन्यस्त्रिमूर्त्तिर्नागरूपधृक्' इति भावचूडामणिवचनात्। ब्रह्मसंहितायाम्।–

अथ ध्यानं प्रवक्ष्यामि तारिण्याः सर्वसिद्धिदम्।

ज्वलत्पावकजालज्वालातिभास्वच्चितामध्यसंस्था सुपुष्टां सुखर्वाम्।
शवं दक्षपादेन कण्ठे निपीड्य स्थितां वामकेनाङ्घ्रिणाङ्घ्रिं निपीड्य॥

बृहल्लम्बमानोदरीं मेघवर्णा समुत्तुङ्गपीनस्तनाभोगरम्याम्।
जवारागरागप्रवृत्तां त्रिनेत्रां ललज्जिह्वया दंष्ट्रया भीषणास्याम्॥

लसद्द्वीपिचर्मावृताङ्गीं स्मितास्यां जटाजूटमध्यस्थितेन्दी वराङ्गीम्।
शिरोदेशभास्वत् पिशङ्गाभिसर्पज्जटाजूटमध्यस्थिता-क्षोभ्यमूर्तिम्॥

मिथः केशबद्धाचिरच्छिन्नसम्यग्गलल्लोहितां मानवीं मुण्डमालाम्।
दधानां च पञ्चाशदाख्यानंसंख्यायुतच्छिन्नमुण्डाबलीं निर्मलाङ्गीम्॥

महासृक् समांसोत्कराधार्यसव्यस्फुरत्पाणिना धारयन्तीं महासिम्।
भुजे वाम ईषत्स्फुरद्रक्तनाल-सफुरन्नीलपङ्केरुहं धारयन्तीम्॥

करे सव्य उच्चैरधस्ताद् दधानां शितां कर्त्तृकां वामपाणौ कपालम्।
जगद्वर्तिसंसारजाड्यातिपूर्ण स्फुरत्कर्त्तुकाधारया खण्डयन्तीम्॥

विचित्रास्थिमालं करालं कपालं ललाटे च पञ्चान्वितं धारयन्तीम्।

घनाभाहिबद्धं जटाजूटमुच्चैर्जवारागनागोल्लसत्कुण्डलां च॥

सफुरद्धूमरोचिर्महाकायनाग-स्फुरच्चारुकेयूरशोभाभिरामाम्।
सुवर्णाभनागोल्लसत्कङ्कणेन स्फुरन्तीं
लसच्छेतनागाभिरामाम्॥

शरीरेण दूर्वादलश्यामनागैः कृतं चारुयज्ञोपवीतं दधानाम्।
दधानां च कुन्दाभनागेन सम्यक् कृतं चारुकाटेयसूत्रं
पवित्रम्॥

महापाटलाभेन नागेन वृत्ता विभूषां च पादद्वये संदधानाम्।
चिरं चिन्तयामीदृशं चारुरूपाममेयामदोषामपारं संसाराम्॥

सुरश्रेणिमौलिप्रभारञ्जिताङ्घ्रिं नताशेषदोषापहामिष्टदात्रीम्।
यदीयप्रसादादिदं विश्वजातं जनः प्रापनुयान् मोदते सम्यगेव॥

सदैवं स्तवं यः पठेदेकचित्तो वशस्तस्य लोको भवेत्
तत्र नूनम्।
न दारिद्र्यपापे न वा दुर्मतिः स्याल्लभेदापि मोक्षं
तथा धर्मकामौ॥

39. अथ प्राणप्रतिष्ठा

तन्त्रे–

आवाहनं स्थापनं च सन्निधापनमेव च।
सन्निरोधमित्युक्तं सम्मुखीकरणं तथा॥

विधाय स्वस्वमुद्राभिः प्राणस्थापनमाचरेत्।

आसां लक्षणमुक्तं लक्षणसंग्रहे–

हस्ताभ्यामञ्जलिं बद्ध्वाऽनामिकामूलपर्वणि।
अङ्गुष्ठौ निःक्षिपेत् सेयं मुद्रा त्वावाहनी मता॥

अधोमुखी त्वियं वै स्यात् स्थापनीति निगद्यते।
उच्छ्रिताङ्गुष्ठमुष्ट्योस्तु संयोगात् सन्निधापनी॥

अन्तःप्रवेशिताङ्गुष्ठा सैव संरोधिनी मता।
उत्तानमुष्टियुगला संमुखीकरणं भवेत्॥

सव्यहस्तकृता मुष्टिर्दीर्घाधोमुखतर्जनी।
अवगुण्ठनमुद्रेयमभितो भ्रामिता सती॥

देवताङ्गे षडङ्गानां न्यासः स्यात् सकलीकृतिः।

अमृतीकरणं धेनुमुद्रया। सा प्रोक्ता।

अन्योन्यग्रथिताङ्गुष्ठा प्रसारितपरङ्गुलिः।
महामुद्रेयमुदिता परमीकरणे प्रिये॥

प्रयोजयेदिमा मुद्रा देवताह्वनकर्मणि।

अत्राद्यपञ्चमुद्रासु इहागच्छ इह तिष्ठ इह सन्निधेहि इह सन्निरुध्यस्व इह सम्मुखी भवेति क्रमाद् वदन्ति।

उड्डीशे–

अत एवाभिपूर्णाया देवतायाः प्रपूजने।
सादरं सम्मुखी भावमावाहनमिहोच्यते॥

अत एव आवाहनमुद्राप्रदर्शनादेव। तथा–

विभोर्निवेशनं यन्त्रे स्थापनं कथितं बुधैः।
पूजां प्रयुज्यमानां तु गृहीत्वाऽनुग्रहादिकम्॥

कर्तुं सामर्थ्यमस्यास्तु तत् सान्निध्यं प्रचक्षते।
आकर्मकाण्डपर्यन्तं सान्निध्यं हि विभोश्च यत्॥

स सन्निरोध उद्दिष्टो भक्तितो मन्त्रविन् नरैः।
आनन्दायतनं तत्त्वं सच्चिदानन्दलक्षणम्॥

तदत्र सकलं व्याप्तं ध्येयं स्यादवगुण्ठने।
सकलीकरणं कृत्वा मन्त्रैभिरथैकताम्॥

अङ्गानामङ्गिना सार्धं विदध्यादमृतीकृतिम्।
क्षमा तस्यापराधानां विज्ञेया परमीकृतिः॥

अपराधानाम् अपरिच्छिन्नस्य ब्रह्मण आवाहनादिमुद्रया परिच्छिन्नताभावः रूपापराधानाम्। मुद्रान्तराणि भैरवतन्त्रे– पञ्चमुद्राविभूषितामि' त्यभिधाय–

योनिश्च भूतिनी चैव बीजाख्या दैतयधूमिनी।
लेलिहानेति संगुप्ताः पञ्चमुद्राः प्रकीर्तिताः॥

आसां बीजानि तत्रैव–

योनिर्मायाऽधरा धेनुर्वधूः कूर्चं क्रमाद् विदुः।
बीजान्यासां लक्षणं तु क्रमेण कथयाम्यहम्॥

योनि ऐं माया ह्रीं। अधरा एतदनन्तरीभूता। धेनुः वं। वधूः स्त्रीं कूर्चं हूं। तथा–

तर्जन्यनामिके मध्ये कनिष्ठे च क्रमादपि।
करयोर्योजयेच्चैव कनिष्ठामूलदेशतः॥

अङ्गुष्ठाग्रं तु निक्षिप्य महायोनिः प्रकीर्त्तिता।
अधोमुखीमिमां मुद्रा दर्शयेद् बीजपर्विकाम्॥

अस्यां तु देवि तर्जन्यौ निपात्य पृष्ठतस्ततः।
संस्थाप्याङ्गुष्ठके मुद्रा भूतिनी परिकीर्त्तिता॥

तन्त्रान्तरेपि–

बद्ध्वा तु योनिमुद्रा वै मध्यमे कुटिले कुरु।
अङ्गुष्ठे च तदग्रे मुद्रेयं भूतिनी मता॥

भैरवतन्त्रे–

परिवर्त्य करौ स्पृष्टावङ्गुष्ठतर्जनीयुगम्।
अर्धचन्द्राकृतिन्यायं युगपत् कारयेत् समम॥

अधः कनिष्ठामाकृष्य मध्यमे विनियोजयेत्।
मुद्रैषा कथिता देवि बीजाख्या ज्ञानरूपिणी॥

परिवर्त्य करौ कृत्वा कनिष्ठाकृष्टमध्यमाम्।
अनामयोर्गुगं चाधस्तर्जनीयुगलं पृथक्॥

अन्योन्यं निबिडं बद्ध्वा अङ्गुष्ठाग्रेऽनामिके।
दैत्यानां धूमकेत्वाख्या मुद्रैषा कथिता प्रिये॥

वक्त्रं विस्फारितं कृत्वाप्यधो जिह्वा च चालयेत्।
पार्श्वस्थमुष्टियुगलं लेलिहानेति कीर्त्तिता॥

ततः पूर्वोक्तप्राणप्रतिष्ठामन्त्रेण लेलिहामुद्रया प्राणप्रतिष्ठा कुर्यात्।

लेलिहामुद्रा यथा–

तर्जनीमध्यमानामां समीं कुर्यादधोमुखीम्।
अनामायां क्षिपेद् वृद्धामृजं कृत्वा कनिष्ठिकाम्॥

लेलिहा नाम मुद्रेयं जीवन्यासे प्रकीर्त्तिता।

40. देवशुद्धि

अथ देवशुद्धिं कुर्यात्। तदुक्तं कुलार्णवे–

पीठे देवं प्रतिष्ठाप्य सकलीकृत्य साधकः।
मूलमन्त्रेण दीपिन्या मालिन्याऽर्घोदकेन च॥

त्रिवारं प्रोक्ष्येद् विद्वान् देवशुद्धिरियं प्रिये।

प्रतिष्ठा सकलीकरणं चोक्तमेव। प्रोक्षणं चात्र मूलेनैव युक्तिसिद्धम्। दीपिनीमालिन्योः पराप्रासादमन्त्रघटितत्वेन ऊ. र्ध्वाम्नाय एव नियोग इति।

कुलार्णवे—

सकलीकृत्य तत्प्राणान् समुद्दीप्येन्द्रियाणि च।
प्रतिष्ठाप्यार्चयेद् देवमन्यथा निष्फलं भवेत्॥

त्रिशक्तिरत्ने—

पूर्ववत् तर्पयदे देवीं देवीयात्रामृतेन हि।

फेत्कारिण्याम्—

आवाह्य स्थापयित्वा तु ध्यात्वा वै पूजयेत् ततः।

सारसंग्रहे—

मुद्राः प्रदर्श्य विधिवदुपचारैः प्रपूजयेत्॥

मुद्रा आवाहन्यादिकाः। उपचाराश्चोक्ता

मन्त्रमुक्तावल्याम्—

पाद्यार्घ्याचमनीयानि स्नानं वसनभूषणे।
गन्धपुष्पधूपदीपनैवेद्याचमनानि च॥
ताम्बूलमर्चना स्तोत्रं तर्पणं च नमस्क्रियां
प्रयोजयेदर्चनायमुपचारांस्तु षोडश॥

पाद्यमर्घ्यं निवेद्याथ तथैवाचमनीयकम्।
मधुपर्काचमनं चैव गन्धप्रसूनके ततः॥

धूपदीपौ च नैवेद्यं दशोपचारकं मतम्।
गन्धादयो नैवेद्यान्ता पूजा पञ्चोपचारिका॥

प्रपञ्चसारे–

सपर्या त्रिविधा प्रोक्ता तासामेकतमं श्रयेत्।
त्रिविधा षोडश-दश-पञ्चोपचारभेदात्॥

कुलोड्डीशे–

उपचारेषु सर्वेषु यत्किञ्चिद् दुर्लभं भवेत्।
तत् सर्वं मनसा ध्यात्वा पुष्पक्षेपेण कल्पयेत्॥

तत्र तत्र जलं दद्यादुपचारान्तरान्तरा।

41. उपचारविधिः

अथोपचाराणां विधिर्लिख्यते सारसंग्रहे–

देवस्य वामभागे तु दद्यान् मूलेन चासनम्।
पौष्पं दारुमयं वास्त्रं चार्म कौशं च तैजसम्।
षड्विधं चासनं प्रोक्तं देवताप्रीतिकारकम्।

पौष्पं सुगन्धिपुष्परचितम्। दारुमयं कण्टकिभिन्नं चन्दनादिघटितम। वास्त्रं कार्पस-कौशेय-कम्बलादि। कौशं सप्तविंशतिकुलपत्राणां विष्टरः।

तदुक्तं डामरे–

सप्तविंशतिदर्भाणां वेण्यग्रे ग्रन्थिभूषिता।
विष्टरः सर्वयज्ञेषु लक्षणं परिकीर्त्तितम्॥ इति।

तैजसं सुवर्णादिरचितं लोकसीसादिवर्जम् चार्मं मृगव्याघ्रयाद्यजिनम्। स्वागतं तु स्वागतमुद्रां प्रदर्श्य श्री अमुकदेवि स्वागतमित्युच्चार्य कर्त्तव्यम्।

कालीकल्पे–

पाद्यं तु पादयोर्दद्यान् नमोमन्त्रेण मन्त्रवित्।

शारदायाम्–

एतच्छ्‌यामाकदूर्वाब्जविष्णुक्रान्ताद्भिरीरितम्।

कालीकल्पे–

स्वाहामन्त्रेण देवेशि अर्घ्यं दद्याच्छिरोपरि॥

शारदायाम्–

गन्धपुष्पाक्षतयव-कुशाग्रतिलसर्षपैः।
सदूर्वैः सर्वदेवानामेतदर्घ्यमुदाहृतम्॥

कालीकल्पे–

आचमनं मधुपर्कं च स्वधामन्त्रेण वै मुखे।

शारदायाम्–

स्वधामन्त्रेण वदने दद्यादाचमनीयकम्।
जातीलवङ्गकक्कोलैस्तद्युक्तं मन्त्रवेदिभिः॥

स्वधामन्त्रेण वमिति बीजेन। तदुक्तं स्वतन्त्रे–

मधुपर्कं मुखे दद्याज् जलमन्त्रेण देशिकः।

तथा–

स्वधाणुना ततः कुर्यान् मधुपर्कं मुखाम्बुजे।
आज्यं दधिमधून्मिश्रमयमुक्तो मनीषिभिः॥

कुलोड्डीशे–

मक्षिकं शर्करा सर्पिर्दधि क्षीरयुतं तथा।
मधुपर्कं कल्पयित्वा प्रदद्याद् विधिपूर्वकम्॥

सर्वतः क्षौद्रमधिकं दधिसर्पिः सिताः समम्।
क्षीरं तु सर्वतः स्वल्पं मधुपर्क उदाहृतः॥

शारदायाम्–

तैनैव मनुना कुर्यादद्भिराचमनीयकम्।

पुनराचमनीयकम्–कालीकल्पे–

स्नानं गन्धं हृदा दद्यात् पुष्पाणि वौषडित्यपि।
ततो निवेदयामीति सर्वं दद्यान् महेश्वरि॥

यामले च–

वारुणेन च बीजेन मधुपर्कं मुखाम्बुजे।
तेनैव मनुना कुर्यादद्भिराचमीनयकम्॥
गन्धाद्भिः कारयेत् स्नानं वाससी परिधापयेत्।
दद्याद् दिव्योपवीतं च हाराद्याभरणानि च॥

गन्धश्चन्दनकर्पूर–कालागुरुभिरीरितः।

वसनं च दुकूलं देयम्। 'दत्त्वा सूक्ष्मे दुकूलके' इति पुरश्चरणचन्द्रिका–वचनात्। तत्रापि शक्ते रक्तवस्त्रं प्रशस्तम्। 'रक्तं शक्त्यर्कविघ्ननामि'ति यामलवचनात्।

मन्त्रतन्त्रप्रकाशे–

तैलादिदूषिताद् रोगः सच्छिद्राद् बाध्यता भवेत्।
जीर्णाद् दरिद्रता कर्त्तुर्मलिनात् कान्तिहीनता॥

सारसंग्रहे–

यज्ञोपवीतं दत्त्वाऽथ भूषणानि समर्पयेत्।
ङेऽन्तं नमोऽन्तं तन्नाम पूजनादौ प्रयोजयेत्॥

तानि नानाविधानि स्युर्मुकुटादिप्रभेदतः।
स्त्रीपुंप्रभेदतस्तानि ज्ञेयानि तु विचक्षणैः॥

यज्ञोपवीतं पुंदैवते देयमित्यर्थः। गन्धा पुरश्चरण-चन्द्रिकायामुक्ताः–

चन्दलं मलयोत्पन्नमनाघ्रातं सुशीतलम्।
कर्पूरागुरुकस्तुरी-हिमाम्बुक्षोदितं शभुम्॥

क्षोदितं घृष्ठम्। कुङ्कुमरक्तचन्दने अपि प्रशस्ते तन्त्रान्तरात्। तारार्णवे–

रोचनाकपिकाश्मीर-मांसी-तगरूचन्दनैः।
सचोरैष्टगन्धोऽयं तारायाः प्रीतिदायकः॥

कपिर्बाला। गोठिमन इति कश्चित। चोरः शठी। तगरुर्गन्ध विशेषः। अत्र विहितपुष्पाण्यासादनप्रकरणे प्रोक्तानि। पुष्पविधिः पुरश्चरणचन्द्रिकायाम्–

अनन्यार्पितमच्छिद्रं पूतं नवं शुभम्।
गुणचन्दनसंयुक्तं नानागन्धमनोहरम्॥

ज्ञानर्णवे–

पुष्पैः पर्युषितैर्देवि नार्चयेत् स्वर्णजैरपि।
निर्माल्यभूतैरुच्छिष्टैः कुसुमैः परमेश्वरि॥

उच्छिष्टैरन्यदेवतापूजावशिष्टैः। ज्ञानमालायाम्–

पत्रं वा यदि वा पुष्पं फलं नेष्टमधोमुखम्।
दुःखदं तत् समाख्यातं यथोत्पन्नं तथार्पणम्॥

तथा–

अधोमुखार्पणं नेष्टं पुष्पाजञ्लिविधौ न तत्।

अञ्जलिदाने अधोमुखता न दोषायेत्यर्थः। तन्त्रे–

अङ्गुष्ठतर्जनीभ्यां च चक्रे पुष्पं निवेदयेत्।

धूपविधिः पुरश्चरणचन्द्रिकायाम्–

इत्थं धूपं प्रकुर्वीत ताम्रकांस्यादिनिर्मिते।
भाजने द्विपदे भुग्ननाले पद्मावतौ शुभे॥

साराङ्गारविनिक्षिप्तैर्गुग्गुल्वगुरुवृक्षजैः।
निर्यासाद्युत्थितैर्धूमैर्गन्धद्रव्यैरथोदितैः॥

निर्यासः सर्जरसादिः। प्रपञ्चसारे–तन्त्रलीलावत्याम्

जटामांसीगुग्गुलं च चन्द्रनागुरुकैस्तथा।
चन्द्रैजनिसंयुक्तैर्माक्षिकैः सह कुङ्कुमैः॥

सर्पिः संमिश्रितैर्दद्याद् देव्यै धूपं महेश्वरि।
सगुग्गुल्वगुरुशीर–सिताज्यमधुचन्दनैः॥

साराङ्गविनिक्षिप्तैर्धूपं नीचैः प्रधूपयेत्।

कुलोड्डीशे–

गुग्गुलुं सरलं दारु पत्रं मलयसम्भवम्।
ह्रीबेरमागुरुं कुष्ठं गुडं सर्जरसं घनम्॥

हरीतकीं नखीं लाक्षां जटामांसीं च शैलजम्।
षोडशाङ्ग विदुर्धूपं दैवे पैत्रे च कर्मणि॥

अथवाऽगुरुकर्पूरचन्दनैः सह गुग्गुलम्।
मधुसर्पिजटामांसी शैलजं कुङ्कुमं तथा॥

एभिर्विमिश्रितः कार्यो धूपोऽयं पार्वतीप्रियः।

तन्त्रे–

मधु मुस्तं घृतं गन्धो गुग्गुल्वगुरुशैलजम्।
सरलं शिल्हसिद्धार्थं दशाङ्गो धूप इष्यते॥

सिताज्यमधुसंमिश्रं गुग्गुल्वगुरुचन्दनम्।
षडङ्गधूपमेतत् तु सर्वदेवप्रियं सदा॥

शैवागमे–

धूपभाजनमस्त्रेण प्रोक्ष्याभ्यर्च्य हृदाणुना।
अस्त्रेण पूजितां घण्टां वादयन् गुग्गुलुं दहेत्॥

गुग्गुलुपदं विहितधूपद्रव्यमात्रोपलक्षकम्। तन्त्रे–

अस्त्रेण धूपदीपादीन् संपूज्य दापयेत् ततः।
यथा गन्धं देवि धूपं दद्याद् विचक्षणः॥

तथेति। मध्यमाङ्गुष्ठाभ्यामित्यर्थः। दीपविधिः कुलोड्डीशे–

घृतप्रदीपः प्रथमस्तिलतैलसमुद्भवः।
सार्षपः फलनिर्यासजातो वा वारिजोद्भवः।
दधिजश्चान्नजश्चैव दीपाः सप्त प्रकीर्त्तिताः।
पद्मसूत्रभवा वर्त्ति-र्दर्भसूत्रभवाऽथवा॥

जालजा वादरी वापि तूलकोषोद्भवाऽथवा।
वर्त्तिका दीपकृत्येषु सदा पञ्चविधा स्मृता॥

तैजसं राजसं लोहं मार्त्तिक्यं नारिकेलजाम्।
तृणराजेद्भवं वापि दीपपात्रं प्रशस्यते॥

एवं दीपं प्रकुर्वीत नेत्ररञ्चनकारणम्।
दीपं तु यागपर्यन्तमधोमुखं प्रकल्पयेत्॥

कालिकापुराणे–

लभ्यते यस्य तापस्तु दीपस्य चतुरङ्गुलात्।
न स दीप इहाख्यात ह्योघवह्निस्तु स स्मृतः॥

तथा–

शणं वा दारकं वस्त्रं जीर्णं मलिनमेव वा।
उपभुक्तं न दद्यात् वर्त्तिकार्थं कदाचन॥

नैव निर्वापयेद् दीपं देवार्थमुपकल्पितम्।
दीपहर्त्ता भवेदन्धः काणो निर्वापको भवेत्॥

पुरश्चरणचन्द्रिकायाम्–

वर्त्या कर्पूरगर्भिण्या सर्पिषा तिलजेन वा।
आरोप्य दर्शयेद् दीपानुच्चैः सौरभशालिनः॥

तथा–

दीपञ्च धूपवत्पात्रे पद्मासकारविनिर्मिते।
प्रतिपत्रं प्रदीप्तं च वर्त्या गव्यघृताक्तया॥

अत्र गव्यघृत-तैलादीनां विकल्पो न समुच्चयः।

न मिश्रीकृत्य दद्यात् तु स्नेहद्रव्यान् घृतादिकान्।
दत्त्वा मिश्रीकृतं स्नेहं तामिस्त्रं नरकं व्रजेत्॥

इति कालिकापुराणेक्तेः।

तूर्णायागे–

पारावतभ्रमाकारं दीपं नेत्रादि दर्शयेत्।
दक्षिणे सर्पिषा दीपं तिलतैलेन वामतः॥

कालिकापुराणे–

वृक्षेषु दीपो दातव्यो न तु भूमौ कदाचन।
सर्वंसहा वसुमती सहते न त्विदं द्वयम्॥

अकार्ये पादघातं च दीपतापं तथैव च।
कुर्वंस्तु पृथिवीतापं यो दीपमृत्सृजेन् नरः॥

स तापपापं नरकं प्राप्नोत्येव न संशयः।

तन्त्रे–

अङ्गुष्ठाग्रेण देवेशि धृत्वा दीपं निवेदयेत्।
उत्तोलनं तथा कुर्याद् गायत्र्या मूलयोगतः॥

अत्राऽजञ्नमप्युक्तं तन्त्रे–

सौवीरं जाम्बलं तुत्थं मयूरश्रीकरं तथा।
दर्विका मेघनीलश्च अञ्र्जनानि भवन्ति षट्॥

स्त्रवद्रूपन्तु सौवीरं जाम्बलं प्रस्तरं तथा।
मयूरश्रीकरं रत्नं मेघनीलं तु तैजसम्॥

घृष्ट्वा निगाह्य चैतानि शिलाया तैजसेऽथवा।
प्रदद्यात् सर्वदेवेभ्यो देवीभ्यश्चापि पुत्रक॥

घृततैलादियोगेन ताम्रादौ दीपवह्निना।
यदञ्जनं जायते तु दर्विका परिकीर्तिता॥

विधवा नाञ्जनं कुर्यान् महामायार्थमुत्तमम्।
न मृत्पात्रे योजयेत् तु साधको नेत्ररञ्जनम्॥

नैवद्यमुक्तं स्वतन्त्रे–

कन्दुपक्वं स्नेहपक्वं घृतसंयुक्तपायसम्।
मनःप्रियं च नैवेद्यं दद्याद् देव्यै पुनः पुनः॥

मत्स्यसूक्ते–

पायसं कृशरं दद्याच्छर्करागुडसंयुतम्।
आज्यं दधिमधून्मिश्रं तस्मात् तानि प्रदापयेत्॥

शालमत्स्यं च पाठीनं गोधिकामांसमुत्तमम्।
अन्नं च मधुना युक्तं यत्नाद् दद्याच्च मन्त्रवित्।

शालमत्स्यो महाशाल इति प्रसिद्धः। मुण्डमालायाम्–

शालमत्स्यं च पाठीनं शकुलं गडकं तथा।
मद्गुरं चेल्लिशं दद्यान् मांसं माहिषमेव च॥

पक्षिमास वरारोहे डिम्बनानासमुभ्द्वम्।
कृष्णछागं महामांसं गोधिकां हरिणीं तथा।

जलजे मत्स्यमांसे च गण्डकीमांसमेव च।
नानाव्यञ्जनदुग्धानि व्यञ्जनानि बहूनि च॥

कुमारीतन्त्रे-

अन्यानि च नैवेद्यानि साधकानां शृणुष्व मे।
ताम्बूलं च सकर्पूरं नालिकेरं सशर्करम्॥

पायसं सघृतं चैव आर्द्रकं सगुडं तथा।
सतण्डुलं तिलं चैव दधि चैव सशर्करम्॥

जम्बीरं पनसं चैव फलमाम्रातकं तथा।
कदलीं तिन्तिडीं चैव श्रीफलं फलमुत्तमम्॥

करञ्जं चैव तालं खर्जूरमेव च।
अन्यानि च सुगन्धीनि स्वादूनि च फलानि च॥

रुद्रयामले–

तैजसेषु च पात्रेषु सौवर्णे राजते तथा।
ताम्रे वा प्रस्तरे वापि पद्मपत्रेऽथवा पुनः॥

यज्ञदारुमये वापि नैवेद्यं कल्पयेद् बुधः।
सर्वाभावे तु महेशि स्वहस्तघटितं यदि॥

यद् योग्यमार्घ्यपात्रे तु तन्निधाय निवेदयेत्।

सारसंग्रहे–

निधाय स्वर्णजे पात्रे साधारं तच्च मण्डले।
निधाय चतुस्त्रे च संस्कुर्याच्छास्त्रमार्गतः॥
अस्त्रमन्त्रेण संप्रोक्ष्य चक्रमुद्राभिरक्षितम्।
वायुबीजेन संशोध्य वह्नि बीजेन तद् दहेत्॥
स्पृशन् दक्षकाराग्रेण सुधाबीजेन मन्त्रयेत्।
अमृतीकृत्य तत्सर्वं मूलमन्त्रेण तत्पुनः॥
स्पृशन् कराभ्यां विधिवदष्टधा चाभिमन्त्रयेत्।
धेनुमुद्रां प्रदर्श्याथ गन्धपुष्पैः समर्चयेत्॥

तन्त्रे–

तत्त्वाख्यमुद्रया देवि नैवेद्यं विनिवेदयेत्।
मूलेन दत्त्वा ताम्बूलं साधकस्तेन मुद्रया॥

तेन मूलमन्त्रेण। मुद्रया तत्त्वमुद्रया। यामले–

सर्वोपकरणादीनि मूलान्ते च निवेदयेत्।
अशक्तौ मनसा दद्यादेतत्कर्म न लोपयेत्॥
चुल्लुकं विधिवद् दद्यात् पञ्चमुद्रां प्रदर्शयेत्।
पुनश्च चुल्लुकं दद्याद् दत्त्वा ताम्बूलमुत्तमम्॥
एला-लवङ्ग-कर्पूर-जातीफलादिसंयुतम्।
तमालदलकूर्पर-पूगभागैस्तरङ्गितम्॥

मालिनीतन्त्रे–

नमः सर्वोपचारेषु प्रथमान्तेषु योजयेत्।

नीलतन्त्रे–

सर्वं मन्त्रमयं कृत्वा देवतायै निवेदयेत्।

फेत्कारिण्यामपि–

आवाह्य स्थापयित्वा तु ध्यात्वा वै स्थापयेत् ततः।
श्रीमदेकजटे वज्रपुष्पं प्रतीच्य चोच्चरेत्।
मूलेनाग्निप्रियान्तेन सतारेण च साधकः॥

तारं ॐकारः। तस्य चान्वय आदावेव सम्प्रदायसिद्धः। अयं च मन्त्रः सर्वासामपि। तारादिदेवतानां पूजायामविकृति एव पठनीयः। सर्वा एव उपक्रम्य कथनात्। अनेन मन्त्रेण विशेषार्घजलेनोत्सृज्य सर्वेऽप्युपचारा यथाशास्त्रं प्रतिपादनीयाः। तदुक्तं स्वतन्त्रे–

अन्यतोयैर्यदुत्सुष्टमर्घपात्रस्थितेतरैः।
न गृह्णाति महादेवी दत्तं विधिशतैरपि॥

यामले–

निवेदयेत् पुरोभागे गन्धपुष्पं च भूषणम्।
दीपान् दक्षिणतो दद्यात् पुरतो वा न वामतः॥

वामतस्तु तथा धूपमग्रतो वा न दक्षिणे।
नैवेद्यं दक्षिणे वामे पुरतो न तु पृष्ठतः॥

योगिनीतन्त्रे–

गन्धपुष्पं तथा धूपो दीपो नैवेद्यमेव च।
यस्य यद् दीयते वस्त्रमलङ्कारादिकाञ्चनम्॥
तेषां दैवतमुच्चार्य कृत्वा प्रोक्षणपूजने।
उत्सृज्य मूलमन्त्रेण प्रतिनाम्ना निवेदयेत्॥

गौतमीये–

अमृतोपस्तरणमसि स्वाहेति जलमर्पयेत्।

दीपिकायाम्–

ग्रासमुद्रां वामदोष्णा विकचोत्पलसन्निभाम्।
प्रदर्शयन् दक्षिणेन प्राणदीनां च दर्शयेत्॥

स्पृशेत् कनिष्ठोपकनिष्ठके द्वे स्वाङ्गुष्ठमूर्धा मुद्रा।
तथा परा तर्जनीमध्यमे स्यादनामिकामध्यमिके च मध्या॥
अनामिकातर्जनीमध्यमाश्च तद्वच्चतुर्थी सकनिष्ठिकास्ताः।
स्यात् पञ्चमी तद्वदिति प्रदिष्टाः प्राणादिमुद्रा निजमन्त्रयुक्ताः॥

मन्त्रास्तु ॐ प्राणाय स्वाहेत्यादयः। तदुक्तं चन्द्रिकायाम्–

प्राणापानसमानोदानव्यानास्तारपूर्वकाः।
चतुर्थ्यग्निनयुक्ताः प्राणमन्त्राः स्मृता अमी॥

ततः पानार्थं पानीयं दत्त्वा देवतां तृप्तां विभाव्य अमृतापिधानमसि स्वहेति प्रत्यापोशनं दद्यात्। तदुक्तं गौतमीये–

क्षणं विमृष्य मतिमान् दद्याद् गण्डूषकं ततः। अमृतापिधानमसि स्वाहेति मनुनाऽमुना॥

दीपिकायाम्–

गण्डूषदन्तधवनाचमनास्यहस्तमृज्यानुलेपमुखवासकमाल्यभूषाम्।
ताम्बूलमप्यभिसमर्प्य सुवाद्यनृत्यगीतैः सुतृप्तमभिपूजयतात् पुरेव॥
गन्धादिभिः सपरिवारमथार्घमस्मै दत्त्वा विधाय
कुसुमाञ्जलिमादरेण।
स्तुत्वा प्रणम्य शिरसा चुलुकोदकेन स्वात्मानमर्पयतु
तच्चरणब्जमूले॥

42. अथोपचारमुद्रा

लक्षणसंग्रहे–

आसने पद्ममुद्रा स्याद् हस्तद्वयमधोमुखम्।

मुद्रैषा कुशलपश्ने तदेवोर्ध्वमुखं पुनः॥
मुद्रा स्यात् स्वागते चार्घमुद्रा त्वञ्जलिरुच्यते।
अनामाङ्गुष्ठयोयोग्गात् सैवोक्ता पाद्यमुद्रिका॥

उत्तानं दक्षहस्तं तु कृत्वा निम्नतलं सुधीः।
कनिष्ठहीनाः संयुक्ताश्चतस्रोऽङ्गुल्य उन्नताः॥

मुद्रैषाचमने प्रोक्ताऽधोमुधी सा त्वनामया।
स्पृष्टाऽङ्गुष्ठा भवेन् मुद्रा मधुपर्के वरानने॥

अधोमुखी दक्षहस्तकृता मुष्टिः कनिष्ठया।
वियुक्ता स्नानमुद्रैषा गदिता परमेश्वरि॥

उत्तानं दक्षिणं हस्तं कृत्वा तन्मध्यमां पुनः।
अङ्गुष्ठेन स्पृशेदेषा मुद्रा वस्त्रस्य कीर्त्तिता॥

एषैवाऽनामिकास्पर्शान् मुद्रा भूषणसंज्ञिका।
कनिष्ठास्पर्शतो ह्येषा उपवीतस्य मुद्रिका॥

ज्येष्ठाग्रेण कनिष्ठाग्रं स्पृशेद् गन्धस्य मुद्रिका।

तन्त्रान्तरे–

मध्यमानामिकाङ्गुष्ठैरङ्गुल्यग्रेण पार्वति।
दद्याच्च विमलं गन्धं मूलमन्त्रेण साधकः॥

अङ्गुष्ठतर्जीभ्यां तु यन्त्रे पुष्पं निवेदयेत्।

तथा–

अधोमुखं करं कृत्वा तर्जन्यग्रे तु योजयेत्।
अङ्गुष्ठाग्रं तु मुद्रेयं पुष्पाख्या परमेश्वरि॥

अङ्गुष्ठाग्रेण तर्जन्याः स्पृशेदग्रं महेश्वरि।
धूपमुद्रेयमाख्याता सर्वदेवप्रियंकरी॥

ज्येष्ठाग्रेण स्पृशेदग्रं मध्यमायाः सुरार्चिते।
दीपमुद्रेयमुदिता सर्वदेवप्रिया शुभा॥

अनामाग्रं स्पृशेद्देवि ज्येष्ठाग्रेण तु देशिकः।
नैवेद्यमुद्रा कथिता देवता तृप्तिकारिणी॥

43. अथावरणपूजा

सोमभुजगावल्याम्–

ततश्च मूलमन्त्रेण त्रिवारं तर्पयेत् सुधीः।
गृहीत्वाज्ञां महादेव्याः परिवारान् समर्चयेत्॥

षडङ्गैः प्रथमः कल्पो गुरुभिस्तु द्वितीयकः।
परिवारैस्तृतीयः स्याल्लोकपालैश्चतुर्थकः॥

तदस्त्रैः पञ्चमः प्रोक्त इति सामान्यतः क्रमः।

यामले–

पाद्यादिना तथा पश्चात् पूजयेदङ्गदेवताः।

मालिनीतन्त्रे–

अथ सर्वज्ञता तृप्तिरनादिबोधसंज्ञिका
स्वतन्त्रताऽन्या नित्या स्यादलुप्तशक्तिरेव च।
षडङ्गदेवता ह्येता नामतः परिकीर्त्तिताः॥

तन्त्रे–

षडङ्गमर्चयेद् देव्या देहेषु केसरेषु च।

केसरेष्वर्चाक्रमो ज्ञानार्णबे–

अग्नीशासुरवायव्यमध्यदिक्ष्वङ्गपूजनम्।

सोमभुजगावल्याम्—

इष्ट्वा हृदयमाग्नेय्यामैशान्यां च शिरो यजेत्।
नैऋत्यां च शिखा पूज्या वायव्यां कवचं यजेत्॥

अभ्यर्च्य पुरतो नेत्रं दिक्षु चास्त्रमथार्चयेत्।

तन्त्रे—

वायव्यादीशपर्यन्तं गुरुपङ्क्तिं समर्चयेत्।

गुरुपङ्क्तिः दिव्यौघ-सिद्धौघ-मानवौघसमुदायः प्रागेवोक्तः स्वगुरुत्रितयं च।

मालिनीतन्त्रे—

गुरुपूजां विना वत्स यदि पूजां समाचरेत्।
तद्दोषसमये वत्स कुलपूजां समाचरेत्॥

विगुणं यत्र यद् वामे गुणं च कुलपूजनात्।

वीराचूडामणौ—

आवाह्य पूजयेत् तस्यामङ्गमावरणैः सह।
बिन्दुमध्ये महेशानि त्रिशक्तिं च प्रपूजयेत्॥

रतिं प्रीतिं प्रियां कान्तिं पुष्पबाणधनुर्धरम्।
मिथुनं पूजयेत् पश्चाद् गायत्रीं चतुराननाम्॥

सावित्रीं चरमां ध्यायेद् पूजयेद् विष्णुदेवताम्।
वागीश्वरीं समावाह्य रुद्रमैथुनमर्चयेत्॥

पङ्क्त्याकारेण देवेशि गुरुमक्षोभ्यमर्चयेत्।
कर्त्तृकां पूजयेत् पश्चात् चिताङ्गारं प्रपूजयेत्॥
षट्कोणे च यजेद् देवि षडङ्गं न्यस्य तर्पयेत्।

प्रणवं पूर्ववर्णं च तन्नामपदमेव च॥

वज्रपुष्पं प्रतीच्छोक्त्वा द्विठान्तमनुमुद्धरेत्।
नामानि च प्रवक्ष्यामि स्थाने स्थाने यथाक्रमम्॥

वीरतन्त्रे–

ततोऽष्टयोगिनी बाह्ये संपूज्य दलमूलतः।
महाकाल्यथ रुद्राणी उग्रा भीमा तथैव च॥

घोराश्च भ्रामरी चैव महारात्रिश्च सप्तमी।
भैरवी चाष्टमी प्रोक्ता योगिनीस्ताः प्रपूजयेत्।

यामले–

चतुर्दिक्षु दले देव्याः पूर्वादिक्रमतोऽर्चयेत्।
पूर्वे वैरोचनं नाम असिताभमथोत्तरे॥

पश्चिमे पद्मनाभाख्यं दक्षिणे शङ्खपाण्डवम्।
विदिक्षु पूजयेत् पश्चादग्निकोणादितः क्रमात्॥

नामकां मामकां चैव पाण्डरां तारकां तथा।
संबोधनयुतं नाम सर्वत्र साधको भवेत्॥

विमलातन्त्रे–

स्वनामाद्यक्षरं बीजं मन्त्रालाभे प्रकीर्तितम्।

यामले–

दलाग्रे च महेशानि ब्राह्म्यादि परिपूजयेत्॥

पूजयेच्च चतुर्द्वारि पद्मान्तकादिकं क्रमात्।
पद्मान्तकं यमान्तकं विघ्नान्तकमतः परम्॥
नरकान्तकं च संपूज्य दिक्पालांश्च प्रपूजयेत्।

मध्ये सूर्यं समभ्यर्च्य गुरुपंक्त्युत्तरे ततः॥

इतरे पुजयेद् बुद्धं पुनर्देवीं प्रपूजयेत्।
पुष्पाञ्जलित्रयं दद्याद् यथासंख्या जपेद् बुधः॥

स्वतन्त्र–

चतुरस्रे लोकपालान् तदस्त्राणि च तद्बहि।

त्रिकोणे मत्स्यसूक्ते तु विशेषः–

कामेश्वर्यादिकाः पूज्यास्त्रिकोणे वह्निमण्डले।
कामेश्वरी दिक्करवासिनी च चण्डनायिका॥ इत्युक्तम्।

ततश्च मूलमन्त्रेण पुष्पाञ्जलित्रयं क्षिपेत्।
रक्तपुष्पाणि चादाय मस्तके कुल्लुकां जपेत्॥

इत्युक्तम्। देवीमौलावक्षोभ्यमपि पूजयेत् मौलावक्षोभ्य-मर्चयेदित्युक्तेः। इदं चावरणपूजायाः प्रागाचरन्ति।

44. अथ पूजादौ दिङ्निरूपणम्

अत्र सर्वत्र दिङ्निरूपिता देवतैव प्रधानत्वात् तेन देवीपश्चाद् वामकोणदग्रवामकोणपर्यन्तं गुरुपंक्तिपूजा सिध्यति।

पूज्यपूजकयोर्मध्ये प्राची प्रकीर्त्यते बुधैः।
तद्दक्षिणं दक्षिणं स्यादुत्तरं चोत्तरं भवेत्॥

इति मानसोल्लासवचनात्।

यष्टुरभिमुखा देवा देवाभिमुखतो दश।
प्राच्यादिहरितो ज्ञेया पूजाहोमादिकर्मणि॥

इति सारसंग्रहवचनाच्च एवं च ''असिताभं तथोत्तर'' इत्यादावपि देवीवामदलं प्रसिद्धदक्षिणदिगवस्थितमेवोच्यते। तेन वामावर्तेन पूजाक्रमः। सम्प्रदायस्त्वत्र–प्रसिद्धप्राच्यादिक्रमेणैव।

ब्राह्म्यादिपूजनं तु देव्यग्रदलमारभ्य प्रादक्षिण्येनैव विशेषानभिधानात्।

अथावरणपूजाः स्युः पुर प्राचीं प्रकल्पयेत्।
तदादिपरिवाराणां प्रादक्षिण्येन पूजनम्॥

इति नृसिंहकल्पवचनाच्च। एवमग्रेऽपि बोध्यम्। इदन्त्ववधेयम्—देवतावाहनात् प्राग् आग्नेयादिकोणे धर्मादीनां पूर्वादीनां पूर्वाद्यष्टकेशरेषु पीठशक्तीनां पूजनं सम्मुखप्राचीत्व-कल्पनानुसारेण बोध्यम्। पूज्यस्यानावाहितत्वेन तदानीं पूज्यपूजकयोरन्तत्वाभावात्।

उत्तराशामुखो देवि यदा चक्रं समुद्धरेत्।
उत्तराशा तदा ज्ञेया पूर्वाशैव न संशयः॥

ईशानकोणं देवेशि तदाग्नेयं न संशयः।
पश्चिमाभिमुखो मन्त्री यदा चक्रं समुद्धरेत्॥

पश्चिमाशा तदा ज्ञेया पूर्वाशैव न संशयः।
वायुकोणं तदाऽऽग्नेयमीशानं राक्षसं भवेत्॥

दक्षिणाशामुखो मन्त्री यदा चक्रं समुद्धरेत्।
पूर्वाशैव तदा रक्षो रक्षःकोणं तु वह्निमत्॥

इति ज्ञानार्णववचनस्यान्योपपादयितुमशक्यत्वात्। पश्चिमाशाद्यभिमुखत्वं काम्यपूजाविशेषपरम्। नित्यपूजायां—"प्रागाननोऽथ धनददिग्वदनोऽथ इत्यादिना दिग्द्वयस्यैव नियमनात् केचित् तु इन्द्रादीन् साहजिकप्राच्यादिकेण पूजयन्ति। तत्र प्रमाणं चिन्तयम्।

45. अथावरणदेवताध्यानम्

शारदातिलके—

इन्द्रकोणे लसद्दण्डकुण्डिकाक्षगुणाभयाम्।

गायत्रीं पूजयेन् मन्त्री ब्रह्माणमपि तादृशम्॥

रक्षः कोणे शङ्ख-चक्रगदा-पङ्कज-धारिणीम्।
सावित्रीं पीतवसनां यजेद् विष्णु च तादृशम्॥

वायुकोणे परश्वक्ष-मालाभयकरान्विताम्।
यजेत् सरस्वतीमच्छां रुद्रं तादृशलक्षणम्॥।

अत्रेन्द्रकोण इत्यादिना देवताप्राच्यादीनामेव पूर्वादित्त्वाभिधानम्। षडङ्गदेवतानां तत्रैव ध्यानम्।

तुषारस्फाटिकश्याम-नीलकृष्णारुणार्चिषः।
वरदाभयधारिण्यः प्रधानतनवः स्त्रियः॥

ध्यातव्या विदुषा तेन क्रमेणैवाऽङ्गदेवताः।

प्रधानतनव इति। वैकल्पिकं ध्यानान्तरमिति राघवभट्टाः। दलमूले महाकालादिध्यानं मूलदेवतावद् विशेषानभिधानात्। वैरोचनादिध्यानं तन्त्रान्तरे–

वैरोचनं द्विहस्तं च यष्टितोमरधारिणम्।
पीतं वृषासनगतं त्रिनेत्रं भक्तवत्सलम्॥

शङ्खं त्रिशिरसं देवमसिमताभं हिरणमयम्।
पुस्तकाभीतिवरदं विमलं शशवाहनम्॥

शङ्खं त्रिशिरसमिति। अन्यदसिताभवत्। पुस्तकेत्यादि। एकस्यैव पुस्तकस्य हस्ताभ्यां धारणाच्चतुर्भुजत्वं बोध्यम्। एवमगेऽपि।

पद्मनाभं दन्तिवक्त्रं पुस्तकं वरदाभयम्।
पाशं च विधृतं देवं त्रिनेत्रं वरदं शुभम्॥

श्वेतां त्रिनेत्रां वरदां पुस्तकाभयधारिणीम्।
मामकां वलयदेवेन संयुक्तेन विभाविताम्॥

कृष्णां करालवदनां नामकां नवयौवनाम्।
गोधिकायां समारूढां शिखिरूढां च तारकाम्॥

पाण्डरां श्वेतबीजेन चतुर्बाहुसमन्विताम्।
रक्तां लम्बोदरीं ध्यायेत् पञ्चप्रेतासनस्थिताम्॥

हस्तध्यानं तु सर्वासां मामकावत्।

पूर्वबीजं समुच्चार्य तारां श्यामां समर्चयेत्।
पूर्वादिपद्मपत्रेषु पुनर्बीजेन शाङ्करि॥

नमोऽन्तेन ध्रुवाद्येन प्रतिश्लोकेन चार्चयेत्॥

46. अथ ब्राह्म्यादीनां ध्यानम्

शारदायाम्–

दण्डं कमण्डलु पश्चादक्षसूत्रमथाभयम्।
बिभ्रती कनकच्छाया ब्राह्मी कृष्णाजिनोज्ज्वला॥

शूलं परश्वधं क्षुद्रदुन्दुभिं नृकरोटिकाम्।
वहन्ती हिमसङ्काशा ध्येया माहेश्वरी शुभा॥

अङ्कुशं दण्ड-खट्वाङ्गौ पाशं च दधती करैः।
बन्धूकपुष्पसङ्काशा कौमारी वरदायिनी॥

चक्रं घण्टां कपालं च शङ्खं च दधती करैः।
तामालश्यामला ध्येया वैष्णवी विभ्रमोज्जवला॥

मुषलं करवालं च खेटकं दधती हलम्।
करैश्चतुर्भिर्वाराही ध्येया कालघनच्छविः॥

अङ्कुशं तोमरं विद्युत् कुलिशं दधती करैः।
इन्द्रानीलनिभेद्राणी ध्येया सर्वसमृद्धिदा॥

शूलं कृपाणं नृशिरः कपालं दधती करैः।
मुण्डस्रङ्मण्डिता ध्येया चामुण्डा रक्तविग्रहा॥

अक्षस्रजं बीजपुरं कपालं पङ्कजं करैः।
वहन्ती हेमसङ्काशा महालक्ष्मी समीरिता॥

केचित् तु–कालीप्रकरणोक्त-ब्राह्मी-नारायणीत्याद्यष्टकमेवात्र पूजयं "यथा काली तथा तारे" त्युक्तेरिति वदन्ति। तासां च ध्यानं तत्रैव वक्ष्यते।

47. अथेन्द्रादिध्यानम्

तूर्णायागे–

इत्थमावरणं सम्यगभ्यर्च्य मनुवित्तमः।
अन्ते यजेल्लोकपालास्तेषामास्त्राणि च क्रमात्॥

इन्द्रं सुराधिपं पीतं वज्रहस्तं सवाहनम्।
अग्निं तेजोऽधिपं रक्तं शक्तिहस्तं सुभुषणम्॥
यमं प्रेताधिपं कृष्णं दण्डहस्तं समर्चयेत्।
रक्षोऽधिपं निर्ऋतिं च खड्गहस्तं सुधूम्रकम्॥

पाशहस्तं सुशुभ्राङ्गं वरुणं यादसांपतिम।
वायुं प्राणाधिपं धूम्रमङ्कुशाढ्यकरं यजेत्॥

यक्षपतिं कुबेरं च शक्लवर्णं गदाकरम्।
विद्याधिपं तथेशानं स्वच्छं शूलकरं यजेत्॥

नागाधिपं तथाऽनन्तं गौरं चक्रधरं यजेत्।
लोकाधिपं विधातारं रक्तं पद्मकरं यजेत्॥

ऐरावतं तथा मेषं महिषं मृतपुरुषम्।
मकरं मृगम(श्व) त्त्यौ च वृषं च रथ-हंसकौ॥

इन्द्रादिलोकपालानां वाहनानि विदुर्बुधाः।
वज्रं पीतं सितां शक्तिं दण्डं कृष्णं समर्चयेत्॥

खड्गमाकाशसंकाशं पाशं विद्युन्निभं स्मरेत्।
अङ्कुशं रक्तवर्णं च शुक्लवर्णां गजां यजेत्॥

त्रिशूलं नीलवर्णं च यजेत् मन्त्री ततः परम्।
रथाङ्ग करबिन्दाभं पद्मं रक्तं समर्चयेत्॥

लोकपालायुधान्येवं क्रमेण परिपूजयेत्।

अत्र यद्यपि हृदयादिषडङ्गानामिन्द्रादीनां च पूजने तन्त्रान्तरे मन्त्रान्तराण्युक्तानि तथापि तानि देवतान्तरावरणपूजापराणि। अत्र च–

वज्रपुष्पं प्रतीच्छेति हूं फट् स्वाहेति चान्ततः।
अनेन मनुना सर्वान् परिवारान् समर्चयेत्॥

इति वीरतन्त्रादिवचनात् वज्रपुष्पमित्यादिमन्त्रेणैव सकलपरिवाराणां पूजनम्। इन्द्रादिपूजोत्तरं लोकपालमुद्रा प्रदर्शनीया। तदुक्तं तन्त्रे–

पाणिमूले सुसंलग्ने शाखाः सर्वाः प्रसारिताः।
लोकेशानामियं मुद्रा तेषामर्चासु दर्शयेत्॥

तूर्णायागे–

अभीष्टसिद्धिं मे देहि शरणागतवत्सले।
भक्त्या समर्पयेत् तुभ्यं प्रथमावरणार्चनम्॥

इति पुष्पाञ्जलिं दद्यात् प्रणमेदतिभक्तितः।
प्रत्यावरणमेवं तु तत्तन्नाम्ना समर्पयेत्।

स्वतन्त्रे–

ततः पुनर्मूलदेवी मुद्रातर्पणपूजनैः।

अर्चयित्वा जपं कृत्वा विसर्जयेत् ततः परम्॥

मुद्रा योन्याख्या। पूजाप्रकारस्तूर्णयागे उक्तः-

पुनर्मूलं समुच्चार्य साङ्गायै सपरीति च।
वारायै नाम देव्याश्च चतुर्थ्यन्तमुदीर्य च॥

नम इत्यर्चयेत् गन्धपुष्पाद्यैः साधकस्त्रिधा।

48. अथ बलिदानम्

त्रिशक्तिरत्ने-

वामभागे त्रिकोण च वृत्तं भूपुरमेव च।
विधाय रक्तमाल्याद्यैरर्चयित्वा यथविधि॥

वक्ष्यमाणेन मनुना बलिं देव्यै निवेदयेत्।
ध्रुवं लज्जां समुच्चार्य ङेन्तामेकजटां वदेत्॥

महायक्षाधिपायै स्यादुपनीतबलिं यथा।
गृह्ण गृह्णापय द्वन्द्वं मम सर्वपदादथ॥

शान्तिं कुरुयुगं ब्रूयात् परविद्यामतः परम्।
आकृष्य-युगलादन्ते त्रुटिछिन्धियुगं वदेत्॥

व्रीडावह्निवधूप्रान्ता बलिमन्त्रोऽयमीरितः।

बलिपात्रोदकेन विशेषार्घ्योदकेन वोत्स्त्रष्टव्यः।

नरसिंहपुराणे-

आर्द्रामलकमानेन कुर्याद्धोमहविर्बलीन्।

छागादिबलिविधिरग्रे वाच्यः। प्रथमं कुल्लुकं जप्त्वैव तारामन्त्राः प्रजप्तव्याः।

तदुक्तं त्रिशक्तिरत्ने-

अजप्त्वा कुल्लुकं मन्त्रमस्मृत्वा श्रीपति हरिम्।
यो जपेत् तारिणीमन्त्रं नरके स निलीयते॥

जपित्वा कुल्लुकं मन्त्रमष्टोत्तरशतं सुधीः।
प्रजपेत् तारिणी पश्चान् नान्यथा सिद्धिमाप्नुयात्॥

धृत्वा तु कुल्लुकं हस्ते महादेवीं समर्चयेत्।
अथवा मुर्ध्नि विन्यस्य पूजयेत् प्रजपेदपि॥

ब्रह्मसंहितायाम्–

अक्षोभ्यस्य मनुं त्यक्त्वा देवीं तारां जपेद् यदि।
सिद्धिहानिर्भवेत् तस्य रौरवं नरकं व्रजेत्॥

तथा–

अक्षोभ्यस्य मनुं विप्र कवचं सारमुत्तमम्।
अतिगुह्यं महाध्यानं सर्वध्यानेषु चोत्तमम्॥

अग्रे मनुं प्रवक्ष्यामि ध्यानं चैव ततः परम्।
कवचं च ततः पश्चात् कथयामि क्रमेण तु॥

अनुत्तरं समुद्धृत्य प्रपञ्चमविभूषितम्।
अक्षोभ्येति च स्वाहेति रमाद्यन्तं महामनुः॥

अनुत्तरः अकारः। पञ्चमो मकारः। तेन बिन्दुः।

स्वयं ऋषिश्च संप्रोक्तो विराट् छन्द उदीरितः।
अक्षोभ्यो देवता प्रोक्तस्त्रिमूर्त्तिर्नागरूपधृक्।
विनियोगस्तु नियतं पुरुषार्थचतुष्टये॥

अथ ध्यानं प्रवक्ष्यामि सर्वसौभग्यदायकम्।
सहस्त्रादित्यसङ्कशं नागरूपधरं शुभम्॥

विद्युत्कोटिसमं वक्त्रं वह्निभास्वरलोचनम्।

सार्धत्रिवलयोपेतं जटाकोट्यग्रसंस्थितम्।।

महालावण्यसंयुक्तं सुरासुरैर्नमस्कृतम्।
सूर्यविद्युत्समाभासं महामणिशिखोपरि।।

एदद्रूपं महाकायं देवैरपि सुपूजितम्।

शिव उवाच–

अस्य कवचस्य ब्रह्मविष्णुरुद्रा ऋषयो विराट्छन्दोऽक्षोभ्यो देवता श्रीं बीजं स्वाहा शक्तिर्धर्मार्थकाममोक्षार्थं जपे विनियोगः।

श्रीं बीजं शिरसे अव्यादादिबीजं च भालके।
अकारः कण्ठं में अव्यात् क्षोकारो हृदि रक्षतु।।

भकारो नाभिं में अव्याद् यकारो गुह्यदेशके।
मन्त्रशक्तिश्च सर्वाङ्गे बीजं नेत्रद्वयेऽवतु।।

सर्वभावैश्च अक्षोभ्यो बाहू द्वौ रक्षयेत् सदा।
ब्रह्मा रक्षतु पादौ द्वौ विष्णु रक्षतु जानुनी।।

मूलाधारं शिरो मेऽव्याद् स्वाधिष्ठाने वृषोऽवतु।
मणिपुरे सदा अव्यात् शिवस्य गृहिणी च मे।।

अनाहताम्बुजं मेऽव्यादिन्द्रादिदशदेवता।
विशुद्धचक्रे सततं रक्षां करोतु मे रविः।।

महेश्वरः सदा रक्षेदाज्ञाचक्रं सुशोभनम्।
ब्रह्मशुक्रं च मे रक्षेन् नाभिं रक्षतु भैरवी।।

दिव्यादिगुरुपंक्तौ च सर्वत्राक्षोभ्य उच्यते।
एवं क्रमविधानेन कवचं च जपेच्छुचिः।।

त्रिसन्ध्यं यः पठेन् नित्यं श्रद्धाभक्तिसमन्वितः।
सिद्ध्यह्यानिर्भवेत् तस्य नात्र कार्या विचारणा।।

49. अथ मालाविधिः

एतन्मन्त्रजपे तु वीरस्य रहस्यमाला मुख्या प्रशस्ता च। तथाहि त्रिशक्तिरत्ने–

रहस्यमालया जप्ता तारिणी सिद्धिदा भवेत्।
अतस्तया प्रजप्तव्या मालया सिद्धिमिच्छता॥

महाशङ्खमयी माला पञ्चाशन्मणिनिर्मिता।
रहस्यमाला संप्रोक्ता गोपनीया प्रयत्नतः॥

कर्णनेत्रान्तरालास्थि महाशङ्खः प्रकीर्त्तितः।
तदभावे तु कस्यापि कर्त्तव्याऽवयवस्य वै॥

महाशङ्खे नृशिरोऽस्थि। तच्चादग्धं विहितमिति सम्प्रदायविदः। यामले–

नरेभाश्वोष्ट्रमुण्डानां छिन्नानां रणसंकटे।
मालां वै कारयेद् वृत्तां महाविद्यासु साधकः॥

तदभावे सफटिकी स्यान् माला सर्वत्र सिद्धिदा।

मुण्डमालायाम्–

अङ्गुष्ठस्थामक्षमालां चालयेन् मध्यमाग्रतः।
अशुचिर्नस्पृशेदेनां करभ्रष्टां न कारयेत्।

त्रिशक्तिरत्ने–

अथवा मातृकामय्या मालया प्रजपेद् बुधः।
एकैकं वर्णमुच्चार्य वर्णेनान्तरितं जपेत्॥

सुधीरेव लकारान्तं तत आन्तं समानयेत्।
मेरुरूपं क्षकारं हि साधको नैव लङ्घयेत्॥

मुण्डमालायामपि–

अनुलोमविलोमस्थक्लृप्तया वर्णमालया।
आदिवर्णक्रमेणैव लान्तं च परमेश्वरि॥

क्षकारं मेरुरूपं तु लङ्घयेन्न कदाचन।
मेरुहीना च या माला मेरुलङ्घ्या च या भवेत्॥

अशुद्धा तु भवेदत्र सा माला निष्फला भवेत्।
चित्रिणी विशतन्त्वाभा ब्रह्मनाडी गता तु या॥

तया संग्रथिता ध्येया सर्वकामफलप्रदा।
अष्टोत्तरशतजपे त्वादौ क्लीबं समुच्चरेत्॥

ऋ-ॠ-लृ-ॡ-वर्णचतुष्टयं क्लीबं प्रचक्षते।
वर्गाणामष्टकं वापि काम्यभेदक्रमेण तु॥

अ-क-च-ट-त-प-य-शा इत्येवं चाष्टवर्गकम्।

अष्टोत्तरशतजपे कर्त्तव्ये क्लीबचतुष्टयमादावुच्चार्य विलोमसमाप्तवपि तच्चतुष्टयं विलोमेन जपेदित्येकः कल्पः। अनुलोमविलोमाभ्यां पञ्चाशद् वर्णानुच्चार्य शेषेऽष्ट-वर्गाक्षराण्युच्चरेदिति अपरः कल्प इत्यर्थः। यामले–

सबिन्दुं वर्णमुच्चार्य पश्चान् मन्त्रं जपेत् सुधीः।
क्षं मेरुं कल्पयित्वा तु जपेत् तन्नाऽभिलङ्घयेत्॥

क्षं सकृदेव मेरुत्वेन शुद्धमुच्चरेत् न तु तदुत्तरं मन्त्रमुच्चरेदित्यर्थः। तथा कुलमूलावतारे सारसंग्रहे च–ब्रह्मनाडीगतानादिक्षान्तानर्णान् विभाव्य च।

अर्णं बिंदुयुतं कृत्वा श्रेष्ठं मन्त्रं जपेत् सुधीः॥

अकारादिषु संयोज्य तथा कादिषु च क्रमात्।
क्षार्णं मेरुमथो तत्र कल्पयेज् जगदीश्वरीम्॥

तदा लिपिर्भवेदक्षमालार्धशतसंख्यया।
अनया सर्वमन्त्राणां जपः सर्वार्थसाधकः॥

तथा–

अकारादिक्षकारान्तं पञ्चाशन्मणिसूत्रकम्।
क्षकारं मेरुसंस्थाने लकारादिवविलोमतः॥

वर्गाष्टकविभेदेन शतमष्टोत्तरं भवेत्।
एकैकान्तिरितं मन्त्रं यथादेवं फलप्रदम्॥

अनुलोमविलोमस्थैः क्लृप्तया वर्णमालया।
प्रत्येकमन्त्रार्णयुता जप्ताः स्युः शीघ्रसिद्धिदाः।
वैरिमन्त्रा अपि नृणामन्ये मन्त्राश्च किं पुनः॥

तेनाऽन्यत्र मालापदप्रयोगो गौणः। तथा–

पञ्चविंशतिभिर्मोक्षस्त्रिंशद्भिर्धनसञ्चयः।
सर्वार्थाः सप्तविंशत्या पञ्चदश्याऽऽभिचारिकम्॥

पञ्चाशद्भिः कर्मसिद्धिः स्यात् तथा चतुरुत्तरैः।
सप्तविंशतिभिश्चाक्षैः सर्वसाधारणो जपः॥

मन्त्रतन्त्रप्रकाशे–

अङ्गुलीजपसंख्याने जपमेकगुणंस्मृतम्।
रेखास्वष्टगुणं विद्यादक्षैश्च शतसंगुणम्॥

तत्राऽङ्गुलिजपं कुर्वन् साङ्गुष्ठाङ्गुलिभिर्जपेत्।
अङ्गुष्ठनं विना कर्म कृतं तदफलं भवेत्॥

अङ्गुलीपर्वभिर्मन्त्रं जपन् नित्यं प्रकल्पयेत्।

तथा तन्त्रान्तरे–

अनामिकाद्वयं पर्वं कनिष्ठादिक्रमेण तु।

तथा–

अनामामध्यामापर्व मेरुं कृत्वा न लङ्घयेत्॥

तर्जन्यग्रे मध्यमें च यो जपेदत्र साधकः।
चत्वारि तस्य नश्यन्ति आयुर्विद्या यशो धनम्॥

तथा–

आरभ्याऽनामिकामूलात् प्रादक्षिण्यक्रमेण तु।
मध्यमामूलपर्यन्तं जपेदष्टसु पर्वसु॥

अनामामध्यमं पर्वं मेरुं कृत्वा न लङ्घयेत्।

इदं च त्रिपुरसुन्दरीभिन्नशक्तेरष्टोत्तरशतसंख्याजपविषयम्। शतमन्त्रजपे तु अनामामध्यमारभ्य तर्जनीमूलपर्यन्तं दशधा जपमात्रं बोध्यम्। तन्त्रान्तरे–

अनामामूलमारभ्य प्रादक्षिण्यक्रमेण तु।
तर्जनीमूलपर्यन्तं जपेन् नवसु पर्वसु॥

मध्यमात्रितयग्राह्यमनामामूलमेव च।
अनामामध्यमं चैकं मेरुं कृत्वा न लङ्घयेत्॥

इदं द्वादशावृत्या अष्टोत्तरशतसंख्यजपपरम्। सौन्दर्या तु यामले–

अनामामध्यमायाश्च मूलाग्रं तु द्वयं द्वयम्।
कनिष्ठायाश्च तर्जन्यास्त्रयं पर्व महेश्वरि॥

अनामामध्यमायाश्च मेरुं स्याद् द्वितयं शुभम्।

प्रदक्षिणक्रमाद् देवि जपेत् त्रिपुरसुन्दरीम्॥

वैष्णवादौ तु सनत्कुमारसंहितायाम्–

अनामामध्यमारभ्य कनिष्ठादित एव च।
तर्जनीमूलपर्यन्तं दशपर्वसु संजपेत्॥

तथा–

अङ्गुलीर्न वियुञ्जीत जपकाले कदाचन।
अङ्गुलीनां वियोगेन छिद्रेषु स्रवते जपः॥

नोल्लङ्घयेच्च गणनां किञ्चित् संकोचयेत् तलम्।
नित्यं जपं करे कुर्यान् न तु काम्यं कदाचन॥

काम्यमपि करे कुर्याद् यदि माला न विद्यते।

न विद्यत इति। न विहिताऽस्तीत्यर्थः। अत एव कुलामृते–

शुद्धिरूपा यदा देवी मनः पीठार्चनं तदा।
पूर्वमेव मया प्रोक्तं सहोमं ते विशेषतः॥

वर्णमय्या मनोमय्या जपो मानस उच्यते।
मालया देवदेवेशि मोक्षदः कामदस्तथा॥

चितिरूपा यदा देवी कुलकुण्डलिनी परा।
यन्त्रे पूजा तदा ज्ञेया होमकुण्डे विधीयते॥

मण्यादि–गुटिकामय्या जपश्चैवाक्षमालया।
उपांशुः स्यान् महादेवि शीघ्रसिद्धिप्रदायकः॥

योनिरूपा यदा देवी पूजयेद् योनिमण्डले।
होमस्तत्रैव देवेशि मैथुनेन विधानतः॥

जपः कार्यो महेशानि तथैव करमालया।

इत्युक्तम्। कुलमूलावतारे–

मणयः शङ्खसम्भूताः प्रोक्ता लक्ष्मीप्रदायकाः।
मुक्तिप्रदाः स्फटिकजाः पद्माक्षाः पुष्टिवर्धनाः॥

भुक्तिमुक्तिप्रदाः पुण्या रुद्राक्षाः सर्वसिद्धिदाः।
पुत्रजीवभवाः पुत्रपशुधान्यर्द्धिसिद्धिदाः॥

विद्रुमोत्थाश्च मणयो धनसौभाग्यवश्यदाः।
मौक्तिका मुक्तिदाः प्रोक्तास्तथा सर्वसमृद्धिदाः॥

पापामहाः कुशमयाः कामदाः स्वर्णरूप्यजाः।

शारदातिलके–

रुद्राक्षमालिका सूते जपेन स्वमनोरथान्।
पद्माक्षैर्विहिता माला शत्रूणां नाशिनी मता॥

कुशग्रन्थीमयी माला सर्वपापप्रणाशिनी।
पुत्रजीवफलैः क्लृप्ता कुरुते पुत्रसम्पदम्॥

निर्मिता रूप्यमणिभिर्जपमालेप्सितप्रदा।
हिरणमयैर्विरचिता माला कामान् प्रयच्छति॥

प्रबालैर्विहिता माला प्रयच्छेत् पुष्कलं धनम्।
सौभाग्यं स्फाटिकी माला मौक्तिकैर्विहिता श्रियम्॥

निर्मिता सङ्खमणिभिः कुरुते कीर्तिमव्ययाम्।
सर्वैरेभिर्विरचिता माला स्यान् मुक्तये नृणाम्॥

एतेन–

इन्द्राक्षैर्यदि जप्येत रुद्राक्षैः स्फाटिकैस्तथा।
नान्यन्मध्ये प्रयोक्तव्यं पुत्रजीवादिकं च यत्॥

यद्यन्यत् तु प्रयुञ्जीत मालायां जपकर्मणि।
तस्य कामं च मोक्षं च न ददाति प्रियंकारी॥

जन्मान्तरे जायते च सर्वो वेदान्तपारगः।
मित्रलाभं ततो देवि चण्डालैः पापकर्मभिः॥

इत्युत्तरतन्त्रवचनं समस्तव्यतिरिक्तकिञ्चित् प्रक्षेपपरमिति ज्ञेयम्। नारदः–

कुशग्रन्थ्या जपेद् विप्रः सुवर्णमणिभिर्नृपः।
पुत्रजीवैर्जपेद् वैश्यः पद्माक्षैः सर्व एव च॥

तन्त्रे–

तथामलकसम्भूतैस्तुलसीकाष्ठनिर्मितैः।
एभिश्च मालिकां कुर्यान् मतिमान् वैष्णवे मनौ॥

गोपालस्य शुक्लपद्माक्षं प्रशस्तम् ''समाहितमनाः शुक्लपद्मबीज-क्षमालये''ति गौतमवचनात्। नारदपञ्चरात्रे–

जपस्य गणनं प्राहुः पद्माक्षैर्भक्तिवर्धनैः।

यस्तु भगवतो भूत्वे''त्युपक्रम्य ''रुद्राक्षैश्चोत्तमे''ति वराहवचनात् वैष्णवानामपि रुद्राक्षमाला प्रशस्ता। रुद्राक्षमालया दिवा शक्तिमन्त्रजपो निषिद्धः। तदुक्तं योगिनीतन्त्रे–

रुद्राक्षैः शक्तिमन्त्रस्तु अह्नि यो जपति प्रिये।
स दुर्गतिमवाप्नोति निष्फलस्तस्य तज्जपः॥

इति भैरवीविद्यायाम्। वाराहीतन्त्रे–

सुवर्णमणिभिर्मालां स्फाटिकीं शङ्खनिर्मिताम्।
प्रबालैरेव वा कुर्यात् पुत्रजीवं विवर्जयेत्॥

पद्माक्षैश्चैव रुद्राक्षमिन्द्राक्षं च विशेषतः।

50. अथ मालासंस्कारकालः

योगिनीतन्त्रे–

द्वादश्यां वैष्णवी माला कर्त्तव्या साधकोत्तमैः।
मन्त्रज्ञैर्विष्णुमन्त्रेण दिव्यभागे प्रयत्नतः।

दिव्यभागे पूर्वाह्ने। तथा–

शक्तीनामपि कर्त्तव्या भुक्त्वा रात्रौ यथाविधि।
अष्टम्यां च नवम्यां च चतुर्दश्यां तथैव च॥

त्रयोदश्यां तथा कुर्याच्छिवस्याऽपि सुरेश्वरि।

51. अथ मालासंस्कारः

योगिनीतन्त्रे–

पट्टसूत्रकृता माला देव्याः प्रीतिकरी सदा।
कार्पासैर्वैष्णवी माला पद्मसूत्रैरथापि वा॥

ऊर्णाभिर्वल्कलेनाऽपि शैवी माला प्रशस्यते।

कार्पाससूत्रे विशेष उक्त उमाहेश्वरसंवादे–

या जीववत्सका नारी सुन्दरी पतिवल्लभा।
तया कर्त्तितसूत्रेण व्यूढा माला शुभावहा॥

मरुसूत्रेण पट्टेन त्रसरेण विनिर्मिता।
निर्मिता स्वर्णरजतैः स्वर्णेनापि शुभावहा॥

कन्यकर्त्तितसूत्रेण ग्रथिता गुरुणा स्वयम्।
मण्डलीकृतगोपुच्छरूपधृङ् मालिका शुभा॥

हारिद्रं सर्वथा सूत्रं ग्रामकार्पससम्भवम्।
चैत्रकार्पासजं वाथ त्यजेद् ग्रन्थनकर्मणि॥

योगिनीतन्त्रे–

ततो द्विजेन्द्रपुण्यस्त्रीनिर्मितं ग्रन्थिवर्जितम्।
त्रिगुणं त्रिगुणीकृत्य सूत्रं प्रक्षालयेत् ततः॥

प्रक्षालयेत् पञ्चगव्येन। ''पञ्चगव्यैश्च क्षालयेदि''ति वचनात्। तन्त्रे–

गोमूत्रं गोमयं क्षीरं दधि सर्पिः कुशोदकम्।
पञ्चगव्यमिति प्रोक्तं महापातकनाशनम्॥ इति।

पञ्चगव्यपरिमाणं तु–गौतमीये–

पलमात्रं दुग्धभागं गोमूत्रं तावदिष्यते।
घृतं च पलमात्रं स्याद् गोमयं तोलकद्वयम्॥

दधि प्रसृतिमात्रं स्यात् पञ्चगव्यमिदं स्मृतम्।
अथवा पञ्चगव्यानां समानो भाग उच्यते॥

एकभुक्तिं विधायादौ साधको ग्रथयेत् स्वयम्।
कृतनित्यक्रियः शुद्ध उक्तेष्वक्षेषु मन्त्रवित्॥

यथाकामं यथालाभमक्षाण्यानीय यत्नतः।
अन्योन्यसमरूपाणि नातिस्थूलकृशानि च॥

कीटादिभिरदुष्टानि न जीर्णानि नवानि वै।
गव्यैस्तु पञ्चभिस्तानि प्रक्षाल्य तु पृथक् पृथक्॥

आदौ पूर्वदिने शक्तिव्यतिरिक्तपरमिति ज्ञेयम्।

अश्वत्थपत्रैर्नवकैः पद्माकारेण कल्पिते।
सूत्रे मणींश्च गन्धाद्भि क्षालितास्तत्र निःक्षिपेत्॥

तारं शक्तिं मातृकाश्च सूत्रे चैव मणिष्वथ।
विन्यस्य पूजयेदाज्यैर्जुहुयाच्चौव शक्तितः॥

तथा–

मणिमेकैकमादाय सूत्रे तत्र तु योजयेदत्॥

तन्त्रान्तरे तु–

एकैकं मातृकावर्णं सतारं प्रजपन् सुधीः।
मणिमादाय सूत्रेण ग्रथयेन् मध्यमध्यतः॥

ब्रह्मग्रन्थिं विधायेत्थं मेरुं च ग्रन्थिसंयुतम्।
ग्रथयित्वा पुरो मालां ततः संस्कारमारभेत्॥

गौतमीये यामले च–

एवं विधाय मालां वै शौधयेत् परमेश्वरि।
अश्वत्थपत्रनवकैः पद्माकारं तु कल्पयेत्॥

तन्मध्ये स्थापयेन् मालां मातृकां मूलामुच्चरन्।
क्षालयेत् पञ्चगव्येन सद्योजातेन सज्जलैः॥

तन्त्रे–

प्रत्येकं मन्त्रयेन् मन्त्री पञ्चमेन सकृत् सकृत्।

गौतमीये–समुदायमालामधिकृत्य–

पञ्चमेनैव मन्त्रेण शतान् न्यूनेन मन्त्रयेत्। इत्युक्तम्।

माले माले महामाले सर्वतत्त्वस्वरूपिणि।
चतुर्वर्गस्त्वयि न्यस्तस्तस्मान्मे सिद्धिदा भव॥

मायाबीजादिकं कृत्वा रक्तपुष्पैः समर्चयेत्।
मन्त्रयेन् मूलमन्त्रेण क्रमेणोत्क्रमयोगतः॥

थैव मातृकावर्णैर्मन्त्रयेत् मन्त्रतत्त्ववित्।

योगिनीतन्त्रे–

होमकर्म ततः कुर्याद् देवताभावसिद्धये।
अष्टोत्तरशतं हुत्वा सम्पाताज्यं विनिःक्षिपेत्॥

होमकर्मण्यसक्तश्चेद् द्विगुणं जपमाचरेत्।
त्वं माले सर्वलोकानां सर्वसिद्धिप्रदा मता॥

तेन सत्येन मे सिद्धिं देहि मातर्नमोस्तु ते।
इत्युक्त्वा परिपूज्याऽथ गोपयेद् यत्नतो गृही॥

शैवागमे–

गोपुच्छसदृशी कार्या एकाग्रीवा समेरुका।

उत्तरतन्त्रे–

एको मेरुस्तत्र देयः सर्वेभ्यः स्थूलसम्भवः।
विन्यसेत् क्रमतस्तस्मात् सर्पाकारा च सा यतः॥

ब्रह्मग्रन्थियुतं कुर्यात् प्रतिबीजं यथाविधि।
अथवा ग्रन्थिरहितं दृढरज्जुसमन्वितम्॥

त्रिरावृत्त्याथ मध्येन चार्धावृत्त्याऽन्तदेशतः।
ग्रन्थिः प्रदक्षिणावर्तो ब्रह्मग्रन्थिरितीरितः॥

रुद्राक्षे तु विशेषः–कालोत्तरे उक्तः–

स्कन्द उवाच–

देव देव महादेव सृष्टिस्थितिलयेश्वर।
रुद्राक्षैर्जपमाला तु कथं कुर्यान् महेश्वर॥

संस्कारश्च नाथ कर्त्तव्यः कीदृशं फलम्।

ईश्वर उवाच–

शृणु षण्मुख वक्ष्यामि रुद्राक्षैः क्रियते यथा।

जपमाला विधानेन येन सा जपसिद्धिदा।।

एकवक्त्रैर्द्विवक्त्रैश्च चतुर्वक्त्रैश्च पञ्चभिः।
षड्वक्त्रैर्वाथ कर्त्तव्या मिथो मिश्रांस्तु वर्जयेत्।।

मुखे मुखं कर्तव्यं पुच्छं पुच्छे तु योजयेत्।
धात्रीफलप्रमाणेन श्रेष्ठमेतदुदाहृतम्।।

बदराण्डप्रमाणेन न कार्ये मध्यमाधमे।
नवत्रितन्तुना चैनद् ग्रथनीयं समं स्पृशन्।।

अस्योर्ध्ववक्त्रं मेर्वाख्यं कर्त्तव्यं तन्न लङ्घयेत्।
क्षालयेत् सद्योजातेन वामदेवेन घर्षयेत्।।

धूपयेदथ घोरेण लेपयेत् तत्पुरुषेण तु।
मन्त्रयेत् पञ्चमेनैव प्रत्येकं तु शतं शतम्।।

मेरुं च पञ्चमेनैव तथा घोरेण मन्त्रयेत्।
मुद्राष्टकं दर्शयित्वा प्रत्येकं पूजयेत् क्रमात्।।

ग्रथितं पञ्चभिः पूज्यं पूर्ववच्च यथाविधिा।
रुद्राक्षाणामयं प्रोक्तः संस्कारः श्रुतिनोदितः।।

इतरेषु च तन्त्रोक्तः कर्त्तव्यो गुहासाधकैः।

क्षालयेत् पञ्चगव्येनेति शेषः।

क्षालयेत् पञ्चगव्येन सद्योजातेन सज्जलैः।

इति वचनात्। घर्षयेच्चन्दनागुरुगन्धाद्यैरिति। लेपयेच्चन्दनसौगन्धि-कस्तूरीकुङ्कुमादिभिरिति। मुद्राष्टकमावाहन्यादिम्। अनन्तरं पूजाभिधानात्। अन्यमण्यादिष्वप्ययं संस्कार इति वदन्ति। प्रकारान्तमाह योगिनीतन्त्रे–

उक्तेष्वृक्षेष्वुक्तमन्त्रैर्ग्रथितां साधकोत्तमः।

मालां निधाय वै पात्रे क्वचिद् गन्धादिचर्चिताम्॥

भूतशुद्ध्यादिकां पूजां समाप्य तत्र पूजयेत्।
गणेशसूर्यविष्णवीश-दुर्गाश्चवाह्य पूजयेत्॥

तन्त्रमालायाम्–

पञ्चगव्येन तां सिक्त्वा हौंमन्त्रेण च मन्त्रयेत्।
तस्मादुत्तोल्यं तां मालां स्वर्णपात्रे निधाय च॥

पयो-दधि-घृत क्षौद्र-शर्कराद्यैरनुक्रमात्।
ततो धूपान्तरैः कृत्वा पञ्चामृतविधिं बुधः॥

क्रमात् तत्रैव संस्थाप्य स्नापयेच्छीतलोदकैः।
ततश्चन्दनसौगन्धिकस्तूरीकुङ्कुमादिभिः॥

तामालिप्य जपेद् ह्सौर्मन्त्रमष्टोत्तरं शतम्।
तस्यां नवग्रहान् पङ्क्तिं दिक्पालांश्च प्रपूजयेत्॥

ततः सम्पूज्य च गुरुं गृह्णीयान् मालिकां शुभाम्।

भैरवीतन्त्रे–

आदौ गणपतिं देवं सूर्यविष्णुमुमापतिम्।
दुर्गां च पूजयेद् विद्वान् मालायां सुसमाहितः॥

पञ्चगव्ये क्षिपेन् मालां प्रसादेनाऽभिमन्त्रयेत्।
उत्तोल्य च ततो मालां स्थापयेद्धेमपात्रके॥

पञ्चामृतेन संस्थाप्य शीतलेन जलेन च।
चन्दनेन सुगन्धेन कस्तूरीकुङ्कुमादिभिः॥

अभिषेकं ततः कृत्वा मन्त्रेणाऽनेन मन्त्रवित्।
प्राणं जीवसमारूढमौकारस्वरभूषितम्॥

बिन्दुनादसमायुक्तं मन्त्रराजं प्रविन्यसेत्।
नवग्रहान् पूजयित्वा ततो दिक्पालपूजनम्।
तिलेन घृतयुक्तेन शक्तितो होमयेत् ततः।

प्रविन्यसेत् अष्टोत्तरशतकृत्वः। प्राणो हकारः। जीवः सकारः।

कुब्जिकातन्त्रे–

शिल्पिनं पूजयेदादौ वस्त्रगन्धानुलेपनैः।
संहृष्टः कारयेन् मालां विशुद्धां वर्णरूपिणीम्॥
यथायोग्यं वेधवतीं मालां कुर्याद् विचक्षणः।

वर्णरूपिणी पञ्चाशद्बीजरूपात्मिकां पराम्।

वर्णमानेन सा कार्या पञ्चगव्ये त्र्यहं क्षिपेत्।
सूत्रं वापि चतुर्थेऽह्नि क्षालयेदत्र मन्त्रकैः॥

समानवर्णसूत्रेण ग्रथयेत् हृदयाणुना।
सुवर्णादिगुणैर्वापि ग्रथयेत् साधकोत्तमः।
ब्रह्मग्रन्थिं ततो दद्यान् नागपाशमथापि वा॥

कवचेन च ग्रथीयान् मालां ध्यानपरायणः।
सर्वशेषे ततो मेरुं सूत्रद्वयसमन्वितम्॥

ग्रथयेत् तारयोगेन बध्नीयात् साधकोत्तमः।
एवं निष्पाद्य देवेश प्रतिष्ठां च समाचरेत्॥

स्थण्डिले मण्डलं कृत्वा यथाभागविधिक्रमात्।
पूजयित्वा यथान्यायमिष्टदेवमनुक्रमात्॥

न्यायपूर्वं जपेन् मन्त्रमष्टोत्तरसहस्त्रकम्।
जुहुयाच्च दशांशेन यस्य देवस्य यत् प्रियम्॥

ततो मण्डलमध्ये तु तां मालां स्थापयेद् बुधः।
अस्त्रमन्त्रं ततो न्यस्य दैववत् परिचिन्तयेत्॥

अभेदरूपमासाद्य मालां कुर्यात् तथात्मिकाम्।
ततो बलिं यथान्यायं दध्यन्नैः साधकोत्तमः॥

एवं प्रतिष्ठामापाद्य मालायामिष्टदेवताम्।
आचार्यं पूजयेन् मन्त्री शिल्पिनं च यथाविधि॥

नान्यमन्त्रं जपेत् तत्र यदीच्छेत् सिद्धिमात्मनः।

अस्त्रादिर्जप्तव्यमन्त्रस्य ग्राह्यः। बलिं मालायाः। तैर्होमद्रव्यैः। तथोत्तरतन्त्रे–

दृढं सूत्रं नियुञ्जीत जपे त्रयुट्यति नो यथा॥
जीर्णे सूत्रे पुनः सूत्रं योजयित्वा शतं जपेत्॥

शैवागमे–

यदा संत्र्युट्यते माला ग्रन्थयित्वा च पूर्ववत्।
प्रतिष्ठितायां तस्यां तु मन्त्रं जप्यादनन्यधीः॥

नारदीये–

अक्षसूत्रं तु निपेतेद् भूमौ चेद् कुर्वतो जपम्।
उद्धारं तस्य कुर्वीत जापको हृदयेन तु॥

हृदयेन नम इति मन्त्रेण। रुद्रयामले–

नाक्षतैर्हस्तपर्वैर्वा न धान्यैर्न च पुष्पकः।
न चन्दनैर्मुत्तिकया जपसंख्यां तु कारयेत्॥

लाक्षा-कुशीद-सिन्दूरं गोमयं च करीषकम्।
विलोड्य गुटिकां कृत्वा जपसंख्यां तु कारयेत्॥

नारदीये–

अनामिकायां संवेश्य करयोरुभयोरपि।
जपं कुर्वन्न कुर्वीत संख्याग्रन्थिकबन्धनम्।।

कुरुते यः क्षरेदस्य न कृते तु शतं जपेत्।

52. अथ सम्प्रदायसिद्धो रहस्यमालासंस्कारविधिः

ॐ ह्रीं श्रीं ह्रीं क्लीं हू फट् स्वाहा इति मन्त्रेण सप्तधाभिमन्त्र्य चषके निक्षिपेत्। तत आवाहनादिमन्त्रादिभि-गर्भगवतीमावाह्य सपरिवारां षोडषोपचारै-रभ्यर्च्य मूलमावर्त्य तार्त्तीयं बीजमनुस्मरन् धेनुमुद्रयाऽमृतीकृत्य कवचेनाऽव-गुण्ठ्य महामुद्रया तदाच्छादयन् देवीरूपां तां मालां ध्यायन् बिन्दुप्रक्षेपं कुर्यात्। तत्र मन्त्रः–ॐ ह्रीं स्वाहा ॐ हूं स्वाहा ॐ फट् स्वाहा ॐ स्त्रीं स्वाहा ॐ ह्री स्वाहा ॐ हूं स्वाहा ॐ फट् स्वाहा। अनेन शतधा बिन्दुप्रक्षेपं कुर्यात्। कस्तूरिकागुरु-सुधाकरैर्धूपादिकं च दत्त्वा चषकादुत्तार्य एभिर्मन्त्रयेत्। तत्र मन्त्रः– ॐ ह्रीं श्रीं महावज्रिणि महाघोरकर्कशमहास्थिमण्डले प्रविश सर्वसिद्धिं प्रयच्छ। ॐ हूं ह्रीं ह्रीं स्वाहा महाकपालिनि महाघोररूपे स्वाहा। ॐ ह्रीं ह्रीं हूं फट् स्वाहा। दूर्वाक्षतैरभ्यर्च्य कन्दर्पबीजेनोद्दीपनं कृत्वा षोडशोपचारैभ्यर्च्य मातृकामन्त्रेण संदीप्य हूंकारेण वेष्टयित्वा बलिं दद्यात्। तद् यथा–ॐ ह्रीं ह्रीं हूं ॐ हूं हूं ॐ हूं फट् हूं ॐ ॐ हूं स्वाहा ॐ हूं महायोगिनी त्रिभुवनतारिणि महाशङ्खस्थिमालामध्ये निवासं कुरु सर्वसिद्धिं देहि देहि सुरामांसोपहारान् गृह्ण गृह्ण गृह्णापय गृह्णापय ह्रीं स्त्रीं हूं फट् स्वाहा। अनेन यथोदितद्रव्येण बलिं दत्त्वा देवीं विसर्ज्य निभृतस्थाने मालां धारयेदति। मन्त्रन्त्रप्रकाशे–

अष्टोत्तरसहस्रं तु कृत्वान्तर्यागमादरात्।
जपेत् प्रतिदिनं यत् तु नित्य एष जपः स्मृतः॥

उत्तरतन्त्रे–

न जपेत् त्रिशतान् नयूनं साधकस्तु कदाचन।

योगिनीतन्त्रे–

अष्टोत्तरशतं वापि जपान्ते शिरसि क्षिपेत्।
त्वं माले सर्वदेवानां प्रीतिदा शुभदा मम॥
शिवं कुरुष्व मे भद्रे यशो वीर्यं च सर्वदा।

शैवागमे–

अष्टोत्तरसहस्रं तु तदर्धं त्रिशतं तु वा।
अष्टोत्तरशतं वापि जपेन् नित्यमतन्द्रितः॥

जपश्च ध्यानपूर्वकं कर्तव्यः। तदुक्तं नीलतन्त्रे–

मन्त्रध्यानं प्रवक्ष्यामि जपात् सर्वज्ञदायकम्।
मन्त्रध्यानान् महेशानि सिध्यते ब्रह्महा यतः॥

मूलचक्रे तु हृल्लेखां सूर्यकोटिसमप्रभाम्।ध
स्वाधिष्ठाने पीतवर्णं द्वितीयां परिभावयेत्॥

नाभौ जीमूतवर्णाभं कूर्चबीजं महाप्रभम्।
मन्त्री चन्द्रप्रतीकाशं योगीभिर्दृष्टपूर्वकम्॥

कूर्चबींज हृदि ध्यायेत् कालाग्निसदृशप्रभम्।
अथवा पूर्णचन्द्राभं कूर्चं मूर्धि सुधाप्रभम्॥

तत् प्रभापटलैर्जिह्वां प्रदीप्तां च विभावयेत्।
मूलादिब्रह्मरन्ध्रान्तं सर्वां विद्यां विभावयेत्।
सूर्यकोटिप्रतीकाशां योगिभिर्दृष्टपूर्विकाम्।

हृल्लेखा मायाबीजम्। अन्यत्रापि–

स्थानस्था वरदा मन्त्रा ध्यानस्थाश्च फलप्रदाः।
ध्यानस्थानविनिर्मुक्ताः सुसिद्धा अपि वैरिणः॥

प्रसङ्गेनैव तत्स्थानं कथयामि न संशयः।
सकलं निष्कलं सूक्ष्मं तथा सकलनिष्कलम्॥

कलाभिन्नं कलातीतं षोढामन्त्रं शिवोऽब्रवीत्।
सकलं ब्रह्मरन्ध्रस्थं तदधो विद्धि निष्कलम्॥

बिन्दुस्थितं कलाभिन्नं कलातीतं तदूर्ध्वतः।
कला कुण्डलिनी सैव नादशक्तिः शिवोदिता॥

एतत्स्थानस्थिता मन्त्राः स्थानस्थाः परिकीर्त्तिताः।
मनसा मनवो ध्येयाः कुण्डलिन्यां समाहितैः॥

ततस्तां भावयेद् बिन्दौ ध्यानस्थाः परिकीर्त्तिताः।

जपलक्षणमुक्तं पुरश्चरणचन्द्रिकायाम्–

जपः स्यादक्षरावृत्तिस्तस्य भेदान् ब्रवीम्यहम्।
जपश्च द्विविधः प्रोक्तो वाचिको मानसस्तथा॥

आद्योऽप्युपांशुरुच्चैश्च द्विविधःपरिकीर्त्तितः।
द्वितीयोऽथ द्विधा ज्ञेयो जिह्वाचित्तप्रभेदतः॥

मन्त्रमुच्चारयेद् वाचा स उक्तो वाचिको जपः।
शनैरुच्चारयेन् मन्त्रमीषदोष्ठौ प्रचालयेत्॥

किञ्चिच्छ्रवणयोग्यःस्यादुपांशुः स जपः स्मृतः।
जिह्वाजपः स विज्ञेयः केवलं जिह्वया तु यः॥

धिया यदुच्चरेन् मन्त्रं स उक्तो मानसो जपः।
उच्चैर्जपाद् विशिष्टः स्यादुपांशुर्दशभिर्गुणैः॥

जिह्वाजपः शतगुण सहस्त्रो मानसो जपः।
देवतां हद्ग तां कृत्वा हृदयं च स्थिरं निजम्॥

शिवादींश्च गुरून् नत्वा जपेन् मन्त्रं समाहितः।
शनैः शनैरविस्पष्टं न द्रुतमविलम्बितम्॥

तथा–

उष्णीषी कचुकी नग्नो मुक्तकेशो गलावृतः।
अप्रावृतकरोऽशुद्धः प्रलपन् न जपेन् मनुम्॥

अप्रावृतौ करौ कृत्वा शिरसा प्रवृतोऽपि वा।
चितां व्याकुलचितो वा क्रुद्धो भ्रान्तस्त्वरान्वितः॥

निरासनः शयानो वा गच्छन्नुत्थित एव वा।
रथ्यायामशिरस्थाने न जपेत् तिमिरावृते॥

उपानद्गूढपादो वा यानशय्यागतोऽपि वा।

न जपेदित्यनुषङ्ग।

पतितानामन्त्यजानां दर्शने भाषणे श्रुते।
क्षुतेऽधोवायुगमने जृम्भाषां जपमुत्सृजेत्॥

उत्थायाचम्य तत्प्रान्ते प्राणायामषडङ्गकम्।
कृत्वाचम्य चरेच्छेषं यद्वा सूर्यादिदर्शनम्॥

चरेदित्यनुषङ्ग। कालीतन्त्रे–

तेजोमयं जपफलं देव्या हस्ते समर्पयेत्।
गुह्यातिगुह्यगोप्त्री त्वमिति मन्त्रेण मन्त्रवित्॥

मन्त्रस्तु–

गुह्यातिगुह्यगोप्त्री त्वं गृहाणास्मत्कृतं जपम्।
सिद्धिर्भवतु मे मातस्त्वप्रसादान् महेश्वरि॥

इति तन्त्रान्तरसिद्धः। इमं मन्त्रमुक्त्वा सोमशम्भुः–

भोगश्लोकं पठिता च दक्षहस्तेन शम्भवे।
मूलमन्त्रार्घ्यतोयेन वरहस्ते समर्पयेत्॥

शम्भवे इत्युपलक्षणम्। या यत्र देवता सा तत्र बोध्या। वरहस्ते प्रधानहस्ते। तेन पुंदेवताया दक्षिणहस्ते स्त्रीदेवताया वामहस्ते समर्पयेदिति। 'देवीनां वामहस्ते तु देवानां दक्षिणेऽर्पयेदि'ति यामलवचनात्। शैवागमे–

इत्थं जपं समर्प्याऽथ घण्टावादनापूर्वकम्।
स्तुवीत स्तुतिभिः सम्यक् साधको भक्तिसंयुतः॥

स्तवश्च ब्रह्मसंहितोक्तो ध्यानप्रकरणे प्रोक्तः। कवचं त्रैलोक्यविजयाख्यमग्रे वक्ष्यते। सहस्त्रनामस्तोत्रं तु रुद्रयामले–

कैलाशनगरे देवं महादेवं महेश्वरम्।
भवानी रहसि प्रीत्या पप्रच्छ वरदायकम्॥

देव्युवाच–

कथमीशान सर्वज्ञ लभन्ते शक्तिमुत्तमाम्।
साधकाः सर्वदा येन तन्मे कथय सुप्रभो॥

ईश्वर उवाच–

विना पूजां विना ध्यानं विना जपं विना बलिम्।
लभन्ते येन कल्याणि तन्मे निगदितं शृणु॥
नाम्नां सहस्त्रं तारायाः कथयिष्याम्यशेषतः।
शृणु देवि सदा भक्त्या भक्तानां परमं हितम्॥
विना पूजोपचारेण विना जपेन यत् फलम्।
तत् फलं सकलं देवि कथयिष्यामि तच्छृणु॥

ॐ अस्याः श्रीतारादेव्या भक्तिकुलसर्वस्वनामस्तोत्रस्य श्रीतारादेवता सर्वकामार्थे जपे विनियोगः।

तारा रात्रिर्महारात्रिः कालरात्रिः कपालिनी।
कालिका कामदा माया महामाया महोत्सवा॥

महादानरता यज्ञा यज्ञोत्सवविभूषिता।
चन्द्रवक्त्रा चकोराक्षी चारुनेत्रा सुलोचना॥

त्रिनेत्रा पद्मपत्राक्षी कुरङ्गाक्षी मनोहरा।
ब्राह्मी नारायणी ज्योत्स्ना चारुकेशी सुलोचना॥

वाराही वारुणी विद्या महाविद्या महेश्वरी।
पिङ्ग कुञ्चितकेशी च महायज्ञस्वरूपिणी॥

गौरी चम्पकवर्णा च कृशाङ्गी कूलपूजिता।
सर्वानन्दस्वरूपा च सर्वसङ्कटतारिणी॥

नित्या नित्यमयी नन्दा भद्रा नीलसरस्वती।
गायत्री सुचरित्रा च कौलव्रतपरायणा॥

हिरण्यगर्भा भूगर्भा विश्वगर्भा यशस्विनी।
हिमवत्तनया दिव्या दिव्याम्बरविभूषण॥

जगन्माता जगद्धात्री जगतामुपकारिणी।
सैन्द्री सौम्य तथा याम्या वारुणी वायवी तथा॥

आग्नेयी नैरृती चैव ऐशानी चण्डिकाऽम्बिका।
सुमेरुतनया वन्द्या सर्वेषामुपकारिणी॥

ललज्जिह्वा सरोजाक्षी मुण्डस्रजविभूषणा।
सर्वानन्दमयी सर्वा सर्वाननन्दस्वरूपिणी॥

धृतिर्मेधा तथा लक्ष्मीः श्रद्धापन्नगशायिनी।

रुक्मिणी जानकी दुर्गा सत्या सत्यवती रतिः॥

कामाख्या मोक्षदानन्दा नारसिंही सरस्वती।
महादेवतरता चण्डी चण्डदोर्दण्डखण्डिनी॥

दीर्घकेशी सुकेशी च पिङ्गकेशी महत्कचा।
भवानी भवपत्नी च भवभीतिहरा शची॥

पौरन्दरी तथा विष्णोर्जाया माहेश्वरी परा।
सर्वेषां जननी नित्या चार्वङ्गी दैत्यनाशिनी॥

घोररूपा महेशानि कामिनी वरवर्णिनी।
माहविद्या माहामाया महामेधा माहोत्सवा॥

विरूपा विश्वरूपा च मृडानी मृडवल्लभा।
महापुण्यप्रदा भीमा मधुकैटभनाशिनी॥

कोटिचन्द्रप्रतीकाशा शतसूर्यसमप्रभा।
जह्नुकन्या मनोज्ञा च पार्वती हरवल्लभा॥

कामरूपा महेशानी नित्योत्साहा मनस्विनी।
वैकुण्ठनाथपत्री च तथा शङ्कखल्लभा॥

काश्यपी कमला कृष्णा कञ्जपत्रायतेक्षणा।
माहेश्वरी वृषारूढा पूर्णचन्द्रनिभानना॥

मान्या मानवती धन्या कन्या हिमगिरेस्तथा।
अपर्णा पद्मपत्राक्षी नागयज्ञोपवीतिनी॥

महाशङ्खधरा कान्ता कमनीया नगात्मजा।
ब्रह्माणी वैष्णवी शम्भोर्जाया गङ्गा जलेश्वरी॥

भागीरथी मनोबुद्धिनित्यानन्दमयी सदा।
हरप्रिय गिरिसुता हरपत्नी तपस्विनी॥

महाव्याधिहरा देवी शुम्भासुरनिषूदिनी।
महापुण्यप्रदा भीमा मधुकैटभनाशिनी॥

शङ्खिनी चक्रिणी धात्री हस्ते पुस्तकधारिणी।
चामुण्डा चपला तुङ्गा भद्रा दैत्यनिकृन्तनी॥

शान्तिर्निद्रा महान्निदा गुह्यनिद्रा च रेणुका
कौमारी कुलजा कुन्ती कौलव्रतपरायणा।
नवदुर्गा सदाचारा द्रौपदी द्रुपदात्मजा।
सृष्टिः सर्वाद्यकालीना निशुम्भप्राणनाशिनी॥

पद्मिनी वसुधा पृथ्वी रोहिणी विन्ध्यवासिनी।
शिवा शक्तिर्महाशक्तिः शाङ्करी शक्तिवल्लभा॥

दैत्यप्राणहरा दात्री दया दामोदरप्रिया।
क्षान्तिः क्षेमकरी बुद्धिबौद्धाचारपरायणा॥

श्रीविद्या भैरवी भव्या भारती भयनाशिनी।
तापसी तारिणी तीक्ष्णा तीक्ष्णदैत्यविनाशिनी॥

दात्री दानपरा काली दुर्गा दैत्यविनाशिनी।
पद्मा पद्मावती हृष्टा तुष्टा पुष्टा तथोर्वशी॥

वज्रिणी वज्रहस्ता च तथा नारायणी शिवा।
खण्डिनी खड्गहस्ता च कर्तृखर्परधारिणी॥

देवाङ्गना देवमान्या देवकन्या पुलोमजा।
सुखिनी सुखदात्री च सर्वसौख्यविवर्धिनी॥

शीली शीलावती सूक्ष्मा सूक्ष्माकारा वरप्रदा।
वरेण्या वरदा वाणी ज्ञानिनी ज्ञानदाऽमला॥

उग्रकाली महाकाली भद्रकाली च दक्षिणा।

भृगुंवंशसमुद्भूता भार्गवी भृगुवल्लभा॥

शलिनी शूलहस्ता च मयूरवरवाहना।
महामांसरता रक्ता रक्तखर्परधारिणी॥

रक्ताम्बरधरा रामा रमणी सुरनायिका।
परमानन्ददा ज्येष्ठा योगिनीगणसेविता॥

अम्बा जाम्बवती सत्या सत्यभामा नगात्मजा।
रौद्री रौद्रस्वना रौद्रा रौद्रदैर्तयाविनाशिनी॥

कुमारी कौशिकी विद्या कालदैत्यविनाशिनी।
शम्भुपत्नी शम्भुरता शम्भुरता महोदरी॥

शिवपन्ती शिवरता शिवजायाम्बिका तथा।
हरपत्नी हररता हरजाया च शूलिनी॥

मदनान्तककान्ता च मदनान्तकवल्लभा।
गिरिजा गिरिकन्या च गिरिशस्य च वल्लभा॥

भूतभव्या भवा पुष्टा पावनी परिपालिनी।
अदृश्याऽव्यक्तरूपा च इष्टा स्वेष्टप्रवर्धिनी॥

अच्युता प्रच्युता प्राणा प्राणदा वासवेश्वरी।
अपांनिधिसमुद्भूता धारिणी च प्रतिष्ठिता॥

उद्भवा क्षोभणा क्षेमा श्रीगर्भा परमेश्वरी।
कराला पुष्टदेहा च कारिणी कञ्चलोचना॥

शरण्या कमला प्रीता विमलानन्दवर्धिनी।
कपर्दिनी कल्पनाभा सुमनानन्दवर्धिनी॥

उदीर्णभूषणा भव्या सुरसेना सुरेश्वरी।
श्रीमती शिशिरानन्दा शिशिराचलकन्यका॥

सुरमान्या सुरश्रेष्ठा ज्येष्ठा प्राणेश्वरी स्थिरा।
तमोघ्नी ध्वान्तसंहन्त्री प्रयतात्मा पवित्रता॥

प्रद्योतिनी रथारूढा सर्वलोकप्रकाशिनी।
मेधाविनी महावीर्या हंसी संसारतारिणी॥

प्रणतप्राणिनामार्त्तिहारिणी दैत्यनाशिनी।
डाकिनी शाकिनी शीला वरखट्वाङ्गधारिणी॥

कौमुदी कुमुदा कुन्दा कौलिका कुलजात्मजा।
गर्विता गुणसम्पन्ना नगजा खगवाहिनी॥

चन्द्रानना महोग्रा च चारुमूर्धजशोभिता।
मनोजा माधवी मान्या माननीया महद्गुणा॥

ज्येष्ठा मघा च पुष्या च धनिष्ठा पूर्वफाल्गुनी।
रक्तबीजादिहन्त्री च रक्तबीजविनाशिनी॥

चण्डमुण्डारिहन्त्री च चण्डमुण्डविनाशिनी।
कर्त्री हर्त्री सुकर्त्री च विमलामलवाहिनी॥

निर्मला भास्करी भीमा महिषासुरघातिनी।
कालिन्दी यमुना वृद्धा युवती बालकी तथा॥

कौशल्या कौमुदी माद्री कन्धती चाप्यरुन्धती।
पुरारिगृहिणी पूर्णा पूर्णरूपा यशस्विनी॥

सम्पूर्णचन्द्रवदना बालचन्द्रसमप्रभा।
रेवती रमणी चित्रा विचित्राम्बराभूषणा॥

वीणा वीणावती विद्या यशोदा च यशस्विनी।
नवपुष्पसमुद्भूता नवपुष्पासवोत्सुका॥

नवपुष्पस्रजा माला माल्यभूषणशोभिता।

नवपुष्पसमप्राणा नवपुष्योपशोभिता॥

नवपुष्पात्मका पुष्पा पुष्पस्त्रजविभूषणा।
नवपुष्पगुणोपेता नवपुष्पोपशोभिता॥

नवपुष्पप्रिया प्रीता प्रेममण्डलामध्यगा।
कुलशास्त्रप्रदीप्ता च कुलमार्गप्रवर्धिनी॥

श्मशानभैरवी कालभैरवी भैरवीप्रिया।
आनन्दभैरवी ध्यानभैरवी पुरभैरवी॥

महाभैरवपत्नी च भैरवी लोकभैरवी।
सुविद्या भैरवी नीतिभैरवी गुणभैरवी॥

सम्मोहभैरवी पुष्टिभैरवी तुष्टिभैरवी।
सृष्टिस्थितिभैरवी च भैरवी स्थितिभैरवी॥

पुण्रीकाक्षगृहिणी पुण्डरीकाक्षवल्लभा।
आनन्दसुन्दरी वीरसुन्दरी स्थितिसुन्दरी॥

आनन्दसुन्दरी कालसुन्दरी पुरसुन्दरी।
या माया सुन्दरी सौम्या सुन्दरी लोकसुन्दरी॥

या विद्या सुन्दरी नीतिसुन्दरी गुणसुन्दरी।
मल्लिकाहारमिका मल्लिकाहारशोभिता॥

नव चम्पकवर्णाभा नागकेशरशोभिता।
जवाकुसुमसङ्काशा जवाकुसुमशोभिता॥

प्रिया पियङ्करी विष्णोर्दानवेन्द्रविनाशिनी।
ज्ञानेश्वरी ज्ञानदात्री ज्ञानानन्दप्रदायिनी॥

गुणगौरवसम्पन्ना गुणशीलसमन्विता।
रूपयौवनसम्पन्ना रूपयौवनशोभिता॥

गुणाश्रया गुणवती गुणगौरवसुन्दरी।
लसत्तारापतिप्रख्या ताटङ्कद्वयशोभिता॥

वृक्षमूलस्थिता देवी वृक्षशाखोपरिस्थिता।
वृक्षमध्याग्रनिलय वृक्षमध्यानिवासिनी॥

कुमुद्वती कुमुदिनी कुमुदा कुमदाकरा।
कुसुम्भरूपरुचिरा कुसुम्भारुणमस्तका॥

स्वयम्भूपुष्पसङ्काशा स्वयम्भूपुष्पधारिणी।
स्वयम्भूपुष्पसरसा मग्ना ध्यानवती सदा॥

शुक्रप्रिया शुक्ररता शुक्रमज्जनतत्परा।
पर्णाऽपर्णा सुपर्णा च निष्पन्ना पापनाशिनी॥

मदिरा मोदसम्पन्न मदिरा मोदधारिणी।
सर्वाश्रया सर्वगुणानन्दकन्दलकारिणी॥

नारीपुष्पसमप्राणा नारीपुष्पसमुत्सुका।
नारीपुषेत्सवा नारी नारीपुष्परता मृगी॥

चतुर्भुजा दशभुजा अष्टादशभुजा तथा।
द्विभुजा षड्भुजाष्टारपङ्कजा परिसंस्थिता॥

कौवेरी कौरवी कौर्व्या कुरुकुल्ला कपालिनी।
विपरी कदली जङ्घा रम्भोरूरामवल्लभा॥

निशाचरी निशामूर्तिर्निशाचन्द्रसमप्रभा।
चान्द्री चन्द्रकला चन्द्रा चारुचन्द्रसमप्रभा॥

स्त्रोतस्विनी स्त्रोतवती सर्वदुःखार्तिनाशिनी।
सर्वाधारा सर्वमयी सर्वानन्दप्रवर्धिनी॥

सर्वचक्रेश्वरी सर्वा सर्वमन्त्रमयी सदा।

सहस्त्रनयनप्राणा सहस्त्रनयनप्रिया॥
सहस्त्रशीर्षा सुसमा सदम्भा सर्वभक्षिका।
षष्टिका षट्सुचक्रस्था षड्वर्गफलदायिनी॥

षड्विंशपद्ममध्स्था षड्विंशदलमध्यगा।
हकारवर्णनिलया हकाराक्षरभूषिता॥

हारिणी हारवनिता हारहीरकशोभिता।
ह्रींकारबीजसहिता ह्रींकारैरुपशोभिता।

कन्दर्पस्य कला कुल्या कौलिनी कुलतर्पिता।
केतकी कुसुमप्रणकेतकी कृतभूषणा॥

केतकीकुसुमासक्ता केतकीपरिभूषिता।
कर्पूरपूर्णवदना कालनाथसमप्रभा॥

कला केलिप्रिया कीर्णकदम्बकुसुमोत्सुका।
कादम्बिनी करिगतिः कुञ्जरेश्वरगामिनी॥

खर्वा च खञ्जनद्वन्द्वलोचना खड्गभूषिता।
खद्योत इव दुर्लक्ष्या खद्योत इव चञ्चला॥

गया गदागुणप्रीता गीतवाद्यप्रिया गतिः।
गणेश्वरी गणेज्या च गणपूज्या गणप्रदा॥

गुणाढ्या गुणसम्पत्तिर्गुणदात्री गुणात्मिका।

गुर्वी गुरुतरा गौरी गाणपत्यफलप्रदा॥

घर्मांशुगृहिणी घर्मा घर्मसिन्धुनिवासिनी।
घर्घरा घोरवदना घोरदैत्यविनाशिनी॥

घोषा घोषवती घोष्या षोषपुत्री घनालया।
चर्वरी चारुनयना चारुवक्त्रा चतुर्गुणा॥

चनुर्वेदमयी चूर्ण-चन्द्रास्या चतुरानना।
चलञ्चकोरनयना चलत्खञ्जनलोचना॥

चलदम्भोजवदना चलदम्भोजशोभिता।
छात्री छत्रप्रिया छत्रा छत्रचामरशोभिता॥

छिन्ना छर्दिछिन्नशिरा छिन्ननासा छलान्विता।
छलाद्या छलसन्त्रस्था छलरूपा छलच्छिरा॥

छकारवर्णनिलया छकाराद्या छलप्रिया।
छद्मिनी छद्मनिरता छद्मछद्मनिवासिनी॥

जगन्नाथप्रिया जीवा जगन्नाथरता जरा।
जीर्णा जीमूतवनिता जीमूतैरुपशोभिता॥

जामातृवरदा जृम्भा जमलार्जुनधारिणी।
जरा जराविन्ता जृम्भा जम्भारातिवरप्रदा॥

जिता जयित्री जयदा जयदात्री जयप्रदा।
झल्लरा झीत्कृतिर्झिल्ली झरी झर्झरिका तथा॥

टाङ्कारकारिणी टीत्काकारिणी टङ्कधारिणी।
ठक्कुराज्ञा डमरुकरा डात्कारी डमरूप्रिया॥

ढक्कारवाद्यढक्कारी तुलसी तालभक्षिका।
तुला तौलिनिका तीर्णा तारा तारिणिका तथा॥

तन्त्रविद्या तन्त्ररता तन्त्रविद्या च तन्त्रदा।
तान्त्रिका तन्त्रगोप्या च तन्त्रसारा च तन्त्रपा॥

तन्त्रधात्री तन्त्रकारी तन्त्रनारीरतातुरा।
तपःप्रभावा तन्त्रज्ञा तन्त्रसारफलप्रदा॥

तपस्या तौलिनी तार्त्ती तार्त्तीया तुलसी तुषा।

तुषारकरपूर्णा स्यात् तुषारकरमण्डिता॥

तुहिनांशुसमाभासा तुहिनांशुसमप्रभा।
तुषारकरतुल्याङ्गी तुषाराकरसुन्दरी॥

तुषारधामतुल्यास्या तुषारांशुसमानना।
तुहिनाद्रिसुता तार्क्षा तालाङ्गी तालवर्जिता॥

तारस्वरेण सहिता तारस्वरविभूषिता।
थकारकूटनिलया थकाराक्षरमालिनी॥

दयावती दीनरता दुःखदारिद्र्यनाशिनी।
दौभार्ग्यदुःखदलिनी दौर्भाग्यापदनाशिनी॥

दुहिता दीनबन्धुश्च दानवेन्द्रविमर्दिनी।
दानदात्री दानपरा दानसम्मानतोषिता॥

दाल्भ्यादिसेविता दान्ता दामोदरपरायणा।
दधीची वरदा दुष्टा दानेवन्द्रविनाशिनी॥

दीर्घनेत्रा दीर्घकचा दीर्घनासा च दीर्घिका।
दारिद्र्यदुःखशमनी दुष्टासुरनिषूदिनी॥

दम्भिका दम्भहा दम्भा दनुजेन्द्रविनाशिनी।
धनधान्यप्रदा धान्या धनेश्वरवरप्रदा॥

धर्मिणी धर्मिका धर्म्या धर्माधर्मप्रवर्धिनी।
धर्मेश्वरी धर्मदात्री धर्मानन्दप्रवर्धिनी॥

धनाध्यक्षा धनप्रीता धनाढ्या धनतोषिता।
धीरा धैर्यवती धृष्णा धवलाम्भोजसन्निभा॥

धरिणी धारिणी धात्री धुरीणा धवलास्पदा।
धार्मिका धर्मसहिता धर्मनिन्दकवर्जिता॥

नवीना निरजा निम्नाभिर्नगेश्वरी।
नूतनाम्भोजनयना नवीनाम्भोजसुन्दरी॥

नागरी नागराजेज्या नागराजसुता नगा।
नागराजपतिर्नग्ना नागराजविभूषिता॥

नगेश्वरी नागारूढा नगराजकुलश्वरी।
नवीनेन्दुकलानन्दा नन्दीकेश्वरवल्लभा॥

नीरजा नीरजाक्षी च नीरजद्वन्द्वलोचना।
नीरसूता नीरभवा नीरनिर्मलदेहिनी॥

नागयज्ञोपवीताढ्या नागयज्ञोपवीतिका।
नागकेसरसन्तुष्टा नागकेसरमालिनी॥

नवीनकेतकी कुन्दमन्दारस्त्रजभूषिता।
नायिका नायकप्रीता नायकप्रेमतोषिता॥

नायकप्रेमसहिता नायकप्रेमतोषिता।
नायकानन्दनिलया नायकानन्दकारिणी॥

नर्मकर्मरता निद्रा नर्मकर्मपरायणा।
नर्मकर्मप्रिया नर्मा नर्मधर्मपरायणा॥

नर्मप्रीता नर्मरता नर्मध्यानपरायणा।
नर्मकर्मैकसहिता नर्ककर्मैकपालिका॥

नरनारीगुणप्रीता नरनारीवरप्रदा।
नारायणप्रिया निष्का निष्कवर्णा नकारहा॥

पुष्पप्रिया पुष्परता पौष्पीपानपरायण।
पुष्पप्रीता च पुष्पेज्या पुष्पदामविभूषण॥

पुण्यदा पूर्णिमा पुण्याकोटिफलप्रदा।

पुराणागमवेद्या च पुराणागमगोपिता॥

पुराणागमगोप्या च पुराणागमतोषिता।
पुराणगोचरा पूर्वा पूर्णा प्रोढविनाशिनी॥

प्रह्लादहृदयाह्लादगेहिनी पुण्यचारिणी।
फाल्गुनी फाल्गुनप्रीता फाल्गुनप्रेमधारिणी॥

फाल्गुफलप्रदा चैव फणिराजविभूषिता।
फणाकारा फणिप्रीता फणिहारविभूषिता॥

फणीशकृतसर्वाङ्गभूषणा फणिवाहिनी।
फणिप्रीता फणिरता फणिकङ्कणधारिणी॥

फलदात्री फलासक्ता फलाभरणभूषिता।
फकारकूटसर्वाङ्गी फाल्गुनानन्दवर्धिनी॥

वासुदेवरता विज्ञा विज्ञविज्ञानकारिणी।
वीणावती बलाकीर्णा बालपीयूषरोचिषा॥

बाला वसुमती विद्या विद्याहारविभूषिता।
विद्यावती वैद्यपदा प्रीता वैवस्वती बलिः॥

वाणी विलासकरणी वराङ्गस्था वरानन।
विष्णोर्वक्षस्थलस्था च वाग्वती विन्ध्यगेहिनी॥

निवारतरुसंस्था च नीवारकुसुमोत्सुका।
भीतिहा भयदा भानोरंशुजालसमप्रभा॥

भार्गवेज्या भृगोः पूज्या भारद्वाजनमस्कृता।
भीतिहा भयसम्पन्ना भीमाकाराभ्रसुन्दरी॥

मायाधरी मानरता मानसम्मानतत्परा।
माधवानन्ददा माध्वी मदिरा मदिरेक्षणा॥

महोत्साहगुणोपेता महती महदद्भुता।
मदिरा मोदरमिता मदिरामज्जने रता॥

यशोधरी यशोविद्या यशोदानन्दवर्धिनी।
यशःकर्पूरधवला यशोदामविभूषणा॥

यमराजस्वसा योगमार्गनन्दप्रवर्धिनी।
यादवानन्दकरिणी यादवानन्दवर्धिनी॥

यज्ञप्रीता यज्ञमयी यज्ञकर्मविभूषणा।
रामप्रिया रामरता रातोषणतत्परा॥

राज्ञी राजकुलेज्या च राजरोजश्वरी रमा।
रमणी रामणी रम्या रामानन्दप्रदायिनी॥

रजनीकरपूर्णा स्याद्रक्तोत्पलविलोचना।
लाङ्गली प्रेमसन्तुष्टा लाङ्गलीप्रणयप्रिया॥

लाक्षारुणा च ललना लीला लीलावती लया।
लङ्केश्वरगुणप्रीता लङ्केशवरदायिनी॥

लवङ्गकुसुमप्रीता लवङ्गकुसुमस्त्रजा।
बाला विवस्वद्गृहिणी विवस्वर्तप्रेमधारिणी॥

शवला शरला शल्या शरण्या श्रीः शरद्गुणा।
षट्कोणचक्रमध्यस्था सम्पदा ह्रीविशोभिता॥

क्षेमा अम्बा तथाज्ञा च इडा ईश्वरवल्लभा।

उग्राख्या च तथा चोर्णा ऋकारा ऋस्वरोद्भवा॥

लृकारवर्णकूटस्था लृकारस्वरभूषिता।
एकारवर्णकूटस्था एकारस्वरभूषिता॥

एष्या चैष्या तथा चोषा औकाराक्षरूपिणी।

अंसा अकारवनिता सर्वागमसुगोपिता॥

य इदं पठते स्तोत्रं प्रत्यहं भक्तिसंयुतः।
दिवा रात्रौ तथा सन्ध्यासमये स महेश्वरः॥

स्तवमात्रस्य पाठेन राजा किङ्करतामियात्।
सर्वागमेषु पूज्यः स्यात् सर्वतन्त्रे स्वयं हरः॥

शिवस्थाने च शय्यायां शून्यागारे चतुष्पथे।
यः पठेच्छृणुयाद् वापि स योगी नात्र संशयः॥

यानि नामानि सन्त्यस्मिन् प्रसङ्गान् मुरवैरिणः।
ग्राह्यानि तानि कल्याणि नान्यानि तु कदाचन॥

हरेर्नाम न गृह्णीयान्न स्पृशेत् तुलसीदलम्।
नान्यचिन्ता प्रकर्त्तव्या नान्यनिन्दा कदाचन॥

सिन्दूरकरवीराद्यैः पुष्पैर्लोहितकैः शुभाम्।
योऽर्चयेद् भक्तिभावेन तस्याऽसाध्यं न किञ्चन॥

वातस्तम्भं जलस्तम्भं गतिस्तम्भं विवस्वतः।
वह्नेः शैत्यं करोत्येष स्तवस्यास्य च कीर्तनात्॥

स्त्रियमाकर्षयेत् तूर्णमरीन् मर्दयाति हठात्।
मोहयेद् राजदाराश्च देवानापि वशं नयेत्॥

यः पठेच्छ्णुयाद् वापि एकचित्तेन सर्वदा।
स दीर्घायुः सुखी वाग्मी वाणी तय वशङ्करी॥

सर्वतीर्थभिषेकेन गयाश्राद्धेन यत् फलम्।
तत् फलं सकलं तस्य यः पठेदेकचित्ततः॥

येषामाराधने श्रद्धा ये च साधितुमुद्यताः।
तेषां कृतार्थं सर्वत्र गतिर्देवि पदालये॥

ऋतुयुक्तलता मध्ये थित्वा दम्डेन ताडयेत्।
जप्त्वा स्तुत्वा च भक्त्या च गच्छेद् वै तारिकापदम्॥

अष्टम्यां च चतुर्दश्यां नवम्यां शनिवासरे।
संक्रान्तौ मङ्गले रात्रावमावस्यायां योऽर्चयेत्॥

वर्षं वाप्य तु देवेशि तस्याधीनाश्च सिद्धयः।
मृतपुत्रा च या नारी मृतगर्भा च याऽङ्गना॥

मृतपत्या च या नारी दौर्भाग्यपादपीडिता।
बन्ध्या च काकबन्ध्या च मृतपुत्रा च याऽङ्गना॥

धनधान्यविहीना च रोगशोकाकुला च या।
ताभिरेतन् महादेवि भूर्जपत्रे लिखापयेत्॥

सव्ये भुजे च बध्नीयात् सर्वसौक्ष्यवती भवेत्।
एवं पुमानपि प्रायो दुःखेन परिपीडितः॥

सभायां व्यसने घोरे विवादे शत्रुसङ्कटे।
चतुरङ्गे तथा युद्धे सर्वत्रापदपीडिते॥

स्मरणादस्य कल्याणि संक्षयं यान्ति दूरतः।
पूजनीया प्रयत्नेन शून्यागरे शिवालये॥

बिल्वृक्षतले देवि सर्वदा कुलमण्डले।
शर्करासवसंयुक्तैर्भक्तैर्दुग्धैः सतण्डुलैः॥

अपूप-पिष्ट-संयुक्तैर्नैवेद्येश्च यथोचितैः।
निवेदितं च यद् द्रव्यं भोक्तव्यं चावधानतः॥

न चेत् तद् भुज्यते मोहाद् भोक्तुं नृत्यन्ति देवताः।
अनेनैव विधानेन योऽर्चयेत् परमेश्वरीम्॥

स भूमिमण्डले देवि साक्षादीशो न संशयः।

महाशङ्खेन कल्याणि सर्वं कार्यं जपादिकम्॥

कुलसर्वस्वकस्यैव प्रभावो वर्णिता मया।
न शक्यते समाख्यातुं वर्षकोटिशतैरपि॥

किञ्चिन्मयापि चापल्यात् कथितं परमेश्वरि।
जन्मान्तरसहस्रेण कथितुं नैव शक्यते॥

कुलीनाय महेच्छाय भक्तिश्रद्धापराय च।
अन्यभक्ताय नो देयं वैष्णवाय विशेषतः॥

कुलीनाय महेच्छाय भक्तिश्रद्धापराय च।
महात्मने सदा देयं परीक्षितगुणाय च॥

नाऽभक्ताय प्रदातव्यं पन्थान्तररताय च।
न देयं देवदेवेशि गोप्यं सर्वागमे सदा।
पठनीयं सदा देवि सर्वावस्थासु सर्वदा॥

यः स्तोत्रं कुलनामकं प्रतिदिनं भक्त्या पठेन्मानवः
स स्याद् वित्तचयैर्धनेश्वरसमो विद्याभवैर्वाक्पतिः।
सौन्दर्येण च मूर्तिमान् मनसिजः कार्या च शीतद्युतिः
शक्त्याः शङ्कर एव शौर्यविभवैर्भूमीपतिर्नान्यथा॥

इति श्रीहरगौरीसंवादे तारायाः कुलसर्वस्वं नाम स्तोत्रम्॥

53. नित्यहोमः

अथ नित्यहोमं कुर्यात्। तदुक्तं ज्ञानार्णवे–

सङ्कल्प्य परमेशानि नित्यहोमविधिं चरेत्।

सङ्कल्पस्तु–

अमुकदेवताप्रीत्यै एतावदाहुतीरहं होमयेयमित्येवंरूपः।

नीलतन्त्रे—

नित्यहोमं प्रवक्ष्यामि सर्वार्थं येन विन्दति।
सपर्यां सम्यगापाद्य बलिं पूर्ववदाचरेत्॥

ततो जपं तर्पणं च स्मरेत् साधकसत्तमः।
बलिवैश्वादिकं चैव ब्राह्मणः समुपाचरेत्॥

विधिवद् वह्निमानीय कव्यादांशं परित्यजेत्।
ततश्च मन्त्रमुच्चार्य कुण्डे वा स्थण्डिलेऽपि वा॥

भूमौ वा संस्तरेद् वह्निं व्याहृतित्रितयेन तु।
आहुतित्रयमुत्क्षिप्य षडङ्गहवनं ततः॥

ततो देवीं समावाह्य मूलेन षोडशाहुतिम्।
हुत्वा स्तुत्वा नमस्कृत्य विसृजेदिन्दुमण्डले॥

क्रव्यादांशमग्नेरेकमङ्गारं नैऋत्यां 'क्रव्यादेभ्यो नम' इत्युच्चार्य क्षिपेदिति सम्प्रदायः। सारसंग्रहे—

इत्थं तु संस्कृ(ह) ते वह्नौ देवमावाह्य मन्त्रवित्।
सम्पूज्य मूलमनुना पञ्चविंशतिमाहुतिम्॥

हुनेदाज्येन हविषा तिलैर्वा पायसैः शुभैः।
तण्डुलैस्तिलसंमिश्रैः केवलैर्वाथ पुष्पकैः॥

अङ्गावरणदेवानामेकैकामाहुतिं हुनेत्।
उद्वास्य देवं वह्निं च पूजास्थानं व्रजेत् ततः॥

उपविश्यासने मन्त्री दद्याद् भूतबलिं ततः।

एव पञ्चविंशतिषोडशाहुत्योर्विकल्पः। अग्नेस्तु संस्कारो नीलतन्त्रोक्त एव कर्त्तव्यो नाधिकः। 'अग्न्याधानादिकं कर्म नित्यहोमे न विद्यत' इति वशिष्ठवचनात्।

54. अथारत्रिकविधिः

ज्ञानर्णवे–

तत आरत्रिकं कुर्यात् सर्वकामार्थसिद्धये।
सौवर्णे राजते कांस्ये लोकनेत्रमनोहरम्॥

कुङ्कुमेन लिखेत् पद्मं वसुपत्रं वरानने।
(चन्द्ररूपं चरुं कृत्वा तन्मध्ये मस्तके शिवे)॥

कर्णिकायां दीपमेकं वसुपत्रेषु दीपकान्।
यवगोधूमरचितान् शर्करादुग्धसंयुतान्॥

वलयाञ्चितशोभाभिः शोभितान् घृतपूरितान्।
अभिमन्त्र्य ततो मन्त्री रत्नेश्वर्यास्ततः परम्॥

मूलमन्त्रेण चाभ्यर्च्य ततश्चारत्रिकं चरेत्।
तत्पात्रं तु समुद्धृत्य मस्तकान्तं पुनः पुनः॥

नववारं महादेवरूास्तेन नीराजनं चरेत्।
नीराजने महादेव्याश्चक्रमुद्रां प्रदर्शयेत्॥

रत्नेश्वरीविद्यापि तत्रैवोक्ता–

श्रीबीजं च पराबीजं संलिखेन् मनुवित्तमः।
गसौ च मपलाः पश्चादिन्द्रस्थाः क्रमतो लिखेत्॥

वामकर्णसमायुक्ता बिन्दु-नाद-समन्विताः।
बीजपञ्चकमेतत् तु पञ्चरत्नानि सुन्दरि॥

पूर्वबीजविलोमेन रत्नेशीयं नवाक्षरी।

परा मायाबीजम्। इन्द्रो लकारः। वामकर्ण ऊकारः। पूर्वबीजं श्रीबीजं पराबीजञ्च। एवं श्री ह्रीं ग्लूं स्लूं प्लूं ल्लूं ह्रीं श्रीं इति रत्नेश्वरी सिध्यति।

चक्रमुद्रा उक्ता लक्षणसंग्रहे–

विपर्यस्ते तले कृत्वा वामदक्षिणहस्तयोः।
अङ्गुष्ठौ ग्रथयेच्चैव कनिष्ठानामिकान्तरे।
चक्रमुद्रेयमुद्दिष्टा सर्वसिद्धिकरी सदा॥

55. अथ प्रदक्षिणम्

उत्तरतन्त्रे–

पौराणिकैर्वैदिकैश्च मूलमन्त्रेण चैव हि।
प्रदक्षिणं प्रणामं च कुर्याद् धर्मार्थसाधकम्॥

यामले–

त्रिकोणाकारा सर्वत्र नतिः शक्तेः समीरिता।
(दक्षिणाद् वायवीं गत्वा दिशस्तस्माच्च शाम्भवीम्।
ततश्च दक्षिणं गत्वा नमस्कारस्त्रिकोणवत्॥)
अर्धचन्द्रं महेशस्य पृष्ठतश्च समीरिता॥

शिवप्रदक्षिणे मन्त्री अर्धचन्द्रक्रमेण तु।
सव्यासव्यक्रमेणैव सोमसूत्रं न लङ्घयेत्॥

प्रासार्य दक्षिणं हस्तं स्वयं नम्रशिराः पुनः।
दर्शयेद् दक्षिणं पार्श्वं मनसाऽपि च दक्षिणम्॥

त्रिधा च वेष्टयेत् सम्यग् देवतायाः प्रदक्षिणे।
एकहस्तप्रणामश्च एकं वापि प्रदक्षिणम्॥

अकाले दर्शनं विष्णोर्हन्ति पुण्यं पुरा(कृत)तनम्।

तथा–

एकं चण्ड्यां रवौ सप्त त्रीणि दद्याद् विनायके।
चत्वारि केशवे दद्याच्छिवे चार्धं प्रदक्षिणम्॥

56. अथ नतिः

सा चाष्टाङ्गा पञ्चाङ्गा वा। तथाहि तन्त्रे–

साष्टाङ्गाश्चाथ पञ्चाङ्ग पूजाकर्मसु सम्मतः।
हस्ताभ्यां चरणाभ्यां च जानुभ्यां चक्षुषा तथा॥

मूर्ध्ना दृष्ट्या तथा वाचा चित्तेनाऽष्टाङ्गईरितः।
हस्त-जानु-शिरो-वाक्य-धीभिः पञ्चाङ्गईरितः॥

अत्र च नतेः प्रकारान्तमप्युक्तं तन्त्रे–

सम्मुखं चतुरस्त्रं च वृत्तं गोमुखमेव च।
योनिमुद्रेति कथिता मुद्राः पञ्च नमस्कृताविति॥

तत्र भूमिसंलग्नाञ्जलिः शिरःसंयुक्तः सम्मुखमुद्रा। भूमिसंलग्नोत्तान-वामकरतलोपरि तिर्यक्स्थापितावामाग्राधोमुखदक्षिणकरसंयुक्ते शिरसि चतुरस्त्रमुद्रा भूमिसंलग्नानुत्तानाङ्गुष्ठा मुष्टिद्वयसंलग्ने शिरसि वृत्तमुद्रा। केचित् तु–हस्तद्वयाङ्गुलीर्ग्रथयित्वा व्यत्यस्ताङ्गुष्ठद्वयनिवेशनेन वृत्तमुद्रेत्याहुः। भूमिसंलग्नविस्तारिताङ्गुलीक- संयुगाकार-करद्वयोपरि शिरःसंयोगे गोमुखमुद्रा। योनिमुद्रा प्रसिद्धेति साम्प्रदायिकाः। कुलार्णवे–

कृतार्चनादिकं सर्वं समन्त्रोदपरुःसरम्।
इतःपूर्वादिमनुना देवतायै समर्पयेत्॥

मन्त्रोद्धारः सारसंग्रहे–

वदेदितः पदं पूर्वं प्राणबुद्धिं ततो वदेत्।
देहधर्मादिकारतो जाग्रत्स्वप्रसुषुप्तिषु॥

वदेत् सर्वास्ववस्थासु वाचेति पदमुच्चरेत्।
कर्मणा चैव हस्ताभ्यां पद्भ्यामुक्त्वोदरेण च॥

वदेच्छिश्ना च यच्छब्दं स्मृतं यत्पदमुच्चरेत्।
उक्तं च यत् कृतं यच्च सर्वं ब्रह्मार्पणं भवतु॥

स्वाहान्तश्चापि संप्रोक्तो ब्रह्मार्पणमनूत्तमम्।

समर्पणप्रकारस्तु शैवागमे–

इत्यर्घोदकमुत्सृज्य किञ्चिद् देवस्य दक्षिणे।
करे समर्पयेद् विद्वान् कृतमाराधनं प्रिये॥

अत्र देवानां वामहस्ते समर्पणम्। 'वामहस्ते समर्पयेदि'ति वीरचूडामणिवचनात्। ततो देवतां विसर्जयेत्। तदुक्तं हंसपरमेश्वरतन्त्रे–

संहारमुद्रा बद्ध्वाऽथ तेजोरूपां महेश्वरीम्।
विभाव्य पुष्पेर्णाद्धृत्य वहच्छ्वासध्वना शिवे॥

प्रवेश्य द्वादशान्तस्थ-सहस्त्रारसरोरुहे।
विश्रम्य मध्यानाड्यां तामानीय हृदयाम्बुजे॥

संस्थाप्य सम्यक् सम्पूज्य स्वात्मानं तन्मयं स्मरेत्।

संहारमुद्रा यथा–

पृष्ठलग्नौ करौ कृत्वा अङ्गुलिभ्योऽन्यमध्यतः।
परिवर्त्य ततः कुर्यात् तर्जनयौ सरलाकृती॥

विसर्जने निगदिता मुद्रा संहारसंज्ञिका।

इति तन्त्रोक्ता। ततो निर्माल्यवासिनीं पूजयेत्। तदुक्तं कुलमूलावतारे–

ऐशान्यां मण्डलं कृत्वा द्वारपद्मविवर्जितम्।
विसर्जनार्थं निर्माल्यधारिण्याः पूजनाय वै॥

लेह्यचोष्यान्नपानादि-निर्माल्यस्त्रग्विलेपनम्।
निर्माल्यभोजनं तुभ्यं ददामि श्रीशिवाज्ञया॥
इति नैवेद्यशेषं तु दत्त्वा नत्वा विसर्जयेत्।
निर्माल्यं मस्तके धार्यं मूलमन्त्रेण मन्त्रिणा॥
प्राश्य पादोदकं देवीनैवेद्यं विभजेत् प्रिये।
तद्भक्तेभ्यः स्वयं भुक्त्वा तन्मयो विहरेत् सुखम्॥

इति महामहोपाध्याय-ठक्कुर-श्रीनरसिंहविरचिते
ताराभक्तिसुधार्णवे तारानित्यार्चनविधिः पञ्चमस्तरङ्ग॥५॥

दैवाल्लब्धमातृकान्तरात् संगृहीतोऽष्टचत्वारिंशदधि
कशततमपत्रेऽमुद्रितांशोऽत्र मुद्रयते–

ब्राह्मणस्य सदा निषेधः। क्षत्रियस्य संग्रामकाले विकलस्य संग्रामासम्भवात्। वैश्यस्य धनप्रयोगकाले अन्यथा विकलतया विंशतिदाने कर्त्तव्ये शतादिदानापत्तेः। 'शूद्रैनैव कदाचन'। सर्वदैव पेयेत्यर्थः। अन्यथा– 'सर्वाः शूद्रस्य संप्रोक्ता यत्र वा तद् भुविर्भवेत्' इति वचनेन विरोधापत्तेः। एवं 'पूजनीया कलौ देवी केवलैरासवै' रित्यत्र 'सर्ववर्णै'रित्यन्वेति। सर्ववर्णशब्दश्च ब्राह्मणेतरपर इत्यावधातव्यम्।

अथ–

क्षीरवृक्षसमुद्भूतं वार्क्षं वल्लकलसम्भवम्।
मधुपुष्पोद्भवं ज्ञेयमासवं तण्डुलोद्भवमिति॥

भैरवतन्त्रेण क्षीरादिपदानामासवविशेषे परिभाषणात् ब्राह्मणस्यापि तत्राधिकारः प्रतीयत इति चेत्। अत्र प्रतिभाति– क्षीरादिना कथं मैरेयफलमित्यत्रेदं वचनम्। तेन क्षीरवृक्षसमुद्भतं वार्क्षं मैरेयम्त्यिर्थः। एवमग्रेऽपि। अन्यथा क्षीरवृक्षपदादेर्वैपरीत्येन प्रयोगापत्तेः।

'अनुवाद्यमनुक्त्वा तु न विधेयमुदीरयेत्' इति न्यायात् तण्डुलोद्भवमोदनः। तेन शूद्रस्यापि ओदनस्थाने आसवमेव। तथाच तेन पृथगोदनं ब्राह्मणादिभिरासवं च न देयमित्यर्थः। लिखितवचनात्। 'आमं शूद्रस्य पक्वान्नं पक्वमुच्छिष्टमुच्यते' इत्यादिस्मृतेश्चेति। न च शुक्रशापस्य ब्राह्मणविषयत्वेन सुरायां तदुद्धारविधानानुपपत्तिरिति वाच्यम्। शूद्रमात्रस्य तदधिकारे शास्त्रसिद्धे शुक्रशापोद्धारविधानस्यादृष्टार्थत्वात्। किं च 'ऐन्द्रया गार्हपत्यमुपतिष्ठत' इत्यादौ लिङ्गापेक्षया श्रुतेरिव शापमोचन-विधानकल्प्यमैरेयदानविधानपेक्ष्या 'ब्रह्माणो मदिरां दत्त्वे' त्यादिनिषेधविधेः श्रोतस्य बलवत्त्वं युक्तिसाम्यादिति। एवं च वास्तुयागादौ सुराप्राकारक(?) मन्त्रस्यापि पाठोऽदृष्टार्थ एव। वज्रपुष्पाभावेऽपि 'वज्रपुष्पं प्रतीच्छ स्वाहे' त्यदिमन्त्रवदिति। ब्राह्मणेतरवर्णानामासवालाभे विजयोपादानमप्युक्तं विजयाकल्पे-

संविदानन्दयोर्मध्ये संविदेव गरीयसी।
संवित्प्रयोगस्तेनेह पूजादौ साधकोत्तमैः।
कर्त्तव्या च महापूजा करणीया सुनन्दितैः॥

सा पुनश्चतुर्धा ब्राह्मणी क्षत्रिया वैश्या शूद्रा च। श्वेतरक्तपीतकृष्णविभेदतः।

संविदे ब्रह्मसंभूते ब्रह्मपुत्री सदानघे।
भैरवाणां च दत्त्वा त्वं पवित्रा भव सर्वदा॥

ॐ ब्राह्मण्यै नमः स्वाहा ब्राह्मणीं शोधयेदिति।
सिद्धमौलिप्रिये देवि हीनबोधप्रबोधिते॥
राजप्रजावशकरी शत्रुकठनिसूदिनि।
ॐ क्षत्रियायैः नमः स्वाहा क्षत्रियां शोधयेत् ततः॥

अज्ञानेन्धनदीपाग्नि-ज्वालाग्ने ज्ञानरूपिणि।
आनन्दस्यागमं प्रीतिं सम्यग् ज्ञानं प्रयच्छ मे॥

ह्रीं वैश्यायै नमः स्वाहा वैश्यां च शोधयत् ततः।
नमस्यामि नमस्यामि योगमार्गप्रदर्शिनि।
त्रैलोक्यविजये मातर्ममाधिकफला भव॥

क्लीं शूद्रायै नमः स्वाहा शूद्रां च शोधयेत् ततः।

यद्वा एकेनैव मन्त्रेण सर्वाः शोधयेत्। तदुक्तं तत्रैव–

अमृते अमृतोद्भवेऽमृतवर्षिणिपदं ततः।
आकर्षयपदद्वन्द्वं सिद्धिं देहिपदं ततः॥

सव मेऽथ ततो ब्रूयात्.........।

...............॥

सप्तधा चार्पयेद् ब्रह्मरन्ध्रे मन्त्रं समुच्चरन्।
गुरुपद्मे सहस्रारे तथा तत्त्वाख्यमुद्रया॥

त्रिधैव तर्पयेद् भक्त्या साधकः सिद्धिमानसः।
ऐं वदवद-पदं ब्रूयाद् वाग्वादिनिपदं ततः॥

मम जिह्वाग्रे स्थिरीति भव सर्वपदं ततः।
सत्त्ववशङ्करी स्वाहा मन्त्रेण जुहुयान्मुखे॥

नन्वेषु वचनेष्वधिकारिणामश्रुतेः कथं ब्राह्मणेतरपरतोच्यत इति चेत्–

मादकं सकलं वस्तु वर्जयेत् चणकादिकम्।
करञ्जं पातकी यस्मात् धर्मो वेदविदां वर॥

ब्राह्मणस्तु सुरां दत्त्वा ब्राह्मण्यादेव हीयते।
स्वगात्ररुधिरं दत्त्वा स्वात्महत्यामवाप्नुयादिति॥

भैरवतन्त्रवचनाद् गृहाण। ततः प्राणायामादिकामात्म-शुद्धिमारभेद। तदुक्तं कुलार्णवे–

सस्नानभूतसंशुद्धि-प्राणायामादिभिः प्रिये।
षडङ्गाद्यखिलन्यासैरात्मशुद्धिरितीरिता॥

57. अथ प्राणायामः

तत्रादौ प्राणायामः। सनत्कुमारीये–

सुखासने समाविश्य प्राणायामं विधाय वै।
भूतशुद्धिं ततः कृत्वा न्यासं कुर्यादनन्तरम्॥

कुम्भसम्भवः–

***

VIII

As an illustration on the Śānti-rites prescribed in the Āgama texts, Adbhuta-Śānti has been dealt with in the following pages

Adbhuta-Śānti

I Śānti

The evil and untoward effects of natural portents (like drought and earthquake) or of grave lapses of customary conduct, deliberate or inadvertent, require, according Āgama, to be duly undone or obviated by prescribed expiatory rites known as Śānti. These rites are meant to correct the errors in the conduct of human beings, to expiate the sins committed, and to propitiate the spirits and deities that are presumably offended.

The background belief is that the gods, when, annoyed by the misbehaviour of human beings, send up such portents to warn us that unless we correct ourselves, they would strike hard. The Śānti ritual not only recognises the import of the threats but affirms our willingness to make amends.

There is also suggestion that these rituals must be resorted to as soon as the warnings are perceived, for any delay might spell disaster. Bhṛgu's *Khilādhikāra* (40, 29) saya:

उत्पातेषु तु दृष्टेषु तत्क्षणे शान्तिमारभेत्।
कालक्षेपो न कर्तव्य उत्पाता घोरभीतिदाः॥

Such rites of expiation and propitiation differ according to the nature of the portents and warnings. Marrīci's *Vimānārcanā-kalpa* (Chapter 72) speaks of five kinds of śāntis Adbhuta-śānti, Prabhūta-śānti, Mahā-Śānti, Śānti and Śuddhi. Of them the first is the most important one, as it serves to secure the welfare of the entire community inhabiting the area where the warnings are perceived. The *Atharva-veda* devotes an entire section (67) pariśiṣṭa) for this rite.

II Adbhuta-Śānti

The Adbuta-śānti is again classified into three varieties: Bhauma, Āntarikṣa (or nābhasa) and Divya.

भौमान्तरिक्षदिव्याख्यभेदास्त्रिविधमद्भुतम्॥

Texts like *Abhuta-sāgara* define the expression 'adbhuta' as whatever happens contrary to the nature's laws and manners, and explain that they happen because it is the way gods warn the human beings that they must wake up before misfortune strikes them (cf. Atharva-pariśiṣṭa).

प्रकृतिविरुद्धमद्भुतं आपदः प्राक्प्रबोधाय देवाः सृजन्तीति॥

The 'adbhuta' of the 'bhauma' variety consists of unnatural occurrences on earth like earthquake, drying up of lakes, drought, fear of attack from enemies, strange and unseasonal flowers and fruits appearing on trees and plants, abnormal and aberrant birth of animals, birds and insects, excessive rainfall and diseases like plague.

The second variety of 'adbhuta' relates to the unnatural occurrences in the mid-region like unusual and unfavourable changes in weather conditions, strange apparitions seen at different directions, excessive colouration of colouds and quarters and uncanny alterations in the durations of days and nights.

This variety also includes the portents like fiery meteors, comets, falling of the stars, appearance of a second Sun or a second Moon, apparition of celestial cities (gandharva-nagara), seeing of rainbows in broad daylight or midnight and so on.

The third variety (divya) concerns the erratic and improper positions and unfavourable aspects of the principal constellations (graharksa-vaikrtam) and battles between planets spelling ruin for the country as a whole or for the entire community.

III Need For Adbhuta-Śānti

In effect, the portents are said to be caused by the displeasure of the gods, due to the follies and foulness of human conduct. Inordinate greed, widespread prevalence of falsehood and deceit, cruelty and corruption, indifference to religion, and improper administration are enumerated among the causes. *Abdhuta-sāgara* has this to says:

अतिलोभादसत्याद्वा नास्तिक्याद्वादधर्मतः।
नरापचारान्नियतमुपसर्गः प्रवर्तते॥
ततो पचारान्नियतमपवर्जन्ति देवताः।
ताः सृजन्त्यद्भुतांस्तांस्तु दिव्यनाभसभूमिजान्॥
त एव त्रिविधा लोके उत्पांता देवनिर्मिताः।
विचरन्ति विनाशाय रूपैः संबोधयन्ति च॥

The 'adbhutas' caused thus by the annoyance of the gods cannot be corrected by any method other than 'śānti'.

The effects of portents that relate to the earth may somehow be partially only mitigated by human effort, while 'śānti' is the only way open to deal with the portents relating to the mid-regions and the heavens. *prakīrṇādhikāra* (29, 123) says:

दिव्यान्तरिक्षयोर्नास्ति चिकित्सा शान्तिरिष्यते॥

Adbhuta-śānti is therefore recommended by the scriptures as a necessary strategy in times of distress especially in the region where the portent like an earthquake has occurred. The Tirumala-Tirupati Devasthanams have sponsored this Śānti in Bangalore which is the capital of the state of Karnātaka, where earthquakes recently brought about unprecedented afflictions and misery to the people. The rite was scheduled to be held for five days from the 13th of December 1993 in the precincts of the Prasanna-Vīrāñjaneya-svāmi temple in Mahā-lakṣmi layout.

The adbhuta-śānti was be conducted according to the prescriptions of Vaikhānasāgama, under the guidance of Māḍambākkam Śrīnivāsa-bhaṭṭācārya, the chief priest of the Veṅkaṭeśvara temple, Tirumala. The details given in the classical texts like Marīci's *Vimānārcanā-kalpa* and Bhṛgu's *Prakīrṇādhikāra* will be followed. The ritual is intended to secure the welfare of all the people, and to promote the cause of peace on earth.

IV Procedure

The textual prescriptions of Adbhuta-śānti suggest the construction of a sixteen-pilloried pavilion and the fire-pit for Śrāmaṇakāgni in the middle of it. To the east of this fire-pit, a platform (sthaṇḍila) is erected, and altars for the four customary fires (āhavanīya, anvāhārya, gārhapatya and āvasathya) are prepared in the four directions (in order from East); in the intermediary quarters are placed the fires known as aupāsanāgni. The entrance will be decorated with toraṇa, pūrṇa-kuṁbha, patākā, aṅkura, darbhamālā etc.

On the platform, heaps of grain are spread out, and the form of an eight-petalled lotus is prepared in rice (paddy). In the centre of this lotus in placed the principal ritual-pot made of gold, silver, copper, or clay, to contain 32 prasthas of water. This pot is ritualistically prepared and decorated; into it are dropped small golden replicas of aṣṭa-maṅgala (eight auspicious signs), pañcāyudha (the five weapons of Viṣṇu) and precious stones or bits of metals representing the nine planetary constellations Fragrant and medicinal articles and herbs are also dropped into the pot.

The officiating priest is selected and entrusted with the conduct of the entire ritual; as associate priests are also nominated. The chief priest performs 'akalmaṣa-homa', and 'kūṣmāṇḍa homa', after which 'after which 'pañcagavya' (the five customary products of the cow: milk etc.) is administered; the ceremony of 'rakṣā-bandhana' (symbolizing consecration and commitments of the priests and the participants) is gone through.

In the evening, the ceremonial collection of clay (mṛtsangrahaṇa) is performed, after duly worshipping Viṣvaksena (the commander of Viṣṇu's troops) and proclaiming the auspiciousness of the day (puṇyāha-vācana). Then the formal and customary ritual of 'sowing the sprouts' (aṅkurāropaṇa) is gone through.

The first day's sequences include honouring the elephant (gaja-pūjā), commencement of the recitation of the

Vedas (vedāraṁbha), setting up of the Śrāmaṇakāgni Pauṇḍarīka and the invocation of the principal deity Visṇu the nine planetary deities, the guardian-spirits etc. in the ritual pot (kuṁbha), installation of Viṣvaksena of Sudarśana, worship of the consecrated pot and fire ritual (homa).

The second day involves the worship of the sacred pot and the fire-ritual known as 'yukta-homa' in the morning, worship of cows (go-pūjā), kuṁbha- pūjā and yukta-homa in the evening.

The rituals of the morning of the second day are repeated on the morning of the third day; in the evening the worship of maintains (kanyakā-pūjā) representing the seven mother-goddesses Brāhmī, Māheśvarī, Kaumāri, Vaiṣṇavi, Varāhī, Indrāṇī and Chāmuṇḍī is gone through.

The worship of the eight-year old Gaurī figures prominently here.

On the fourth day the sequences are the same, excepting in the evening when worship of two old and revered couples (daṁpati-pūjā), is substituted for the third day's kanyaka-puja, before kuṁbha-pūjā and yukta-homa.

The last day witnesses, kuṁbha-pūjā in the morning and at noon 'pūrṇāhuti' is offered, marking the climax of the entire ritual, After this the water from the main consecrated pot is sprinkled on the sponsor of the festival or on the place where the ritual has taken place.

V The Fires Worshipped

The important details of the ritual are the different fires that are ceremoniously kindled; the sequence follows an ancient and well-defined tradition. The fires that are kindled and propitiated during this ritual are several aspects of Viṣṇu (cf *Vaikhānasa-śrauta-sūtra*, 1, 2);

1. Gārhapatyāgni, which presides over the realm called 'Bhū-loka' and represents the Acyuta aspect of Viṣṇu.

भूलोकाधिपतिं सर्वभुवनेषु समर्चितम्।
अच्युतं गार्हपत्याग्निममलें प्रणमाम्यहम्।।

2 Dakṣiṇāgni, positing over Bhuvar-loka and representing Satya aspect.

भुवर्लोकपति वन्दे भुक्तिमुक्तिप्रदायकम्।
सर्वज्ञं स्त्यरूपं त्वां दक्षिणाग्निं दयानिधिम्।।

3. Āhavanīyāgni, presiding over Suvar-loka and representing Puruṣa aspect:

त्वाममावहनीयाग्निं पुरुषं भूरिपुण्यदम्।
सुवर्लोकपतिं नित्यं सुन्दरं प्रणमाम्यहम्।।

4. Avasathyagni, presiding over Mahar-loka and representing Aniruddha aspect.

महर्षिभिः सेव्यमानं महर्लोकमहाप्रभुम।
अनिरुद्धं चावसथ्यं सर्वदा त्वां नमाम्यहम्।।

5. Sabhyāgni, positing over Jano-loka, and representing Viṣṇu (or Yajña) aspect:

सर्वामरसंसेव्यं सभ्ययज्ञस्वरूपिणम्।
विष्णुं त्वां जनलोक विभुं वन्दे श्रियः पतिम्।।

6. Pauṇḍarīkāgni, presiding over Tapo-loka, and representing Vāsudeva aspect:

पौण्डरीकविशालाक्षं पौण्डरीकाग्निरूपिणम्।
वासुदेवं तपोलोकवासिनं प्रणमाम्यहम्।।

7. Śrāmaṇakāgni, presiding the Satya-loka and representing Nārāyaṇa aspect:

सदा श्रामणकाग्निं त्वा सत्यलोकस्वरूपिणम्।
नारायणमहं वन्दे नादबिन्दुसमात्कम्॥

The diffrent forms of Fire that are invoked here are looked upon as the details of Viṣṇu, whose very form is illustrated by the Yājña or fire-ritual.

अग्निहोत्र सुरश्रेष्ठ आग्नेयदिगधीश्वर।
यज्ञेश्वर नमस्तेस्तु यज्ञानां फलदायक॥

नमस्ते गार्हपत्याय नमस्ते दक्षिणाग्नये।
नम आहवनीयाय महावेद्यै नमो नमः॥

नमस्ते आवसथ्याय नमो सभ्यस्वरूपिणे।
पौण्डरीकाग्निरूपाय नमो श्रामणकाग्नये॥

पञ्चव्यूहस्वरूपाय श्रीशाय परमात्मने।
विष्णवे वासुदेवाय नमो नारायणाय ते॥

Bhṛgu speaks of Viṣṇu as the sole and supreme deity who manifests himself in seven Vyāhṛtis (regarded as lokas or realms):

स्पतव्याहृतिभिर्लोकैश्छन्देभिः क्रतुभिस्तथा।
सप्तधा भिद्यमानोऽसौ विज्ञातव्यो विचक्षणैः॥

VI Homa With Aṣṭākṣara-Mantra

(Prakīrṇādhikāra, 36, 155)

The fire-ritual involves sequences known as acceptance of the fire (agni-grahaṇa), sprinkling clarified butter upon the fire (āghāra); propitiation of the planetary deities (graha-yajña); and offering as oblations into the fire faggots (samit), rice boiled with butter and milk (charu) and clarified butter (ghṛta).

This is followed by the major sequence of homa with the eight-syllabled mantra of Viṣṇu (aṣṭākṣara), 'om namo nārāyaṇāya'. The texts prescribe that bilva leaves dipped in clarified must be offered into the Śrāmaṇaka-fire as oblations one thousand and eight times, each reciting the eight-syllabled mantra.

श्रामणकाग्नौ बिल्वपत्रैर्घृताप्लुतैर्नित्यमष्टोत्तरसहस्रं
अष्टाक्षरेण हुत्वा

Then follows the homa with separate oblations of bilva-faggots, clarified butter, dūrva-grass, apūpa-cakes, rice-grains (vrīhi), seasamum seeds (tila), rice boiled in butter and milk (charu), parched rice-grains (lājā) and lotuses (padma), one thousand and eight times, each time reciting the Viṣṇu-gāyatri:

ॐ नारायणाय विद्महे, वासुदेवाय धीमहि।
तन्नो विष्णुः प्रचोदयात्॥

This is followed by the homan with clarified butter one thousand and eight-times, each time reciting the eight-syllabled mantra of Nārāyaṇa (aṣṭākṣara).

Finally, the homa is conducted with clarified butter as oblation reciting the Viṣṇu-sūkta, and the Puruṣa-sūkta.

VII Sudarśana-Nārasiṁha

The Adbhuta-śānti ritual presupposes the setting up of an icon of Sudarśana (or Chakrattāḷvār), the chief of the weapons of Viṣṇu and regarded as a form of Viṣṇu himself (as for instance in the imagery of Sudarśana-Nārasiṁha), to preside over the deliberations and to deputize for Viṣṇu for whose propitiation the ritual is conducted.

Sudarśana is here visualizd as the personified discus, with the fiery triangle (representing (Agni) with within a twelve-petalled lotus (representing the twelve-syllabled mantra of Vāsudeva, 'om namo bhagavate vāsudevāya'), with a circle having twenty-four spokes (signifying the letters of the 'Gāyatri-mantra').

मध्ये न्यसेत् पद्मं युक्तं द्वादशभिर्दलैः।
चक्राब्जकर्णिकास्थाने न्यसेदाग्नेयमण्डलम्॥

The good is imagined as stationed beneath the Aśoka-tree, and served by eight victorious damsels (aṣṭa-yoṣitah) who are represented around the wheel; Jayā, Mohinī, Vijayā, Hlādini, Ajitā, Māyā, Aparājitā and Siddhi. At the feet of the god are two terrible-looking attendants (ājñākāriṇau). In the centre of the discus is visualized the Nārasiṁha-form of Viṣṇu, seated in yogapaṭṭa, four-armed and carrying a discus in each of the hands.

The dhyāna-śloka of this form of Sudarśana who presides over the ritual of adbhuta-śānti is given below:

गायत्र्यर्णारचक्रे प्रथममनुसखस्मेरपत्रारविन्दे
बिन्बं वह्नेस्त्रिकोणं वहति जयिजयाद्यष्टयुक्तौ निषण्णा।
शोकं वोशोकमूले पदसविधलसद्धीमभीमाक्षभीमा
पुंसौ दिव्यास्त्रधामा पुरुषहरिमयी मूर्तिरस्य त्वपूर्वा ॥

(Sudarśana-śatak a of Kura-nārāyaṇa-jīyar. 96).

The verse contains the benediction that the sorrows of the mankind be eliminated.

वः शोक उदस्यतु॥

This indeed is the objective of the ritual of Adbhuta-śānti.

Besides Adbhuta-śānti, the Vaikhānasa texts speak of other four varieties of śānti, as mentioned earlier. Prabhūta-śānti is a seven-day affair involving rites like diśā-homa, kindling of Śrāmaṇakāgni kuṁbha-sādhanā and abhiṣeka with 108 or 48 ceremonial pots. Mahāśānti involves the accomplishment of the ceremonial pitcher (kuṁbha-sādhanā) and probitition of Śrāmaṇakāgni with bilva-leves, dipped in clarified butter, 1008 times, each time reciting the eight-lettered mantra of Viṣṇu.

Śānti, another variety, is a one-day ritual of propitiating aupāsanāgni (the domestic fire for morning oblations). Śuddhi the simplest of the expiatory rituals, is meant to purify oneself from pollution and contamination., It is done by performing Vāstu-homa and offering bilva-leaves into the fire 108 times, followed by puṇyāha-vācana (proclaiming or wishing an auspicious day).

Śuddhi is largely relevant for the individuals, while śānti is for the family. Mahā-śānti and Prabhūta-śānti, on the other hand, are of universal import, and seek to achieve the welfare of the entire mankind.